U0587385

《庐山文化研究丛书》编委会

主编

甘筱青

编委会成员

李宁宁　吴国富　计　斌　李华锋

张晓明　吴维勇　王侃民　王贤淼

江西省2011协同创新中心“庐山文化
传承与传播协同创新中心”项目成果

《老子》的公理化诠释

甘筱青等/著

江西人民出版社
Jiangxi People's Publishing House
全国百佳出版社

图书在版编目(CIP)数据

《老子》的公理化诠释/甘筱青等著. —南昌:江西人民出版社,2016.10
(庐山文化研究丛书/甘筱青主编)

ISBN 978-7-210-08914-8

Ⅰ.①老… Ⅱ.①甘… Ⅲ.①道家②《道德经》-研究
Ⅳ.①B223.15

中国版本图书馆 CIP 数据核字(2016)第 269609 号

《老子》的公理化诠释
甘筱青 等著
责任编辑:陈世象
封面设计:章 雷
出版:江西人民出版社
发行:各地新华书店
地址:江西省南昌市三经路 47 号附 1 号
学术出版中心电话:0791-86898330
发行部电话:0791-86898815
邮编:330006
网址:www.jxpph.com
E-mail:swswpublic@sina.com web@jxpph.com
2016 年 10 月第 1 版 2016 年 10 月第 1 次印刷
开本:880 毫米×1230 毫米 1/32
印张:9.5
字数:230 千字
ISBN 978-7-210-08914-8
赣版权登字—01—2016—693
版权所有 侵权必究
定价:38.00 元
承印厂:南昌市红星印刷有限公司
赣人版图书凡属印刷、装订错误,请随时向承印厂调换

跃上葱茏
——《庐山文化研究丛书》

总序

九江学院院长
甘筱青

“一山飞峙大江边，跃上葱茏四百旋。”伟大领袖毛泽东的壮丽诗篇使人们心潮澎湃，令庐山增色添辉。

钟灵毓秀的赣北大地，东襟浩渺鄱湖，北枕滔滔长江。在风云际会、气象万千的江河湖水之间，矗立着千古名山——庐山。九江的 152 公里长江岸线，是由楚入吴的咽喉之地；上通赣江的鄱阳湖，是从中原到南粤的必经之路。纵横的江湖成为控扼七省的通衢，秀美的山川雄视着中国的东南半壁。自古至今，这里政要云集，商贾往来，人文荟萃，孕育并催生了灿烂的庐山文化。早在三国两晋时期，周瑜在宫亭湖驻军，慧远在东林建寺，陶渊明在柴桑归隐，庐山就迎来了第一个文化高峰。而从三国到近现代，有无数的文化巨匠、政治贤达、民族精英在这里留下了丰富的文化踪迹。1996 年，庐山作为“世界文化景观”被列入《世界遗产名录》，受到联合国教科文组织世界遗产委员会的高度评价：庐山的历史遗迹，以其独特的方式融入具有突出价值的自然美之中，形成了具有极高美学价值的、与中华民族精神和文化紧密联系的文化景观。

作为华夏文明中不可多得的历史文化瑰宝，庐山文化以其丰富的文化内涵和独特的文化魅力为世界所瞩目。1928 年，著名学者胡适游历庐山，对庐山文化的内涵和影响作了高度概括："庐山有三处史迹代表三大趋势：（一）慧远的东林，代表中国'佛教化'与佛教'中国化'的大趋势。（二）白鹿洞，代表中国近世七百年的宋学大趋势。（三）牯岭，代表西方文化侵入中国的大趋势。"

当然，这三大趋势远远不是庐山文化的全部。以宗教而论，庐山集佛教、道教、天主教、基督教、伊斯兰教五教于一山；以书院教育而论，周敦颐创办的濂溪书院、朱熹兴复的白鹿洞书院成为天下书院的样板；以山水田园诗而论，陶渊明、谢灵运开创了中国的山水田园诗，此后李白、白居易、苏轼等众多文化名人游历庐山，都留下了山水诗歌的名篇；以历代政权而论，三国的鼎立、东晋的南迁、南朝的兴废、南宋的偏安、太平天国的兴亡、民国的夏都以及近现代诸多重大政治历史事件与领袖人物，都与庐山有着深刻的关联；以军事而论，一代名将周瑜、岳飞都曾在这里鏖战，而朱元璋鄱阳湖大战的传奇至今仍然广为流传；以经济而论，九江在历史上位列"三大茶市"之冠，成为"四大米市"之一，九江海关的收入在全国位居前列。此外还有江西诗派的开创者黄庭坚、中国近现代著名人物"陈门四杰"等等。一个个彪炳青史的人物，一桩桩影响深远的政治历史事件，在中国文化研究的版图中，毫无疑问有着举足轻重的分量。在中国众多的文化名胜中，庐山文化始终以其特有的清新隽永之神韵、恢宏旷达之气象令历代文人学士向往。

秀美的山川自然、厚重的庐山文化，抒写着这方天地的古今传奇，滋养了这方天地的教育沃土。2002 年，在原解放军财经高等专科学校、九江师范高等专科学校、九江医学高等专科学校和九江教育学院的基础上，合并组建了九江学院。作为扎根于庐山脚下的唯一一所综合性本科院校，九江学院理应承担起传承千年文明的使命，承担起研究文化的重任。使优秀的庐山文化发扬光大，既是每一个文化工作者积极参与民族文化建设的需要，也是九江学院提升办学品位、形成文化品牌的自觉需求。大学人文精神的培育，是高校办学的基本目标之一，也是在高等教育大众化背景中，从规模扩张向内涵建设转变的根本途径。而培育高校的人文精神，既要有先进的办学理念作引领，也要以深厚的历史文化为根基。

九江学院的地方历史文化研究，一直注重挖掘地方的历史文化资源，突出研究特色。其中像陶渊明研究、周敦颐研究、黄庭坚研究等，都已在多年的努力中取得了一些有影响的研究成果。九江学院学报的“陶渊明研究”专栏自 20 世纪 80 年代创立以来，坚持了三十多年，产生了广泛的影响，成为全国知名的栏目。在此基础上成立的九江学院庐山文化研究中心，于 2008 年成为江西省人文社科重点研究基地。它以学术研究、学术交流、文化建设、素质教育为己任，多方聚合资源，广泛开展活动，使九江学院的地方历史文化研究获得了长足的发展。2014 年依托庐山文化研究中心的研究力量和取得的系列研究成果，通过与清华大学、郑州大学、南昌大学和庐山管理局的通力合作，九江学院成功申报获批江西省“庐山文化传承与传播”协同创新中心。作为省级协同创新中心，我们致力于不断提升庐山文化研究的知名度和影响力。《庐山文化研究丛书》第四辑的五本专著获 2014 年度国家出版基金资助；研究中心坚持多年开展中华经典的公理化诠释的研究工作，已先后出版了《<论语>的公理化诠释》《<孟子>的公理化诠释》《<荀子>的公理化诠释》，并陆续发行了它们的中英文对照版、中法文对照版。这项系列研究工作引起了学界的广泛关注。

编撰出版《庐山文化研究丛书》，是庐山文化研究中心的一项重任。《庐山文化研究丛书》以挖掘庐山及赣北地区的历史文化资源为内容，致力于九江地域文化与中国传统文化关系的研究，重点关注其中八个研究专题：

1. 九江历史上的重大政治、军事、经济等事件的研究，包括三国、东晋、南朝在江州发生的重大历史事件和南宋岳飞在九江的活动、太平天国在九江的历史、民国政治与庐山、毛泽东与庐山等研究以及九江的米市、近代的开埠、九江与鄱阳湖黄金通道的关系等研究；

2. 庐山的宗教文化研究，包括东林寺净土宗佛教、云居山佛教、庐山太平宫道教、近代庐山基督教、伊斯兰教等研究；

3. 庐山的教育文化研究，包括周敦颐的濂溪书院、朱熹与白鹿洞书院、宋代书院与宋明理学、明代书院与阳明心学等研究；

4. 庐山山水旅游文化研究，包括以谢灵运、李白、白居易、苏轼等为代表，历史上众多文人名士游览庐山的佳篇为主要内容的山水旅游文学的研究；

5. 陶渊明诗文、思想、生平、文化影响研究和以陶渊明为代表的隐逸文化的研究；

6. 地方文化名人及其典籍的系列研究，例如黄庭坚、陈寅恪等地方文化名人的研究；

7. 建筑文化的系列研究，例如庐山近代别墅的研究，具有地方文化特色的建筑风俗的研究；

8. 九江地区民风民俗、民间文化的研究，如湖口青阳腔、瑞昌剪纸艺术、武宁打鼓歌等民间艺术的研究。

《庐山文化研究丛书》以开放的研究平台和精诚合作的研究机制，吸纳国内外精英人士参与庐山文化研究，并支持出版他们的研究成果，努力打造具有较多学术创见和鲜明研究特色的学术精品。每一部收入《庐山文化研究丛书》的著作，应具有专题明确、资料丰富、挖掘深入的学术品格，同时要具有兼顾学术性与可读性的特点。

《庐山文化研究丛书》计划每辑推出五部学术专著。第一辑于 2007 年 12 月出版，包括《慧远法师传》《湖口青阳腔》《陶渊明寻阳觅踪》《点击大师的文化基因——庐山新说》《白鹿洞书院艺文新志》五部专著。第二辑于 2009 年 8 月出版，包括《庐山文化大观》《庐山文化读本》《瑞昌剪纸》《陶渊明与道家文化》《黄庭坚诗歌传播与接受研究》五部专著。第三辑于 2011 年 9 月出版，包括《 <论语> 的公理化诠释》《庐山道教史》《早期庐山佛教研究》《鄱阳湖地区古城镇的历史变迁》五部专著。第四辑于 2014 年 3 月出版，获 2014 年度国家出版基金资助，包括《〈孟子〉的公理化诠释》《朱子白鹿洞规条目注疏》《庐山与明代思潮》《朱熹庐山史迹考》《庐山佛教史》五部专著。

作为庐山文化研究的系统工程之一，《庐山文化研究丛书》的编辑出版成为九江地方文化建设的一个凸显亮点，成为高校参与地方经济文化建设的一种有益实践，同时也为打造九江学院的人文精神奠定了扎实的基础。本丛书应具有丰富的内容、开阔的视野、高远的目标，既显示庐山文化的大气，也显示九江学院努力追求的目标和境界。由于坚持不懈地努力，《庐山文化研究丛书》也上到了一个更高的平台，第五辑获江西省“庐山文化传承与传播协同创新中心”基金资助，包括《〈老子〉的公理化诠释》《九江濂溪志》《庐山近代外来宗教文化研究》《庐山藏书史》《陶渊明的映像》五部专著。

2013 年 12 月 30 日，中共中央政治局就提高国家文化软实力研究进行第十二次集体学习。习近平总书记在主持学习时发表了讲话。他指出：提高国家文化软实力，要努力展示中华文化独特魅力。

在 5000 多年文明发展进程中，中华民族创造了博大精深的灿烂文化，要使中华民族最基本的文化基因与当代文化相适应、与现代社会相协调，以人们喜闻乐见、具有广泛参与性的方式推广开来，把跨越时空、超越国度、富有永恒魅力、具有当代价值的文化精神弘扬起来，把继承传统优秀文化又弘扬时代精神、立足本国又面向世界的当代中国文化创新成果传播出去。要系统梳理传统文化资源，让收藏在禁宫里的文物、陈列在广阔大地上的遗产、书写在古籍里的文字都活起来。要以理服人，以文服人，以德服人，提高对外文化交流水平，完善人文交流机制，创新人文交流方式，综合运用大众传播、群体传播、人际传播等多种方式展示中华文化魅力。2016 年 5 月 17 日，习近平总书记在哲学社会科学工作座谈会上发表重要讲话时指出：哲学社会科学是人们认识世界、改造世界的重要工具，是推动历史发展和社会进步的重要力量，其发展水平反映了一个民族的思维能力、精神品格、文明素质，体现了一个国家的综合国力和国际竞争力。一个国家的发展水平，既取决于自然科学发展水平，也取决于哲学社会科学发展水平。习总书记的这些重要讲话精神，鼓励我们朝着建设社会主义文化强国的目标不断前进。

感谢江西人民出版社对《庐山文化研究丛书》的高度关注和厚爱，同时感谢各位专家学者对九江学院庐山文化研究事业的支持和帮助。我们衷心期待：通过我们的共同努力，一定能够为中华文化的发展增添新的光彩。我们共同期望：庐山文化的研究事业，能够如群峰竞秀，跃上葱茏，屹立于长江之滨、鄱湖之畔。

序……

从 2008 年开始，九江学院甘筱青教授带领他的科研团队，对先秦儒家经典进行公理化研究，相继出版了《〈论语〉的公理化诠释》（初版、修订版、中英文对照版，中法文对照版）《〈孟子〉的公理化诠释》（中文版、中英文对照版）和《〈荀子〉的公理化诠释》，成果丰硕，令人欣慰。

在长期的研究过程中，甘筱青教授每年数次来我这里，向我介绍研究的情况。这不仅因为我对家乡大学——九江学院的事业特别关心，更因为我从事的虽是工科研究，却热心关注人文学科的发展，关注用中华经典来推动大学生人文素质教育的事业。我曾跟甘筱青教授说，在中华传统文化中，儒道两家文化占有主流地位，而一部《论语》，一部《老子》，就是两家最典型的代表，所以任继愈、涂又光两位先生在近十年间分别一再讲过，中国人一定要读两本书，一是《论语》，一是《老子》，这是很有道理的。对我自己来说，我喜欢《论语》，也特别喜欢《老子》。《老子》第 33 章说："知人者智，自知者明。胜人者有力，自胜者强。知足者富，强行者有志。不失其所者久，死而不亡者寿。"这是我经常吟咏的一段话。每次想起这段话，都有一种"于我心有戚戚焉"的感觉。这段话也是对历代人物事业成败的总结，古往今来的立功、立德之人莫不具有如此的品性。我曾要求我的博士研究生能够背诵《老子》，因为这对于开展自然科学的研究也很有帮助。人首先要面对社会，有了关注社会、洞察社会的胸怀,才能做好具体的事情和具体的研究。

对于甘筱青教授及其学术团队从事的研究,我曾反复思考过。公理化方法作为一种科学的研究范式,在数学、物理学等自然学科的运用上已经堪称经典。它运用于人文学科,虽然表面看上去不像运用于自然学科那样贴切,但两者同样都有内在的规律,都可以去感悟与提炼其思辨逻辑与演绎推理,因而也都可以用公理化方法去研究。当然,从公理化角度去研究两者是有差别的,想完全解决公理化方法与人文学科的适配问题可能也很难,但可以尝试找出更好的诠释人文学科的公理化表达方式,这种创新性研究是很可贵的。这也正是我一直支持甘筱青教授这项研究工作的重要理由。

古人云"凡事问三老"。我年事已高,没有精力去从事很多具体的研究,但时常给他们一些鼓励,在一些重大的问题上帮助他们思考,也是我的责任所在。而甘筱青教授他们一路走来,把先秦儒家的三部代表作都做了公理化的诠释。学术界对他们的这项工作从开始的疑惑到逐渐认可,并且日益给予好评。2014 年 11 月,季羡林基金会授予甘筱青教授及其学术团队"儒学传承与创新奖",就是所结硕果之一。这可称得上"凡事慰三老"了。

在甘筱青教授他们从事研究的过程中,我曾几次希望注重对《老子》开展公理化诠释工作,因为老子是中华文化的代表性人物,在世界上的影响力很大。我也期待他们在完成对于先秦儒家经典的公理化诠释之后,再进行关于《老子》的公理化研究,因为这里头有一个"研究之序"。因为孔、孟、荀是面向社会讨论伦理,讨论修身、齐家、治国、平天下等问题,而《老子》的思想体系更庞大,老子是面向自然界与宇宙讨论"道"与"德"等问题,社会只是他讨论的部分论域。涂又光先生曾认为《老子》是根,孔子是从老子那里"问道"与发展而形成儒家思想体系的。所以应该先学《论语》,再学

《老子》;先熟悉社会,再掌握自然天地,才能踏着阶梯稳步前进。

甘筱青教授他们经过反复考虑,接受了我的建议,等到先秦儒家经典的公理化诠释系列完成之后,也等到公理化方法用得比较娴熟之后,再用公理化方法来诠释《老子》,于是,他们就有了比较厚实的基础与经验。甘教授谈到:江西鹰潭的龙虎山是张道陵最早结庐炼丹之地,也是中国道教文化的发源地之一。第一代天师张道陵推崇老子为宗神,使“道”不仅是哲学上的最高范畴与天地万物的本原,而且具有人格神化的意义。作为江西的高校团队,从新的视野来从事“道神”老子的研究,是需肩负的使命。我对此表示赞赏,并给予热情的鼓励。

2014 年下半年,甘筱青教授及其学术团队开始《老子》的会读与公理化诠释工作。2015 年 1 月,甘教授来我这里,说他们经过多次探讨,觉得有两个重大问题不好解决:一是觉得用公理化方法来梳理儒家思想,容易切入并且是有效的,但用来梳理老子思想,似乎困难很大;二是道家思想的出发点与儒家思想的出发点大不相同,如何找准这个出发点,觉得比较困惑。我说,公理化系统是典型的形而上学,而《老子》哲理更多是唯物辩证的,这个矛盾不能回避。中国文化的显著特点之一是整体观,而西方文化的分割性则很明显;公理化方法也是注重分割性的。应当做到整体观与分割性的相互补充,而不是用分割性去肢解整体观。在这方面需要充分吸取唯物辩证法的思想,从更睿智的角度看问题,突破“形而上”的某些缺陷。对于“出发点”问题,我觉得可以从儒家的“中庸”得到启发,围绕老子的“守中”去思考。因为孔子与老子是处于基于整体观同一体系的,只是孔子侧重于人文社会与伦理的层面,老子侧重于自然界与哲学的层面。儒家文化讲“中庸”,讲整体观,道家文化又何尝不讲整体观,如“知止不殆”、“物极必反”、“反者,道之动”、“人法地,地法天,天法道,道法自然”；而老子的“守中”与孔子的“中庸”，本质上是相通的。

七年多的磨砺，使甘筱青教授及其学术团队更具备了解决问题的能力，也使他们在面对《老子》的时候再一次表现了坚韧不拔的精神，完成了《老子》的公理化诠释工作。从他们整理出来的老子思想的演绎系统来看，老子思想试图涵盖全面的程度，达到了人类认知的高端，它的系统观、整体观也达到了人类认知的高端，因而在指出人类认知和行为局限的时候，也就触及了根源性问题。在几千年的历史中，人类不乏对自我、对社会的深刻认知，但很少能把人类社会放在最大的系统中进行考察，为此也很难指出人类认知所存在的根本性、普遍性问题，往往表现出其片面与偏执之处。因此，用公理化方法来诠释《老子》，揭示其一以贯之的思想体系及认知高端，是一项富有创造性的成果。

甘筱青教授及其学术团队也较好地处理了辩证唯物思想与公理化方法之间的矛盾，注意到了以往谈矛盾的对立与统一、否定之否定时，着重从事物的包容与被包容关系、从个别事物与一切事物的本源谈问题。《〈老子〉的公理化诠释》的研究，将“守中”作为出发点，找到了这个“中”的两端，一端是本源性、整体性的“道”，一端是继发性、局部性的人间社会，等于是在系统与局部、整体与个别之间设立了解决矛盾的路径，这一设立兼有吸纳唯物辩证思想和运用公理化方法的作用，由此建立起老子思想的演绎系统，就基本达到所预期的目标。

欣慰之余，援笔为序，以推荐他们的成果，并激励他们的前行。

杨叔子
中国科学院院士，华中科技大学教授
教育部高校人文素质教育指导委员会主任
2015 年 12 月 9 日

目 录

导读 …………………… 1

第一章 引论 …………………… 8

第二章 定义、基本假设、公理 …………………… 80

第三章 明道篇 …………………… 126

第四章 贵德篇 …………………… 158

第五章 治国篇 …………………… 186

第六章 摄生篇 …………………… 226

参考文献 …………………… 256

跋一 人法地,地法天,天法道,道法自然 …………………… 261

跋二 编外学生的无尽怀念 …………………… 277

后记 道法自然 顺势而为 …………………… 282

导读……

老子(约生活于公元前 571 年至公元前 471 年之间),姓李名耳,字聃,又称老聃,春秋时期楚国苦县厉乡曲仁里人。老子是中国古代的哲学家和思想家,道家学派的创始人,著有《老子》一书。司马迁在《史记·老子列传》中记载老子"居周久之,见周之衰,乃遂去。至关,关(令)尹喜曰:子将隐矣,强为我著书,于是老子言道德五千言而去,莫知始终"。尹喜感动了老子,老子遂以自己的生活体验和以王朝兴衰成败、百姓安危祸福为鉴,溯其源,著《老子》上、下两篇,共五千言。《老子》又名《道德经》或《道德真经》,它与《易经》和《论语》一道,被认为是对中国影响最深远的三部巨著,全书共 81 章约 5000 字,前 37 章为上篇,属于"道经",第 38 章及以后为下篇,属于"德经",贯穿了"道是德的体,德是道的用"这一思想。老子认为"道"是世界万物的根本,提倡"自然""无为",由此主张政治上的"无为"、道德上的"上德不德"、养生方面的清静寡欲等。

老子的著作和思想早已成为世界的文化遗产。欧洲从十九世纪初就开始了对《道德经》的研究。德国哲学家黑格尔说:"中国哲学中另有一个特异的宗派,这派是以思辨作为它的特性……这派的主要概念是'道',这就是理性。这派哲学及与哲学密切联系的生活方式的发挥者（不能说是真正的创始者）是老子。”①英国科学家李约瑟在《中国的科学与文明》一书中说，中国文化就像一棵参天大树，而这棵参天大树的根在道家，他晚年则干脆自称是“名誉道家”“十宿道人”。②

老子对中国的哲学、科学、政治、宗教等产生了深远的影响，体现了古代中国人的一种世界观和人生观。而老子对学术思想方面的影响，最早体现于先秦诸子，其次是魏晋文学，再次是佛学，最后是宋代理学。但在中国近现代，对《老子》的异议多于赞美。人们对他的“无为而治”“小国寡民”等思想都有较多的批判，被肯定的似乎只有“朴素的辩证法”这一点。近些年来，对于《老子》肯定较多的则在于“自然”方面，认为现代社会应当充分吸取老子主张的“人与自然和谐”的思想。可以说，中国近现代对《老子》的评价与西方世界对它的评价是不相称的。

在进行《老子》的公理化诠释之前，我们已经完成了《〈论语〉的公理化诠释》《〈孟子〉的公理化诠释》《〈荀子〉的公理化诠释》等著作，然后我们决定开始《老子》的公理化诠释工作。在会读中，我们感到《老子》虽然只有5000来字，但相比儒家经典，理解起来更为困难。其难点主要有三：(1)《老子》的思想体系面对整个天地自然，相比基本上面对人类社会的儒家思想，抽象程度更高；(2)《老子》以天地自然为镜子，照出了人类社会的种种偏颇之处，这些偏颇事实上我们早已习以为常，因而接受他对人类社会的批判，事实上也在挑战我们自己的固有观念；(3)解释《老子》的著作浩如烟海，观

---

① 黑格尔著，北京大学哲学系外国哲学史教研室译：《哲学史讲演录》第1卷，生活·读书·新知三联书店1956年版，第125—126页。

② 朱越利主编：《理论·视角·方法——海外道教学研究》，齐鲁书社2013年版，第160页。

点五花八门,“标准版本”“权威版本”都很难确定,相比对于儒家经典的理解,人们对于《老子》的看法更加不统一。近现代以来,对《老子》出现了与古代不同的种种描述,也使它显得扑朔迷离,面目难辨。当然,反过来说,如果能够努力克服这些难点,也正彰显了《老子》公理化诠释的价值。

对《老子》一书进行公理化诠释,就是要把书中体现的老子思想整理成一个演绎系统。展开这种演绎的方法简言之就是“转换表述形式、建立逻辑联系”。《老子》包含了各种思想观点,它们由众多概念、众多论断组成,我们用基本假设、公理、命题的形式来表述老子的各种论断,用定义的形式来表述老子的关键概念,这就实现了表述形式的转换。在《老子》一书中,表面上看起来孤立的各种概念和论断,实质上应该是有紧密的逻辑联系的。为此,我们从中先抽绎出一些论断作为基本假设,再形成由基本假设统摄的若干定义和公理,再用公理(基本假设可作为更大论域上的公理)把众多的命题推理出来,这样就在孤立的论断之间建立了紧密的逻辑联系,从而把老子思想整理成一个结构严密的演绎系统。如此一来,基本假设、定义、公理、命题以及推理的展开就形成了《老子》公理化诠释的基本框架。

根据上述思路,我们在《引论》一章中按照“道经”“德经”的划分,用八个部分阐述了《老子》思想的基本框架。在阐述中,既注意吸收以往的众多研究成果,又结合了我们的研究视野与方法。首先,我们概述了老子、《老子》研究史及其对后世政治思想及其道教的影响,接着从多方面展开了对老子之“道”的解读,然后从老子的“自然”与“自然观”的诸种寓意阐述了老子的天地自然观,万物生成与运动方式观;也由此奠定了人类社会的参照系。从“弃智入明”还是“由智入明”,到老子“天人观”的由来及旨归,展现了老子

“破迷解惑”理论和方法,体现了“俯瞰人类”而不是“平视人类”的认识角度和高度;从老子之“德”与文明社会的理想形态以及《老子》的水意象与为政之道,到老子的养生论,则建构了老子指导人类组织行为和个体行为的思想体系。我们还概述了道家与儒家的互补及道家对人类发展的启示。

《引论》既要全面介绍《老子》的内容,又要为公理化体系的建构服务。对于老子的思想,我们的解读路径是:“道”是一种“无限的无限性的综合”,“自然”是“道”的根本性质或“法则”,它支配着一切。在事物表现形态上,“自然”表现为“无为而无不为”。在人类社会中,同样要遵循“无为而无不为”(或“顺势而为”)的原则。以此观察人类社会,有限的功德就不是合乎“自然”的功德,而执着于因欲望驱动的“智”,就形成了不合乎“自然”的种种观念,产生了种种不合乎“自然”的作为。

通过上述系统阐述,我们完成了公理化研究所需要的必要铺垫。接下来,我们在第二章中首先论述了《老子》的“守中”思想,将它作为基本假设的理论铺垫。在《〈论语〉的公理化诠释》中,我们将研究的逻辑主线定位在“矛盾的中庸状态”;但在诠释《老子》时,发现不能再从具有对等关系的矛盾双方引出逻辑主线,而是应当从具有包容与被包容关系的矛盾双方引出逻辑主线,前者就是指天地自然之“道”,后者就是指人类社会。如此一来,“守中”便成为处理好整体与局部关系的抽象概括。我们把研究的逻辑主线定位在人类认识世界、对待万事万物的“守中”状态,这就需要从世界生成论的层面阐述事物构成及其运动变化的规律,进而把人类世界放在这个系统的恰当位置,这样才能确定什么是“守中”状态以及如何把握这种状态。这些原理,对于人类的活动,下至于修身及个人生活,上至于治国及处理国家关系,乃至于把握当今社会的发展方向,均有重要的指导意义。

接下来我们提出了定义、基本假设、公理。在基本假设与公理中,我们主要从“道”“自然”“有无”这些展开天地自然之“道”的概念,阐述了老子的思想框架,从而过渡到人类社会以及“自然观”对人类社会的指导作用等等。定义则负责描述公理化诠释所涉及的核心概念,故而置于前面。我们一共给出了 13 个定义、5 个基本假设、4 条公理,进行了界定和说明,并配上与之相应的《老子》原文,给后面的命题、推理提供依据。

基于公理化研究的需要,我们必须将对老子的解读与基本假设对接起来。“守中”的提出,就是由此及彼的桥梁,其核心就是明确矛盾的双方以及妥善处理矛盾的方法。我们认为,“道”的特性即“自然”与人类行为的“不自然”(偏离“道”)构成矛盾。而矛盾的根源是人类能“智”不能“明”,无法认识“道”的无限性,只凭借“智”去作为。如果不处理好这种矛盾,就会使人类社会乱上添乱。故而人类必须化“智”为“明”,准确认识“道”,继而依照“道”的“自然”法则去作为,做到“无为而无不为”。如此人类就需要探索什么是合乎“自然”的“德”,如何按照“自然”法则去治国,去养生。这就形成了四大方面的论述,命题也就相应分为四大类,形成了《明道篇》《贵德篇》《治国篇》《摄生篇》,这四篇用成组的命题分别展开论述,并用例证和说明进行更具体的描述。

接下来的第三、四、五、六章是以公理化方法展开《老子》思想的命题组。

《明道篇》共 21 个命题,主旨是说明老子关于“道”的基本观念以及人如何才能认识或体悟“道”。首先阐述道自身以及道与万物的关系;其次说明人的两种认知或体悟状态“智”和“明”以及它们之间的相互关系,指出由“智”入“明”才能正确认知或体悟“道”;再次说明体悟“道”的路径、方法和步骤。

《贵德篇》共 23 个命题，主旨是阐述顺应自然之德的方法以及修德之方、修德之用。具体而言，顺应自然方为德，如何做到这种德，则应当从偏执于“有为”转变为把握“无为”。在这方面，应当认识到贪欲、智巧为修德之害，而淡化两者的方法为知足、处下、柔弱、不争，这也是圣人得以修成的方法，圣人的特点为智之澄明、心之虚静，具有这种“玄德”，方能体现自然之道。

《治国篇》共 28 个命题，主旨在于论述遵循自然的治国之道，指出合乎自然的社会才是理想社会，而有道社会的特征是和谐自然，百姓安居乐业，无需繁苛的礼法；讨论良治的基本模式、表现及其实施；合乎自然的治国方式是循道、循古，不可过度崇尚智慧、贤能、仁义、礼法、功德、奇货等东西，而在用兵、外交、为君、行政、治民等方面，均要遵循“守柔”之道，如此对于君主的修养提出了要求，也就是刚柔并济、修德修信。

《摄生篇》共 22 个命题，主旨是如何关爱自我的生命，实现关爱自我生命与关爱他人生命的统一，而真正实现这一点必须以“自然”为原则。养生的根本原则是效法自然，其根本在于保持虚静、淡泊、淳厚的心境以及节制自我的嗜欲，以之作为效法自然的基础。由此展开，需建立基于自然原则的财富观，正确对待财富与生命的关系；建立基于自然原则的祸福荣辱观，以知足不辱、为而不恃为核心；建立基于自然原则的强弱论、巧拙论；等等。基于自然的原则，其实也就体现了个体与万物共生的原则。

上述四篇基本上涵盖了《老子》的主要内容。为了帮助读者理解命题，本书还采用“例证和说明”的方式加以补充阐释。它们与命题的关系为：

（1）命题是一般性、普遍性的论述，“例证”则是案例的论述。

“例证”不能涵盖命题的全部内涵，但有助于了解命题的具体内涵；(2)“例证”可以是命题的延伸和扩展，从生活实践的不同侧面补充和丰富命题的含义，有的“例证”还有助于了解所阐释命题和其他命题的逻辑关系；(3)“说明”是以不同于命题推理的方式揭示命题的内涵和普遍性；(4)有些“说明”是为了揭示该命题与他人对《老子》某些解释的不同之处。

第一章
引论

本章概要地阐述了《老子》思想的基本框架。在对老子其人、《老子》其书及其对后世的影响作了简单介绍之后,我们从老子之"道"、老子的"自然"与"自然观"、老子论"智"与"明"、老子论"功德"、老子论"治国"、老子论"养生"六大方面阐述了老子的思想体系,最后指出了老子思想的价值和意义。基于公理化诠释的需求,我们必须在老子思想的各个方面找到明确的逻辑关系。简言之,"道"是万事万物的本体,它具有无限性;"自然"是"道"的一种重要的性质,它支配着万事万物的生成、存在与运动,"无为而无不为";相比之下,人类的"智"却做不到甚至妨碍了"无为而无不为"的"自然"法则,也就违背了"道"。为了做到这一点,必须对人类的"智"进行"破迷解惑"的工作,指出人类通常将"智"用于满足争名夺利、争强好胜的欲望。由此审视之,统治者将争名夺利、争强好胜所得视为"功德",就是错误的;水意象是说明或描述"道"的最为重要意象之一,老子认为水与"道"具有诸多相似之处,特别是治国理政所应遵循之道。接着得出的养生原则,就是"寡欲少死""清静柔弱",这也是"养生"与"养德"合一的修养。

一、老子、《老子》及其影响概述

孔子在历史上的形象是清晰的,除《论语》外,《孔子世家》与

《仲尼弟子列传》中都保留了不少详细的记载。与此不同,老子在中国历史上的形象则显得模糊而且神秘,甚至对于老子是谁、生活于什么时代都不能确定。司马迁在《史记》中对老子的记载十分简略:"居周久之,见周之衰,乃遂去。至关,关(令)尹喜曰:子将隐矣,强为我著书。于是老子言道德五千言而去,莫知始终。"而且在最后还附录了老莱子与太史儋两种异说。可见即使生活在西汉初年的司马迁,对于老子的了解也不多且不确定。先秦文献中《庄子》《韩非子》和《礼记》中虽然有关于老子的少许记载,但其真实性往往受到质疑,传闻的色彩也很浓重。

1. 老子形象在后世的变迁及《老子》的流传

古代关于老子的记载大都源自传说。在有关老子的传说中,最为著名的,是说其母怀胎七十二年而生老子,生而须发已白。基于人类现在已有的认识水平,对这样的传说似乎没有证伪的必要。然而这些传说的出现,一定有其内在的文化与历史原因;而且这些关于老子的传说在产生与流传以后,又参与到此后中国文化的构建之中,产生一定的文化影响。司马迁在《史记》中的一段记载常被用来说明道家对儒家的影响:"孔子适周,将问礼于老子。老子曰:'子所言者,其人与骨皆已朽矣,独其言在耳。且君子得其时则驾,不得其时则蓬累而行。吾闻之,良贾深藏若虚,君子盛德容貌若愚。去子之骄气与多欲,态色与淫志,是皆无益于子之身。吾所以告子,若是而已。'孔子去,谓弟子曰:'鸟,吾知其能飞;鱼,吾知其能游;兽,吾知其能走。走者可以为罔,游者可以为纶,飞者可以为矰。至于龙,吾不能知其乘风云而上天。吾今日见老子,其犹龙邪!'"

东汉末年,张道陵在江西龙虎山结庐炼丹,逐步建立道教。张道陵的《老子想尔注》首次从宗教的角度诠释《老子》(道教常称《道德经》),对"道"及老子进行了神化:"一散形为气,聚形为太上老君,常治昆仑”,于是老子变身为道教神仙系统中的太上老君。后来又由于道教与佛教论争的需要,出现了“老子入夷为浮屠”等传说。魏晋以后,随着道教发展的需要,神仙化了的老子形象又被不断改造。于是,在不同的背景下、不同人的心目中,老子的形象便在智者与神仙的双重身份叠加下愈发神秘。参考古史辨派提出的“层累”的历史观,老子的形象在中国历史上也应该是不断被添加和改造的结果。

与老子的身份一样,《老子》一书的成书时间以及其作者是否为老子,同样是自古至今学者们一直争论不清的问题。目前可知的最早的《老子》版本,是1993年在湖北荆门楚墓中发现的郭店竹简本,据考古学研究,该墓的时间大致在公元前300年前后。从这一点来判断,《老子》成书的时间应该不会晚于战国中期。

《老子》篇幅虽小,但因其思想的深刻,在战国时期已引起关注,《韩非子》即有《解老》《喻老》等篇,对《老子》进行解说与例证。秦汉以后,《老子》得到更为广泛的流传。在流传的过程中,形成了许多不同的版本。据学者统计,仅清代以前的《老子》版本就超过百种。历朝历代对《老子》进行研究和注释的很多,于是出现了大量的注释本,元代正一天师张与材曾说:“《道德经》八十一章,注本三千余家。”据学者调查,流传至今的《老子》注本有一千余种。在这众多的古代注本中,影响最大的两种应该是王弼注本与河上公注本。除传世本外,随着考古工作的开展,又在长沙马王堆汉墓出土了两种西汉帛书本,在湖北荆门郭店楚墓中出土了战国竹简本,为《老子》的研究提供了新的重要依据。

《老子》在流传的过程中,其文字的改变在有意或无意之中不断产生,从而出现了各种版本的差异、文本的分歧。虽然这一现象在中国古代的书籍中普遍存在,但《老子》的情况则特别严重。近年发现的帛书甲乙本及竹简本,其文本差异应该大致可以体现出《老子》流传的情况。这一方面给我们的阅读和研究增加了难度;但另一方面,正如刘笑敢所言,也为我们在有些方面的研究提供了可用的资料。

据联合国教科文组织统计,在世界各国经典名著中,被译成外国文字而且发行量最多的,除了《圣经》以外就是《老子》。《老子》是有史以来译成外文版本最多、海外发行量最大的中国经典。《老子》在海外的影响远较《论语》为大。国外的许多著名学者如黑格尔、尼采、海德格尔等都曾关注和重视老子的思想。老子的思想在西方的流传之久、流传之广,超出了许多当今中国人的想象。《老子》可以被视为中国体系中的"元文本"或"基因文本",这些哲学基因在两千多年漫长的中国思想史及文化史的各个阶段上,均部分或全部地表达了出来。时至今日,无论在大陆、台湾还是在香港学术界文化界,依然如此。老子的思想不仅被看作是中国人的精神财富,更被看成是全人类的精神财富,其影响遍及世界。

2.《老子》对后世政治思想及实践的影响

先秦诸子百家面对的是春秋战国时期诸侯混战、礼崩乐坏的社会局面,因此他们各家的思想虽然不尽相同,但是都有为当时的社会现实寻找出路的意味,都有着明显的政治关怀。虽然老子的思想立足于一种很高的宇宙视野,但同样不乏对现实政治的关注与思考。《老子》一书根基于天道自然的哲学认识,表现出"常与善人"的人文关怀、"道法自然"的生态智慧、"若烹小鲜"的善治理念、"无为不争"的道德自觉、"神源于道"的深远影响、"重人贵生"的养生向往。[①] 特别是其中的"常与善人"的人文关怀、"若烹小鲜"的善治

① 夏维纪:《道家人文之光》,《江西日报·江西人文大讲堂》,2015 年 11 月 11 日。

理念、“无为不争”的道德自觉，提供了一种不同于儒家、法家的政治思想。

老子主张对万物都应有一种慈爱的情怀：“天道无亲，常与善人。”这种人文关怀，是对人的尊严与符合人性的生活条件的肯定。老子的“无为不争”，在于遵道而行，亦即顺应自然和社会规律，不任意妄为，不扰民，不制造和激化矛盾，以达到“无为”而“无不为”的效果。老子提出“治大国若烹小鲜”，是一种非常高明的善治理念。“小鲜”是指“小鱼”，烹制时需小心慎作，不能随心所欲地翻搅，否则鱼肉就会烂糊一团，老子以此比喻在执政中需要不折腾、不扰民。汉初的司马谈在《论六家要旨》中评价道家：“指约而易操，事少而功多”，认为道家在六家中效率最高而弊端最少，极为推重。老子的这些政治思想，虽然没有成为后来官方依循的主流，但在后世社会产生了深远的影响。

老子的政治思想在西汉初年曾经得到很好的实践，并且显示出明显的效果。西汉初年的几位统治者如刘邦、吕后、文帝和景帝等都信奉“黄老之学”，尤其是文帝和景帝的统治，可以说是老子政治思想最好的实验范本，不仅政治清静平和，百姓安居乐业，而且经济上得到了极大的恢复和发展，使西汉建立时“自天子不能具驷马，而诸侯多乘牛车”的局面得以改观，为后来汉武帝征讨匈奴做好了政治与经济上的准备。

至汉武帝采纳董仲舒的建议“独尊儒术”，放弃了汉初的统治思路，从而开始采用“阳儒阴法”的政治治理策略，并成为后来历代统治者主要奉行的政治思想。虽然老子的政治思想在此后的历史中没再出现类似于汉初这样的典型运用，但老子思想依然对后来统治者的思路产生着或隐或显的影响。晋唐以后的统治者很多都尊崇老子，亲自参与祭拜老子。其中许多著名帝王如唐玄宗、宋徽宗、明太祖、清世祖等都曾御注《老子》,明显受过老子思想的影响。

道家思想对于后世政治思想及实践具有前瞻性。早在启蒙运动时期,它就已经为思想家设计现代世界的蓝图提供了强大的思想资源与参照坐标。它不仅在人类世界20世纪末产生出的软实力和反权力哲学思想方面,而且在全球良治和可持续发展理念方面,均表现出了深刻的前瞻性。进一步而言,道家哲学思想正在改变我们的经济与社会生活实践方式,如反经济扩张模式、反消费主义社会形态以及生活节奏之均衡、可持续发展目标之设定,等等。

3.《老子》对道教的影响,道家与道教的关系

老子不仅是道家的创始人,而且对道教的创立和发展产生了深远的影响。与世界上的其他宗教不同,作为中国本土宗教的道教,是在一个比较长的时期内将中国文化中的一些文化元素杂凑而成的,其中包括道家思想、民间信仰、神仙方术、阴阳学说以及中医中药、符箓之学等。在印度佛教扎根之前,中国并无真正意义上之宗教,仅有一些原始民间宗教信仰、巫术、萨满教,此一空白为印度佛教所填补。佛教之天然盟友乃是道家思想,佛教采取的本土化策略是援道入释,用以抵抗来自儒家思想的排斥。东汉末年至魏晋期间,张道陵、葛洪等人逐步创立了道教。从某种意义上,道教是在面临佛教之竞争、针对民众欲望需求而创立的一种宗教。由于《老子》一书具有较高的理论水准、独特的思想面目,遂被道教的创立者用作道教的基础理论,其中张道陵所著《老子想尔注》便是典型的代表。“神源于道”,老子被张道陵推崇为“太上老君”之后,道教便有了自己的能与孔子、释迦牟尼比肩的崇拜神尊。在道教发展和完善的过程中,葛洪更是借老子思想来构建道教的理论体系。因为道教并非由某个人集中创立,而是经由多人长时间逐渐发展构建而成的,为了增加在传播时的影响力,道教的创立者们不仅借用了《老

子》中的理论,还把老子其人奉为道教的创立者。于是,老子被动地成了道教的始祖,且被神化为太上老君,而《老子》一书也被奉为道教经典而成为《道德经》。同样道理,道家的另一重要人物庄子被道教奉为"南华真人",《庄子》也被称作《南华经》。

因为道教在形成过程中与道家有着密切的渊源关系,两者在思想要素、主要人物以及代表经典上的共同性,使得它们在此后的中国文化中具有千丝万缕的联系。很多时候,它们的界限是模糊的,不易区分。从学术的角度来看,道家和道教这两个词指称的内容应该是可以区分的。道家指的是由老子、庄子开创,出现于春秋战国并在后世流传的哲学思想流派,道教则是在两汉逐渐形成,后又有若干发展分化的一种宗教。虽然道教在理论上汲取了道家思想的大量因素,甚至奉老子为教主,但是二者还是不能混为一谈,也不能说道教理论就是道家思想。道家作为一个哲学思想流派,其思想流变与代表人物应是它被解说时最重要的内容,由于没有成为官方主流的学术思想,魏晋之后道家思想的传承流变有些模糊而难以说清,但它对历代学者文人的影响却仍是依稀可辨的。道教作为一种宗教,具备宗教的一些必备要素,有其神仙崇拜与信仰,有教徒与组织,有一系列的宗教仪式与活动,其主要派别的传承也是大致清楚的。

留法学者韦遨宇在 2014 年庐山举行的中华经典的公理化诠释研讨会上作了题为《老子、庄子与道家哲学思想》的系列演讲。他指出:道教之发展史显示出其对统治者而言为一柄双刃剑。以汉朝为例,以道教教派掀起之农民起义黄巾军几使汉朝陷入崩溃之危机;唐朝为争正统,李渊托称老子后代,将道教奉为国教;北宋鼠疫期间,宫廷命国师作法消灾;元末,道教教派白莲教亦在推翻元朝之战争中起到相当大作用;清末义和团曾经念着刀枪不入之符咒迎接密集射击之洋枪洋炮，由反清灭洋转至扶清灭洋。此等命运，令人唏嘘。然而在历史上的大部分时间，大部分道教人士还是隐居于山林，道教在民间较有市场，并提供一些医疗服务和道场服务及从事其他一些活动。道教乃是中国历史上一个十分复杂且特殊的现象，道教史既有连续性亦有非连续性。它发展了系统性理论与实践，并对中国普通百姓之日常生活产生了重要、持久且深远之影响，如中医药、饮食文化、宗教仪轨、风水等，其影响亦延伸至东亚与南亚。

“道教”和“道家”这两个词在内涵上是大致清楚的，但在使用中并不易于区分，在很多的语境中它们常常被混用。特别在中国，儒、释、道三者常常并称，被认为是构成中国传统文化的三个重要支柱。这种简称中的“道”，往往是兼道教与道家两者而言的。在民间的观念和认识中，这一情况更加明显，作为历史人物的老子和被道教借老子形象塑造的太上老君往往混而为一，比如在河南鹿邑，对老子文化十分重视，但当地人口中所说和心中所认为的“老子”“太上老君”和“老君爷”基本上是一回事。

道教借用了老子其人、《老子》其书以及老子的思想来完成自身系统的构建，可以说是对道家的许多文化内容进行了一种接管，这在某种程度上挤压了道家的生存空间。不可否认道教对老子在后世地位的提升和《老子》一书的流传所起到的积极作用，但道教对《老子》一书的传承和解释产生的负面影响则更需要引起警惕。道教虽然以道家特别是老子思想作为思想基础，但只是部分地借用老子思想并对之进行了许多符合宗教需要的改造。出于与佛教论争的需要，道教将老子的形象不断神化，加之道教大量吸收了神仙方术、民间鬼神崇拜观念和巫术活动的内容，使得后世对《老子》的理解附加了很多神秘化的内容。在这种文化背景下，我们回归文本对《老子》进行学理上的诠释，其意义就越发凸显出来。

4.《老子》对后世学术思想的影响

先秦诸子著书立说的春秋战国时代,正是学者们所说的人类历史的轴心时代。他们的学说因为理论上的开创性,对中国后世的学术思想产生了极为深远而持久的影响。《老子》一书因其视野的开阔与哲思的深刻,对后世学术思想的影响尤其巨大。魏晋玄学与宋明理学是汉代以后中国学术发展中的两个最为重要的学术流派,在这两者的理论系统构建中,《老子》的思想都产生了至关重要的影响。

魏晋玄学是中国历史上一个重要的学术流派,也是魏晋文化的一个显著标志。玄学的产生和理论体系的建立,则与老子思想密切相关。玄学由王弼开创,由何晏建立理论体系,这两人的思想均与《老子》有重要关系。中国古代许多学者往往借注释经典来表达自己的思想,例如何晏和王弼。何晏的著作大都散佚,但从现在残存的一些材料中可以看出他是曾经注过《老子》的。而王弼的《老子注》不仅至今尚存,而且是《老子》影响最大的两个古代注本之一,历来为学术界重视。何晏"以无为本"的思想是在老子学说的基础上发展和改造而来,后又经王弼充实完善,成为玄学理论的核心内容。王弼借《老子注》建立了严密完整的玄学理论体系,《老子》作为"三玄"之一,为玄学提供了最为重要的"有""无"的概念及理论基础。

理学也称新儒学,是由周敦颐、二程、朱熹等学者构建的一个学术体系。理学虽然以儒学为旗帜,但其思想体系却是融合儒、释、道的结果。周敦颐、朱熹等人在构建理学体系的时候,大量借用了道家思想特别是《老子》中体现的思想。周敦颐作为理学的初创期的代表人物,他在奠定理学格局的《太极图说》中借用了《老子》一书中构建的宇宙模式,作为他的哲学认识的起点。二程和朱熹更是吸收了老子以道为宇宙本体以及“道生万物”的思想来完善儒家的本体论,又吸收了清静、无为和主静的修养思想。朱熹援道入儒,成为理学的集大成者,受到道家哲学的很大影响。理学中“理”的概念在内涵上与老子的“道”有很大相似性,而朱熹“理—气—物—理”的思路,也与老子“道生一,一生二,二生三,三生万物”以及“人法地,地法天,天法道,道法自然”的思想类似。宋明理学将道家解决问题的起点、思路、方法、思维方式、概念模式、哲理框架、逻辑思辨等方面植入儒家,提升了儒学的哲理思辨水平,促进了儒学的新发展,从而完成了理学理论体系的构建。不论从思想渊源还是从理论特点看,宋明理学都深深地打上了老子哲学的烙印。

《老子》除了对玄学与理学产生了深远影响之外,对其他学者同样产生了或隐或显的影响。宋代的王安石、苏辙,清代的王夫之、魏源等人,都曾对《老子》作过深入的研究,深受《老子》思想的影响。

韦遨宇教授指出,道家哲学思想在中国影响最为直接且深远的学科领域还包括:(1)哲学与语言哲学。《老子》文中阐释的“反者道之动”的辩证法思想,对中国文化产生了深远影响;(2)宗教。道家自然哲学排除了在中国出现一元神论和超验性宗教的可能性,对印度佛教在中国的传播和对道教的发生产生了影响;(3)政治学。无为而治的良治模式、小国寡民之理想及社会正义之理想,所倡导的“天之道取有余以奉不足”深入人心;(4)人与自然之关系。它尊重自然与回归自然之学说与实践,强调“宠辱皆忘”、无欲与无知、与宇宙自然精神的合一,从而中国古代未出现大规模的以开发自然为目标的科学探索,未出现消费主义的商业文化传统;(5)文学艺术领域。中国古代文学艺术浸透着象征思维,诗学与美学高度发达,而且在数千年中始终为抵抗各种权力的战场。

二、老子之“道”的解读

就文本形式而言,《老子》像散文、像诗歌、像格言,而对这样一种面目多变的著作而言,也就可以进行各种各样的解读。在《老子》的文本中,“道”这个字前后出现了七十三次,其含义和意义有不相同之处,研究者对“道”的理解和看法也很不统一。如胡适说“道”是“天地万物的本源”,又说老子的“天道”就是“西洋哲学的自然法(Law of Nature)”(《中国哲学史大纲》)。冯友兰说“道即万物所以生之总原理”,又说“道或无就是万物的共相”(《中国哲学史》)。侯外庐说“道”是“超自然的绝对体”(《中国思想通史》)。张岱年早年说“道”是“最高原理”,即“究竟所以”,中年说过“道”是“原始的混然不分的物质存在的总体,即混然一气”,晚年则回到早年的立场,说“道还是指最高原理而言”(《中国哲学发微》)。吕振羽说“道的内容……是神话的东西”,“道是创造宇宙、统治宇宙的最高主宰”(《中国政治思想史》)。杨荣国说“(道)不是物质实体,是虚无,是超时空的绝对精神”(《简明中国思想史》)。徐复观说“道”是“创生宇宙万物的一种基本动力”(《中国人性论史》)。劳思光说“道”是“形上之实体,是实有义”,又说是“道之为言,泛指规律”(《中国哲学史》)。[①] 归纳各家的见解,“道”是一种虚无或物质的实体,也是一种原理或法则。但这样的解释似乎比较抽象,下面我们试图更具体地阐述“道”的含义。

1. 不可言说、难以命名的“道”

《老子》第一章说:“道可道,非常道;名可名,非常名。”按照这

① 安蕴贞:《西方庄学研究》,中国社会科学出版社2012年版,第49页。

种句读,我们一般的理解是:第一个"道"是老子的特别概念,第二个"道"就是字面意思"言说"。可以言说的"道",不是常道;可以命名的"名"不是常名,综合意指用常规命名方式命名的"道"并非老子所说的"道"。

"道可道,非常道"给人的印象是:"道"是"不可言说"或者说是难以言说的,或者说此"道"与通常所理解的"道"大不相同,说出来人们也不容易理解。然而即便是"不可言说"或"难以言说",也可以有多种意思。中国先秦时代还是一个人神混杂的时代,那些神秘的"鬼神",往往是不可言说的,它似有似无,似乎能感觉得到又不能被清晰感觉到。那么,老子的"道"是不是这种神秘的"鬼神"?老子虽然说"道之为物,惟恍惟惚"(第21章),但说"道"像鬼神一般神秘,显然是不妥的。关于老子之"道"是否具有神秘主义色彩这一点,中外研究者有过很多探讨。如有人指出,老子关于"道"的无限性问题的阐述,与古希腊哲学家高尔吉亚提出的三个原则很是接近:"第一个是:无物存在;第二个是:如果有某物存在,这个东西也是别人无法认识的;第三个是:即令这个东西可以被认识,也无法把它说出来告诉别人。"美国本杰明·史华兹教授在《中国古代思想的世界》一书中指出,印度思想家认为,"真实的依据"的含义或"无"的范围,不能被人类语言的门类所讨论,因为那是"一个超乎人类语言所描绘的所有决定、关系、过程的真实或真实范围"。西方和伊斯兰的中世纪哲学也同样强调"上帝就其本质而言是人类语言所不可知的和无法接近的",因为"有限的人"处于无可改变的欠缺中,所以"永远不能知道上帝的内在本质"。但是,所谓"真实的依据"或"上帝的内在本质"并不能等同于老子的"道",本杰明·史华兹为此特别强调了老子哲学的无神论特征:"老子的神秘主义确实并非建立于有神论的隐喻之上。对'道'的强调体现了对'天'的中心地位的惊人的背离。”为此,对老子哲学的基本属性,可以称之为“无神的神秘主义”:一方面,由于超乎语言,无法言说,甚至不是人的理性所能达到的,所以笼罩着神秘主义的色彩;另一方面,因为纯任自然,无所崇拜,否定了外在于人的支配力量,所以又具有了无神论的特性。①

既然如此,我们是否可以说“道”是一种纯粹的感觉,如同我们常说的“直觉”或“潜意识”,可遇不可求,感觉得到却无法清晰描述呢?这显然也不妥。因为老子又说:“执古之道,以御今之有。”(第14章)明白指出“道”是可以把握的;又说:“孔德之容,惟道是从。”(第21章)明白指出“道”是可以依从的;又说:“处众人之所恶,故几于道。”(第8章)明白指出“道”是可以接近或到达的目标。有了这些描述,“道”就已经不是纯粹存在于“直觉”或“潜意识”之中了。

在现象学理论中,也有所谓的“不可言说”。这种理论之所以要求“直面事物本身”,是因为事物的本质或真实的意义是不可言说的。这种“不可言说”,是指语言本身与事物无法精确对应。但实质上,这种“不可言说”的程度也是有区别的,对于通常的事物,它们在人类可见、可感、可描述的范围之内,“可言说”的程度较高,“不可言说”的成分较少;如果这种事物大大超出了人类可见、可感、可描述的范围,则“不可言说”的程度较高,“可言说”的成分就较少了。从“道冲,而用之又弗盈也”(第4章),“天乃道,道乃久”(第16章)这些提示中,可以想见“道”在空间上的广阔性以及在时间上的久远性,也可以想见“道”大大超出了人类可见、可感、可描述的范围,所谓的“不可言说”,指的就是这方面的内容。

---

① 郭杰:《论老子“道”本体的无限性及其审美转向》,见《雪鸿集:深圳大学文艺学研究中心学术文集》,安徽大学出版社2008年版,第81页。

与“道”的“不可言说”有关的,还有“道”的难以命名:“名可名,非常名。”(第 1 章)在先秦儒家那里,“名”也是得到高度重视的。孔子重视“正名”,并认为“名”关涉“礼”与“刑”之实,所指向的对象是伦理秩序,即立名分以定尊卑。当君向臣索取物质时应该说“取”,而不是“假”,这符合并标明君对臣在财产和身份上的主宰。儒家代表人物之一荀子对正名有更多的论说和思考。“名”来源于传统或者约定。“名无固宜,约之以命,约定俗成谓之宜,异于约则谓之不宜。”(《荀子·正名》)区分“名”的根本依据是人的感官认识:“然则何缘而以同异?曰:缘天官。”“正名”的根本作用在于统一对“礼”的认识,“故王者之制名,名定而实辨,道行而志通,则慎率民而一焉”。由此可见,荀子在理论上深化了儒家的“正名”说,同时强调了“名”在伦理政治方面的社会性。在荀子看来,“名”不是事物先天固有的,而是约定俗成的,也可以说是人们易于理解的;而在儒家的“礼制”之中,“实”主要就是指权力地位、对财产的支配权和分配权等内容,其范围是比较清晰的。为此荀子讨论“名”与“实”的关系,实质上就是在约定俗成的“名”与社会上一些事物、现象之间建立明确的关系。

按照形式逻辑的说法,概念是反映对象的本质属性的思维形式。人类在认识过程中,从感性认识上升到理性认识,把所感知的事物的共同本质特点抽象出来,加以概括,就成为概念。表达概念的语言形式是词或词组。概念都有内涵和外延,即其含义和适用范围。可以说,表达概念的语言形式就是“名”,而它的内涵和外延都是比较明确的。儒家所说的“名”,也有较为明确的内涵和外延,如“君”和“臣”。然而对于老子之“道”这一概念来说,却难以用通常的“名”来指称。“道”是“听之不闻”“抟之不得”的,难以把握它的本质属性;它既以一种事物或对象的形式存在,又不以任何事物和对象的形式存在:“无名,天地之始;有名,万物之母”;它可以用“大”的形式存在,也可以用“小”的形式存在:“万物归焉而弗为主,可名为大”,“故常无欲,可名为小矣”;如果按照形式逻辑的说法,“道”的内涵和外延都是不确定的,这当然就不能用一个确定的“名”来指称它了。

姑且不论老子的常“道”和常“名”是否更“真”(从认识结果的“真”“假”说),或是否更高(从认识阶段的不同层次说),把它与“言说”和“命名”关联起来表明老子是从“语言”的角度或者说从反思“语言”的角度去阐发“道”和“名”的。反思“语言”就是语言哲学。

语言哲学作为一门学问有其“原”问题,比如语言的本质、功能和意义等。一般说来,语言哲学作为哲学的分支是存在于中西和古今思想家的思想内容中的,只有西方现代哲学中讨论语言转向的那种语言哲学才指一种特别的哲学旨趣和追求。西方传统哲学认为语言是理性思维的工具和形式,并以此来建立对象性的理论体系;西方现代哲学则认为所谓的“思”无非就是语言的真实意义,“语言是存在之家”(海德格尔语)。一般的语言哲学和现代西方语言哲学的反思“语言”思路为理解老子的“道”提供了一种角度。

现代语言学奠基人索绪尔有一个很著名的关于语言学研究的理论,他把“言语活动”分成两部分:语言和言说。索绪尔认为语言是社会现象,言说则是个人现象。语言是一个系统,相当于一部词典,是人们共同使用的,是使用者不能随意改变的。而言说是人们说话的总和,在选择、组合以及表达什么内容方面,体现了强烈的个人意志,个性化色彩很浓,与个人的知识涵养密切相关。

老子的“道可道”类似“言说”,“名可名”类似“语言”。“言说”是个体的,“语言”是社会的。先秦诸子大都不重视即时的、瞬间的

"言说"，而重视社会的"语言"，但是老子反对或至少是轻视"语言"。如果说先秦其他诸子对于"名"的政治伦理及其社会性有大概相同的理解，那么老子反对"名"，实际就是在反对当时流行的政治伦理观念。当社会中的"名"过多从而导致无穷的纷争时，老子选择了"不言"来对抗。

西方语言哲学的一个研究重点是探讨语言本身与语言所表达的意向及对象之间的关系，由此发现在表达意向、描述对象方面，语言本身存在诸多缺陷。有人指出："为了获得对有关证实主义争端的一种更宽广的观点，让我们考虑下面的意见：我们的一切语词均不指称。我们的一切信念均非真。在英语和再现世界状况的那种语言之间无转译的可能。"①这种观点体现了一种否定语言之作用的倾向，我们不必完全接受，但可以由此想到，"准确再现世界状况的那种语言"事实上是不存在的，也可以说，作为语言的"道"，并不能准确反映作为对象的"道"。从另一个角度我们也可以看出这一点。如有研究者指出，虽然语词的含义会随对象的变化而变化，但是每一种确定的含义（或者说每一个确定的概念）所指称的只能是一个（或一类）确定的对象。如果对象发生了变化，那么指称它的就应该是另外一个概念。在指称对象方面，概念自身并不存在什么灵活性：不可能存在同一个概念可以指称不同对象的情况。② 以此而论，"道"这个语词只能指称一个（或一类）确定的对象，但事实上"道"并不局限于一个（或一类）确定的对象，而是代表了无数个（或无限类别）的对象。这样，用"道"这个语词或名称来指称"道"，当然就只能是勉强为之、事实上并不准确了。

---

① （美）理查德·罗蒂：《哲学和自然之镜》，商务印书馆2011年版，第320页。
② 胡泽洪、张家龙等：《逻辑哲学研究》，广东教育出版社2013年版，第95页。

其实，魏晋时期的哲学家早已对语言进行过辩证统一的思考，他们既肯定语言作为思想表达和认识世界工具的作用，又看到了语言表意的局限性，指出类似“道”等形而上的东西是难以通过语言的形式陈述和表达的。魏晋时期的“言意之辨”和现代西方语言哲学的探讨有契合之处。如王弼在《周易略例·明象》中指出：“夫象者，出意者也；言者，明象者也。尽意莫若象，尽象莫若言。言生于象，故可寻言以观象；象生于意，故可寻象以观意。”“言”是对象的描述，因此“寻言”可以“观象”，象蕴含意，因此“寻象”可以“观意”。但是，王弼又指出了言语自身不可避免的局限性：“故言者所以明象，得象而忘言。象者所以存意，得意而忘象。犹蹄者所以在兔，得兔而忘蹄；筌者所以在鱼，得鱼而忘筌也。”①照此说法，“道”这个名词、这一语言的使用，是为了描述“道”这一对象（也就是作为“象”而存在的“道”）；但一旦认识“道”这一对象之后，就要“得象而忘言”，否则就会被“言”所局限，从而妨碍对“道”的深入认识。德国哲学家雅斯贝尔斯说：“矛盾：所说出者正是不可言说者。”他并且论述说：“老子企图通过先言说、后再抛弃这言语的方法，来传播他那最为深刻的认识……他必须超越命题与对象，也就是说，为了深入到真理之中，他应当达到不可言说的境界。”②这一观点与“得象而忘言”的说法不谋而合。

2. 内涵与外延无限扩展的“道”

基于表达思想的需要，老子需要对“道”强名之；基于公理化研究的需求，更需要大致明确“道”的含义。正如德国哲学家海德格尔在谈论真理的本质时指出的：“一位思想家的‘学说’则是在他的

---

① 梁燕华编著：《语用与言语交际》，浙江大学出版社2013年版，第168页。

② 雅斯贝尔斯：《大哲学家》，社会科学文献出版社2005年版，第832—838页。

道说中未被道说出来的东西……为了能够经验并且在将来能够知道一位思想家的未被道说出来的东西——不论它具有何种特性——我们必须思考它所道说出来的东西。”①

常规的概念,其内涵和外延都是“有限的”。而“道”恰好相反,其内涵和外延都是无限的,包括存在形式的无限性和运动形式的无限性。

从逻辑上理解,“道”是最大的抽象,不能被述说,只能勉强描述,“道法自然”中“自然”的意思是“无法述说”“没有规定”的意思。但基于表达思想和建立一种理论体系的需要,老子抽取了“道”的一些特征进行重点描述。

其一是“道”对于天地间万事万物之生成的作用。“道生一,一生二,二生三,三生万物。万物负阴而抱阳,冲气以为和。”(第42章)这是老子对“道”的数理表达。“道”不能被述说,是“无、虚、静、朴”,是“自然”,但它却能述说万物。人的所有观念都是通过它而得到的,所以“道生一”以至于“万物”,而万物无非也就是“道”的述说。万物生成均有赖于它,这是“道”体现的“德”,无时无刻不在生成无处不在的万物,这是它的“功”。这也是“无限性”的一种体现,但依然不是“无限性”的全部。

相比而言,人类自诩的功德不存在这种无限性。人类在主体上还是要依赖于“道”繁衍生息,传承不绝,从事一切生命活动,一切与外部环境有关的活动。夸大人类的作为,夸大人类的作用,其结果必然是忽视“道”的无限性,而没有无限性的滋养,“有限性”的固有缺陷会更加突出。实际上,也因为有限性较容易认识、较容易言说,无限性难以认识和言说,也使人类往往盯住有限性不放,用有限

① 海德格尔:《柏拉图的真理学说》,见《路标》,商务印书馆2000年版,第234页。

的认识来指导自己的行为。基于有限性的缺陷,人类却不知不觉地切断了许多无限性的滋养。例如,工具的制造、技术的开发让人类不断获得无限的物质世界的滋养,但是,痴迷于这些人工的东西,却使生命失去了自然而然适应环境的许多可能性,人类已经变得离开自己制造的工具就无法前行一步了。政治、军事、经济制度的发展,一方面使人类的群体生活提高了质量,另一方面也使得人类在脱离社会的情况下就几乎无法存活。而对各种社会治理的依赖,又加重了人类社会的期望值,更加牢固地把人类捆绑在政治、军事、经济等各种社会管理之中。

其二是“道”与“天”的关系。从宇宙生成论的角度说,儒家的抽象止于“天”,天道就是最大的道,最根本的规律。这还是用具体的某种物质来替代真正的抽象,严格说来还不能算是“抽象”的结果,虽然在思考“天”的问题上运用了某种直觉抽象的方法。这就好比后来的唯物主义哲学家批评泰勒士一样,泰勒士虽然抽象出一句标志人类理性思维开端的结论——“世界是水”,但“水”依然是具体的某种物质。儒家以“天”来谈论世界,实际上也还是停留在具体的某种物质上。

老子虽然在抽象方法上与儒家是一致的,但抽象的深度却超越了儒家。老子认为在天地之先还有不可言说的“道”:“有物混成,先天地生。寂兮寥兮,独立而不改,周行而不殆,可以为天下母。吾不知其名,字之曰道,强为之名曰大。大曰逝,逝曰远,远曰反。故道大,天大,地大,人亦大。域中有四大,而人居其一焉。人法地,地法天,天法道,道法自然。”(第 25 章)这样“道”就成了独立于任何具体物质的抽象。只有这种无形似有形、静止却运动的抽象才能在理论上说明万物的生成以及运行规律。万物都是有形的和运动的,如果要找到它们统一的起点,我们一般会在经验中断定那个起点也一定是有形的和运动的。然而经验在思考面前往往显得很苍白:如果断定起点也是有形的和运动的,那我们就找不到宇宙的起点,因为我们可以认为无数种有形的物质是起点。古希腊在泰勒士之后就有了“世界是气”“世界是火”等等相互抵触但也无法相互否定的自然哲学论断。老子洞察了这一点,所以提出了一个“恍惚”的“道”的世界观。

“道”是万物之母,道之功就成为“德”。所以,从宇宙生成论上看,“道”是万物生成的原料和动力。所谓“道法自然”中的“自然”指“无”和“有”的相互转化。“自然”是最为玄妙的宇宙规律。当然,老子关注宇宙,也意在为人确立行动规则。那么这种“道”的抽象世界观能为人的行动带来什么呢?儒家关注“天”,并从天人相分和天人相合中找到了人的实践价值(指人不断进行自我修养,从而完成人生使命的过程)。老子关注“道”,是从一个更为根本之处发现人的渺小和实践价值的虚无。所以人能够做的或者说应该做的就是在看清楚“有”“无”之变幻后处下、守静、无为、不争。

老子的宇宙论将贬低人的行为价值,但贬低不是否定。“无为”不会什么也不做。他只是告诫人必须在任何作为的时候回想到自己作为的界限,回归到“道”的根本。也就是说,可以为,但不可以忘本。“无为”指的是不忘本的作为。有注释家也解释说老子的“无为”其真正含义是“不妄为”,这是从宇宙生成论的角度来理解老子的“无为”思想。

三、老子的“自然”与“自然观”

在先秦的历史语境中,“自然”的意象,并不是指与人的存在相分离的客观对象。在先秦文化中,不论儒家、道家或墨家,也不论哲学、文学或艺术,都把“天地自然”看作一个有机整体,人是其中的一部分,从而表现出人与自然的相互依存的认知与体验,从而把自然看作可以与人发生感应或共鸣的有情宇宙。因此,老子视域中的“自然”无论是起点和归宿都是人及其社会。有学者指出,老子中的“自然”是一个富含人文性的概念。①

1.“自然”的三重意蕴

“自然”是老子思想的核心范畴之一,在其文本中一共有五处:“功成事遂,百姓皆谓:‘我自然’”(第17章);“希言自然”(第23章);“人法地,地法天,天法道,道法自然”(第25章);“道之尊,德之贵,夫莫之命而常自然”(第51章);“以辅万物之自然而不敢为”(第64章)。

河上公对“我自然”的注解是:“百姓不知君上之德淳厚,反以为己自当然也。”吴澄注:“‘然’,如此也”,“百姓皆谓我自如此也。”而“莫之命而常自然”的意思是,圣人对万物的生长不加干涉,万物就能够自生自成。“以辅万物之自然而不敢为”则明确指出圣人对万物的生长应持“不敢为”的态度,以促使万物依靠自己的力量成就自己。这三处“自然”的基本意思是“自己如此”之意。因此,“自然”在《老子》文本中的一个基本意涵即是“自己如此”之意,强调的是万物不依靠外在的力量自己成就自己的性质。

对于《老子》第25章“道法自然”的理解,尽管存在较大的分歧,但主要集中在对“道”以及“道与自然”的关系的理解上。河上公注:“道性自然,无所法也。”意思是,道自己如此,不存在效法的对象。吴澄注:“道之所以大,以其自然,故曰‘法自然’,非道之外别有自然也。”意思是说,道之所以能称为“大”,在于它自己成就自

① 杨家友:《老子自然意蕴的再探讨》,《哲学分析》2011年第4期。

己,而非在自身之外还有一可资效法的“自然”存在。也有人认为,此处之“自然”应为一名词,即自然界。从句法结构上看,“法”为“效法”之意,为谓语动词,因而此处的“自然”应作名词“自然界”解。而实际上,这里的“道法自然”里的“自然”,作“自己如此之性质”解,意思是,道效法的是万物自己成就自己的这种性质。“换句话说,道这个概念并非是老子凭空想象出来的,而老子是通过对万物依靠自己的力量成就自己的这种性质的观察之后抽象出来的,因而道最本初的含义即是万物生长之道。从这个角度来讲,道也是有效法对象的,效法的非其自身,而是万物自己如此之性质。”①因此,《老子》中“自然”的第一层意蕴是“自己如此”。

《老子》中“自然”的第二层意蕴,是在“希言自然”(第 23 章)中将“自然”作为一种原则来讲的。河上公对“希言自然”的注解是:“希言者,谓爱言也。爱言者自然之道。”也就是说,“希言”是符合自然原则的。很明显,这里的“自然”已经不能理解为自己如此之意了,而具有老子之道的性质,成为万物需遵循的一种原则,与道是同一层级的概念。“希言自然”的意思即是“希言”是符合自然之原则的。“希言”就是少发号施令,少表现主观倾向,也就是老子所谓“处无为之事,行不言之教”,即老子主张的“无为”。与之相反的“多言”,代表的是一种违背自然原则的“人为”,这在老子看来,只能招致“数穷”(机关算尽,濒临灭亡)。“无为”包含着“无欲”“无技”和“不争”三个维度。“无欲”并非是对欲望的否定,而是要以自然为原则来界定欲望是否合于老子之道,而为了实现这一点,就需要意识到欲望的边界。“无技”指明了遵循自然原则的具体方式,即“使有什伯之器而不用”,“虽有舟舆,无所乘之;虽有甲兵,无所

---

① 张敏:《老子文本中的自然观念》,《理论月刊》2015 年第 2 期。

陈之。使民复结绳而用之”(第80章)。“不争”则表明遵循自然原则的根本态度应如水一般,“善利万物而不争,处众人之所恶”,方能“几于道”(第8章)。

《老子》中“自然”的第三层意蕴,是将“自然如此”的精神上升为“自然而然”的“爱民治国”的基本原则。同时,“自然”也是一种状态和境界,为老子对理想社会的终极追求。这种追求集中体现在老子对“小国寡民”的描述中:“使有什伯之器而不用,使民重死而不远徙。虽有舟舆,无所乘之;虽有甲兵,无所陈之。使民复结绳而用之。甘其食,美其服,安其居,乐其俗。邻国相望,鸡犬之声相闻,民至老死,不相往来。”(第80章)在这样的理想社会中,没有文字,没有战争,百姓的日常生活无须借助技艺,就能“甘其食,美其服,安其居,乐其俗”。这就是老子所追求的一种自然而然的社会状态。也只有唯有摒弃一切“人为”的因素,高扬自然秉性,百姓才能够“不争”“不为盗”“心不乱”“孝慈”“自化”“自正”“自富”“自朴”,达到一种自然而然的状态和境界。

“自己如此”,肯定万物依靠自身力量成就自己的性质,在老子看来这种性质是万物发展、变化的根本力量。如果我们肯定了万物、百姓自生自成这种性质的根本性,且能遵循自然原则,就能够达到一种自然而然的状态和境界。“自然”观念的这三层意蕴,可以视为老子整个思想的三个基石。

2.“自然”的人文寓意

就《辞海》“自然”条目的义项看,“自然”有三个义项:(1)天然,非人为的。如自然物、自然美;(2)不造作,非勉强的。如态度自然,文笔自然;(3)犹当然。也就是说,作为客观对象的存在,广义的自然物与自然界,指具有无穷多样性的一切存在物,与宇宙、物质、存在、客观实在等范畴同义,包括人类社会。狭义的自然界是指自然科学所研究的无机界和有机界。被人类活动改变了的自然界，通常称为“第二自然”或“人化自然”。而作为人和事物存在的状态，这里“自然”的寓意既是指不受外界干预的人或事物发展变化的状态，也指人的自然本性和状态。除此以外，“自然”作为副词或连词的义项，是指人和事物发展变化的必然趋势，指人和事物长时间形成或习惯形成的理所当然。那么，老子语境中的“自然”，又该如何定义呢？

刘笑敢在他的《老子古今》注释中，对老子语境中的“自然”作了系统的分析和界定：(1)“自然”属于名词；(2)“自然”不是大自然或自然界，因此不属于自然观、本体论或形而上学，自然也不是一般的伦理学、政治哲学、历史哲学的概念，更难以归入认识论或语言哲学或方法论。经过反复思考和比较，笔者发现将自然定义为中心价值，则比较符合西方哲学中的价值理论。还有一个原因是道的原则或根本是自然；(3)要将常识中的自然和老子之自然区别开，我们一般将老子之自然的核心意义定义为“人文自然”，也就是说，老子的自然主要关心的是人类社会的生存状态；(4)概括说来，老子所说的自然包括自发性（自己如此）、原初性（本来如此）、延续性（通常如此）和可预见性（势当如此）四个方面。可概括为两个要点，即动力的内在性和发展的平稳性。而更概括的说法则是总体状态的和谐①。而《二十世纪中国老学》中提到，“自然”二字，从字义上说是“莫使之然，莫使使之不然”，而这一点是“自己如此”最古典的正式说明。

老子的“自然”并不是现代人所说的“自然界”或“大自然”，而是指一种不受强制力量控制而顺应自然的一种状态，它是“自己如

① 刘笑敢：《老子古今》（上卷），中国社会科学出版社2006年版，第289—292页。

此”“本来如此”“自自然然”“自然而然”的意思。在老子看来,宇宙是一个和谐的、平衡的整体,这种和谐、平衡的状态就是万事万物在不受外界干扰的情况下都能保持自己的最佳状态,都能与周围的其他事物保持良好的关系,整个宇宙就在万物的最佳状态和良好关系中达到了和谐与平衡,发挥出最大的功能。这就是老子所谓的“自然”。

也有研究指出,老子的“自然”观念并非是一个意涵单一的范畴,而是包括三个相互关联的层次:第一,自己如此之性质;第二,自然无为之原则;第三,自然而然之状态。“自己如此”,肯定万物依靠自身力量成就自己的性质,且在老子看来这种性质是万物发展、变化的根本力量。而老子对万物的观察,并非如同古希腊哲学那样仅仅在于探究万物生成的规律,而是意图将其对万物生成的这种认识上升为“爱民治国”的根本原则。“自然”的第三层意蕴则是在前两者基础上生发出来的,如果我们肯定了万物、百姓自生自成这种性质的根本性,且能遵循自然原则,就能够达到一种自然而然的状态和境界。“自然”观念的这三层意蕴,可以视为老子的宇宙论、政治论、人生论。这三个层层累进的层面,可以见出老子整个思想的脉络。①

老子的“自然”关心的是人类社会的生存状态,刘笑敢认为可以定义为“人文自然”。他认为“自然”的概念大体可以涉及行为主体与外在环境、外在力量的关系问题以及行为主体在时间、历史的演化中的状态问题。

关于行为主体与外部世界的关系问题,“自然”的表述就是“自己如此”;(1)“自己如此”是自然的最基本的意涵,其他意涵都与此

---

① 张敏:《论老子自然观念的三重意蕴》,光明日报 2015 年 2 月 2 日。

有关。“自然”的这一意义是指没有外力直接作用的自发状态或者是外力作用小到可以忽略不计的状态;(2)关于行为主体或存在主体在时间延续中的状态问题是针对变化来说的,对此,我们可以用“本来如此”和“通常如此”来表述。自然是原有状态的平静的持续,而不是剧烈变化的结果,这就是说,一切源于内在动因的变化,如果突然中断和改变,都是不自然的;(3)而“势当如此”是针对事物未来趋势而言的。也就是说,自然的状态,也包括事物自身的发展趋势,并且这种趋势是可以预料而不是变幻莫测的。如果说,“自己如此”强调的是事物的内在动力和发展原因,“通常如此”侧重于现状的持续,而“势当如此”则侧重于未来的趋势。老子的自然包括了自发性、原初性、延续性和可预见性四个方面。这四个方面可以概括为两个要点:即事物发展动力的内在性和事物发展的平稳性,而其本质是强调世界和事物总体状态的和谐。

那么,老子的“道法自然”的理想状态,可以理解为一种万物共生、共处的和谐目标。而人作为自然的一个部分,以自己的自然本性(自己如此)和与外在的世界和历史,保持和谐有序的发展节奏(通常如此)和维持自身发展的应有趋势(势当如此),这样的世界会是一个和谐的世界,这样的社会会是一个和谐的社会。而中国传统理念中“天人和谐”,是否便是要求尊重自然、保持自然和追求自然的最高理想和价值目标?

“自己如此”强调任何事物的天性。万事万物都有与生俱来的属于自己的本性,万事万物都应依顺这个本性,发展和成为自己。这是万事万物的个性基础。同时,万事万物所以能够“自己如此”,还有一个决定因素,那就是万事万物都有一个“通常如此”的客观条件。因为,世界是一个有机的整体,万事万物的个别性的存在与发展,必须与自我之外的其他事物的存在与影响发生关联,而这种关联，既是决定能否实现“自己如此”的必要条件，也是促成万事万物“通常如此”的现实保证。也就是说，“自己如此”的自然天性，必须通过应对周遭环境的影响和变化，成为每一个事物“通常如此”的真实状态。而在老子看来，实现万事万物“自己如此”的自然天性，与促成万事万物自然天性发展的客观条件，原本是和谐有机的。人是自然之子，自然而然是人的生存与发展的理想境界。

3. 老子的“自然”与“道”的关系

就词语本身来说，用“自己如此”“本来如此”“通常如此”和“势当如此”来解释“自然”，差不多也穷极了它的意蕴；而用“人文自然”来描述它，也对“自然”的归属领域作了最大跨度的描述；然而，这里面还有一个问题没有解决，亦即“如此”到底是个什么样子？而老子认为“人法地，地法天，天法道，道法自然”，于是也就不得不讨论“自然”和“道”的关系。朱晓鹏认为：“自然”是“道”及一切万物的根本精神。它的基本含义有三层：一、事物存在及变动的天然状态；二、事实存在（未被理性化）的本然状态；三、前两种融合的可能存在①。河上公注：“道性自然，无所法也。”意思是，道自已如此，不存在效法的对象。吴澄注：“道之所以大，以其自然，故曰‘法自然’，非道之外别有自然也。”按照这些理解，“道”应该是无限事物及其运动演变状态之总和，是就事物层面而言的；“自然”就是“道”的根本性质、根本精神。

如果说“道”在各方面都表现出“无限性”，那么，“自然”是不是就是这种“无限性”，还是在此之外别有性质与精神？老子并未对此做出明确的阐述。如果从人与天地并生同在这一关系来看，人是

① 朱晓鹏：《智者的沉思——老子哲学思想研究》，杭州大学出版社1999年版，第331页。

自然的人,人体现了自然,就无须法地、法天。因为从本体论与生成论来说,三者皆是自然的结果,都合乎道。这里讲"地法天,天法道",不是老子的目的,老子的意图是"人要法道"。"道法自然",字面上理解是说效法另外一个对象,而实际上表明道本无所法,只是自己而然,本性如此。①

那么,道如何效法,它自身的状态呢?在老子看来,道没有独立于物的实体化自身,道通过万物的存在状态来呈现,道使得万物的本性之呈现成为可能,而不是万物之外另有一种"道"的存在状态。因此,天、地、人的法"道",实际上是效法自然,也就是充分彰显各自本性,自然而然。因此,"自然"根源于"道",离开"道"无所谓自然。而在"道法自然"的命题中,"自然"逻辑上先在地作为"道"自身存在状态,获得一种形而上的价值之源。所以,"道法自然"就是"道之自然",也就是"道"自身的存在状态。所以,无论是天、地还是人,都不是宇宙万物的终极本源,它们自身都根源于道。只有道才是一切存在者的终极本源,正是因为有了道之自然,才有了天地万物的生生不息。总之,"自然"就是道的存在方式或存在状态。②

同时,我们应该看到,自然作为一种价值,是以人的追问和设定为前提的,也就是说,人的自觉的理性活动才是自然得以实现的前提,也就是说,只有人才能真正地自己而然,自觉地确立和坚守根源于"道"的万物之本性,即自然。

---

① 萧无陂:《道为"物之自然"立法与人为"自然"立法》,《中州学刊》2012 年第 6 期。

② 萧无陂:《道为"物之自然"立法与人为"自然"立法》,《中州学刊》2012 年第 6 期。

四、从"智"到"明":把握"自然"的认识能力

先秦思想家中,关于"智(知)"的讨论几乎都涉及认识问题。他们对"智(知)"的不同理解(包括其含义、功能和意义等)反映了他们不同的认识论立场。例如,儒家强调"智"是人的重要德性,表现为"好学";墨家认为"智"是人的独特生存能力,重视技术发明;法家以及纵横家认为"智"是权谋机巧,以其来谋取权力和利益。相比之下,老子的认识论立场有点惊世骇俗,他说:"绝智弃辩,民利百倍"(第19章),且类似的说法在《老子》的文本多处重申。这些论断的确有些骇人听闻:自称"万物之灵"的人,居然连智慧也不要了吗?问题显然不是这么简单。只要看看老子思想对后世的影响就知道,老子正是用这种看起来极端的方式反对当时各种各样的智慧观(认识论),以澄清"谬说"的。老子同时提出并强调了一个关于认识论的新概念——"明",老子说:"见小曰明,守柔曰强。用其光,复归其明,无遗身殃;是为袭常。"(第52章)由此需要明确的是,老子如何理解"智"和"明"以及他们之间的关系,他的认识论立场到底是"弃智入明"还是"由智入明"。

1."智"(知)是为满足超出人正常生存需求的欲望而形成的认识能力

"智"是"知"的后起字,在经典中一般通用。知,从口从矢,清代段玉裁《说文解字》注:"识敏,故出于口者疾如矢也。"意思是认识、知道的事物,可以脱口而出。从词源上说,"智"(知)所表达的意义大致相当于今天我们说的认识能力(包括识别和表达两个方面)。从认识论的角度说,"智"(知)是认识方法、认识过程、认识成果以及由此而形成的认识能力的总称。思想者总是称他自己所总

结、所宣扬或者所赞同的认识方法、认识过程、认识成果以及认识能力为“智”(知),称拥有这种“智”(知)的人为有“智”(知)之人。当然,无论是“智”还是“知”,还有很多其他义项和用法,而不同的思想者可以从不同认识论立场赋予它不同的含义。荀子为了表明他的认识立场,严格界定了“知”与“智”的区别,这在经典中恐怕是独一无二的。荀子认为人的感觉和情绪将影响人的认识,但起决定作用的是人的心,心是感官的主宰(天君),因此,荀子以“知”来概括人的感知,以“智”来表达通过“心之虑”后的认识成果。《荀子·正名》中云:“所以知之在人者谓之知。知有所合谓之智。”“智”是一种与物相合的认识,这一点与真理观中的“符合论”很接近。

先秦思想家对“智”(知)的含义固然有不一样的理解,但多数推崇“智”,主张“好学”。老子说“绝智弃辩”,往往被人视为“反智主义”。如果说“智”一般意义上指人的认识能力,那么,“反智”就是反对人拥有认识能力。然而通过分析可知,称老子为反智主义,并不妥当,甚至有些武断地乱贴标签的意味。

在老子的思想中,“自然”在人类社会中的体现,就是“无为而无不为”。而“智”之所以需要被批判,就是因为它违背“自然”,违背了“无为而无不为”的原则。老子云:“使夫智者不敢为也。为无为,则无不治。”(第3章)“故以智治国,国之贼也;不以智治国,国之福。”(第65章)“民之难治,以其智多。”(第65章)“人多伎巧,奇物滋起。”(第57章)“常使民无知无欲。”(第3章)由此,“智”与“自然”形成了明显的对立,与人的所作所为联系在一起,所以老子对“智”的批判也就直接指向人的作为。在老子看来,人们通常将“智”运用于这些方面:一是争夺权力,要做主人,要做大人,因此老子主张“衣养万物而不为主”(第34章),“以其终不自为大”(第34章),“不敢为天下先”(第67章)。二是争名争利,争强争功,自夸自傲,因此老子主张“不尚贤,使民不争;不贵难得之货,使民不为盗”(第3章),“不敢以取强”(第30章),“不以兵强天下。其事好还”(第30章),“人之道,为而不争”(第81章),“天之道,不争而善胜”(第73章),“不自伐,故有功”(第22章),“功成而不有”(第34章)。三是自恃有“智”,高人一等,妄言妄作,因此老子指出“不知常,妄作凶”(第16章),“不言而善应”(第73章),“多言数穷,不如守中”(第5章)。简言之,人们常常挖空心思去争权夺利、争强好胜、自是自夸,老子就是在这个层面上去“反智”的,反对将“智”用在上述各个方面。此外,老子还对“智”的内在驱动力作了分析,指出“智”之所以会用于上述各个方面,乃是因为“欲”的驱动。所以他说,“罪莫厚乎甚欲,咎莫憯乎欲得”,“祸莫大乎不知足”(第46章),“不见可欲,使民心不乱”(第3章)。

综上所述,老子并不是在一般意义上反对人的认识能力的,而是反对那种单向的进取性和争夺性智慧。所谓单向的智慧,意思是从开始出发,不断增加某些东西,没有停留和回复(“周行”),从而可能导致面目全非的智慧,可谓是“剑走偏锋”。这种单向的智慧带有强烈的进取性,也就是不断地去追求和把握外在的某种东西,或是名(“尚贤”),或是利(“贵难得之货”)。而这种外在的东西,除了不一定是生存所需(果腹)以外,也是稀缺的,从而造成无谓的争夺。

在人类历史的任何时代,以道德名义去支持和反对某些言论和行为,总是显得更具有正当性,更具有说服力和煽动性。道德评判的基本标准是“善”与“恶”(不善)。何为“善”这个标准本身是很模糊的和难以把握的。因此,去认识和把握这个标准需要“智”。先秦儒家正是在这个意义上肯定“智”对于个人修养的重要性。在《论语》《孟子》以及《荀子》中的许多论述都强调了这一点。然而,老子认为这种关于善恶的智慧就是一种违背“道”与“自然”的单向性智慧。为什么呢？他说：“天下皆知美之为美，斯恶矣；皆知善之为善，斯不善已。”（第 2 章）对于这句话，历代注家有不同解释。陈鼓应先生认为：“一般人多把这两句话解释为：‘天下都知道美之为美，就变成丑了。’老子的原意不在于说明美的东西‘变成’丑，而在于说明有了美的观念，丑的观念也同时产生了。”一般人把“美”与“不美”当成相反的两端而相互依赖和相互转化，陈先生也不例外，只不过把“美”理解成“美的观念”。这样理解似乎很有依据，因为第二章这句话后面接着说：“有无相生，难易相成，长短相形，高下相盈，音声相和，前后相随。”这都是在讲相反的东西相互依赖和相互转化。但继续往下读，便有重大疑问产生，下一句说：“是以圣人处无为之事，行不言之教。”按照前面的理解，“无为”的对立面是“有为”，“不言”的对立面是“言”，既然对立面总是相互依赖和相互转化，那又何必强调圣人一定要“处无为之事”呢？也就是说，既然对立面都是相互转化的，那么应该有的态度便是处于什么位置都无所谓啊！其实，《老子》第一章已经告诉我们如何去理解他的思想。“故常无，欲以观其妙；常有，欲以观其徼。”“妙”指的是相生，“徼”指的是相成。相生就是“同”，相成就是“异”，“同谓之玄。玄而又玄，众妙之门”，因此，“同”和“妙”是根本，是源头，是整体的，也是纯净的。而一般人却只懂得追求“异”和“徼”，这就背离了根本，从而导致一种单向性智慧。毫无疑问，这种抛弃了根本的单向性智慧具有强烈的进取性和争夺性。所以，老子教导我们要抓住根本，“无为”和“不言”才是根本，永远不能被遮蔽和抛弃。

其实，相反的东西相互转化和依赖并非一个外在的客观规律，因为万物的生成并非是对立统一的结果。世界是一个无意识、无目的的“自然”过程。我们不能将老子的思想视为暗合当今流行的唯物辩证法。相反的东西相互转化和依赖是人认识的结果,所谓“有无”“高下”“难易”等表明的是认识角度,也就是说从一个角度看是“有”,从另外一个角度看是“无”。绝大多数有智慧的人只肯定事物的这一面或那一面,这本身就背离了根本(“道”),因为这个根本并不是一个点,而是一个整体、一个范围。如果对“天下皆知美之为美,斯恶矣;皆知善之为善,斯不善矣”这句话作一个学理上而不是字面上的翻译,那就应该这样理解:天下的人都知道什么是美,如何才能美,并努力去追求这种美时,这种追求本身就是恶了;都知道什么是善,如何才能善,并努力去追求这种善时,这种追求本身就是不善了。相反相成是“自然”地浑然一体,当我们刻意追求我们所肯定的(也就是认为“有价值的”)那一面时,实际已经走向反面了(“不自然”,不自然就是恶),所以,不需要“智”的刻意追求。

老子在“道”的玄妙中批评了那种单向的德性智慧。这种单向的德性智慧本身就是“恶”。老子说:“大道废,有仁义。”冯友兰先生解释道:“‘大道废,有仁义’,这并不是说,人可以不仁不义,只是说‘大道’之中,人自然仁义,那是真仁义。”①至于由学习、训练得来的仁义,那就有了很多模拟成分,同自然而有的真仁义比较起来就差一点、次一级了。《老子》说:“上德不德,是以有德”,就是这个意思。那种单向的德性智慧不仅是“次一级”的问题,根本就不是德性智慧,而是一种恶。老子认为真正的德行不是“智德”,而是“玄德”,“生而不有,为而不恃,长而不宰,是谓‘玄德’”(第51章)。“玄德深矣,远矣,与物反矣,然后乃至大顺。”(第65章)玄德没有目的,没有追求,但深厚、阔远、周全,有了它才能大顺。

“地”“天”“人”和“道”都法自然。“自然”是混成一体的。当

① 冯友兰:《中国哲学史新编》第2册,人民出版社1984年版,第330页。

人在混成中区分出相反的东西,并刻意追求相反的东西中的一面时,就变成“恶”,“不自然”了。然而,人作为“域中四大”之一,为什么变得“不自然”呢?或者说人是如何形成了那种单向的智慧呢?其原因是人对于外在东西超出了生存需要的“欲”。“不尚贤,使民不争;不贵难得之货,使民不为盗;不见可欲,使民心不乱。”(第 3 章)尚贤就是好名,贵难得之货就是好利。如果社会以“好名好利”作为普遍追求,那么每个人都将挖空心思(智)去获取名利,这就违背了“自然”。因此对于统治者来说,一定要消除那多余的欲望(“不见可欲”),进而“虚其心,实其腹,弱其志,强其骨。常使民无知无欲。使夫智者不敢为也。为无为,则无不治”(第 3 章)。所谓“虚其心”就是抛弃那些单向的智慧;“实其腹”就是满足他们基本生存需要;“弱其志”就是放弃刻意追求;“强其骨”就是重视身体自身的生命力。做到这些,才能使民“无知无欲”。“无知”指的是消除那种单向的智慧;“无欲”指的是消除那些多余的欲望。《老子》第 12 章强调“为腹不为目”,这就是“无欲”。第 13 章强调“贵身”,这就是“无知”。在第 19 章和第 20 章又再次强调“绝智”和“绝学”,告诫“见素抱朴,少私寡欲”。人在刻意追求某个片面时就有了私心。“私”也就是指“多余的欲望”(“可欲”)。因“可欲”而产生了单向的智慧,反过来说,因单向的智慧又增强了“可欲”。

有意思的是,先秦儒家荀子对“欲望”有另外一番理解。荀子虽然认为放纵欲望会带来争斗,所以要用“礼”来规范,但是同时认为“欲”恰恰是构建社会秩序的原始依据,对于那些有德才的人就是要满足他们对于名利的欲望,贵贱高低的社会分层表现为社会对于欲望的不同满足程度。由此,消解多余的“欲”恰恰是对社会的反叛和对人性的扭曲。欲望是一种天性,不能放纵,所以须要体现“人道”的“礼”的规范,这就是天人相分;同时欲望也不能消解,是构建社会秩序的根据,这就是天人相合。“礼”的“分”与“养”的双重能力在人的“智”中得到完美结合。“智”以及由此而形成的“德”就得到了充分肯定和张扬。老子并不认为人的欲望尤其是那些多余的欲望是天性,所有存在的“根本”特征是“自然”。违背“自然”就是“恶”。所以在老子看来,那些人的“智”无非就是为满足超出人正常生存需求的欲望而形成的认识能力,这种能力是有害的,需要被超越的。

2.“明”是人的内在生命力的自我观照能力

老子对“智”(也就是人的认识)的反思是基于“本体”的,“形而上”的“域”。老子认为“域”中有四大:道大,天大,地大,人亦大。这种“本体”的“域”既超越了具体事物,也超越了“类”事物(天、地、人)。从这个“域”中反思人的“智”,才能够发现这种“智”的单向性。道以“道冲,而用之或不盈”为大(第4章);天地以“天地不仁”(第5章)和“天长地久”(第7章)为大。那么,人何以为大呢?人虽然有“道”(言说)和“名”(命名)的认识能力,但恰是这种能力导致了相反的概念并片面肯定其中一面的后果。这些“可道”和“可名”的智慧之果远离甚至破坏了那不可道和不可名的“道”和“名”。只有了解那“玄之又玄”的“众妙之门”才是真正的人之大。老子说:“知常曰明”(第16章和第55章)。因此,老子不是一般意义上反对智慧,而是反对一般意义的智慧,并提出了真正的智慧是认识到“常”,他称这种智慧为“明”。

何谓“常”?朱谦之说:“盖‘道’者,变化之总名。与时迁移,应物变化,虽有变异,而有不易者在,此之谓常。”现代学者则称之为“规律”,如陈鼓应解释为“万物运动变化中的永恒规律”。这种解释并未能显明“常”之真意。老子说:“复命曰常”(第16章);“知和曰常。”(第55章)“命”指的是初始之源,“和”是阴阳和合之流。以初始之源自然流淌出万物之和,不求有目的的添加和减少,不走向极端和邪路,就是“常”。相对于那种单向智慧来说,初始之源似“无”,似“虚”,似“静”,似“弱”,似“雌”,似“婴儿”。老子并不关心是否有所谓的“变化中的不变规律”。这种寻找客观规律的学问是物理学的目标。老子的目标是要为“人生”寻找到一个本体依据。因此,与其说“常”是变动中的不变规律,不如说“常”就是“平常”“日常”的意思,也就是自然无为的状态。它不是什么特别的东西,不是那种一定要坚持、要追求甚至要改变的东西。这种东西当然也不需要特别的“言说”和“命名”,如果抛弃那种单向的智慧,则它自存于心中。我们知道孔子特别重视“正名”,名不正则言不顺,言不顺则事不成。这种“名”,在老子看来就是“非常名”。“希言自然”(第 23 章),“常名”不“可名”,也无须“名”。

“常”是清楚明了于心的,本不需要去“知”。那老子又怎么说“知常曰明”呢? 陈鼓应先生说:“老子说到道体时,惯用反显法;他用了许多经验世界的名词去说明,然后又一一打掉,表示这些经验世界的名词都不足以形容,由此反显出道的精深奥妙性。”老子虽然没有区分哪些是经验世界的名词,哪些是非经验世界的名词,但确实总是在用“反显法”,可以说整个五千言都是在“反显”,在“强”说。老子强说圣人为腹不为目(第 12 章)以及贵身(第 13 章),听起来很消极,但实际上他在积极地告诉我们人生之“常”在哪里。老子在第 10 章所说的“营魄抱一”“专气致柔”,就是生命之“常”,那是人生的初始之源的自然流淌。我们也许可以称这种生命之“常”为人的内在生命力。拥有了它就拥有了“明”,便获得了照亮万物的“光”。“明白四达,能无知乎?”(第 10 章),如此这样还需要那些“知”做什么呢? “明”就是人的内在生命力的自我观照能力。

老子还反复从几个方面来“强说”人生之“明”境,这是一种真正的智慧之境：

第一，只有达到“明”境，才能没有私心。老子说：“知常容，容乃公，公乃全，全乃天，天乃道，道乃久，没身不殆。”（第 16 章）。“知常”就是“明”，拥有“明”才能包容一切。人的“言说”和“命名”的智慧，实际上是“人为”的界限。一旦我们去命名，就将把对象标示为相互异化的类别，区分出远近亲疏，这样人就有了私心，这个私心就将偏离常道。比如，当我们用“无”来名天地之始，用“有”来名万物之母的时候，我们可能只看到“有”，而忽视“无”，更难看到“无”和“有”原来是“同出而异名”的。“同”才是根本，才是那“玄之又玄”的“众妙之门”。所以，老子在开篇就告诫道：“故常无，欲以观其妙；常有，欲以观其徼。”老子的深意在于不要被“人为”的界限所限制，一定要超越这种限制。只有看到根本才具有真正的胸怀和眼界，以这种眼界去看万物，才能真正成就自身于万物之中。

第二，“明”者不自我夸耀和表现。老子说：“不自见，故明”（第 22 章），“自见者不明”（第 24 章）。自我炫耀，努力去表现自己的智慧的人，是没有达到“明”境的。这种炫耀和表现中所显示的自信，是对某种片面的东西的盲目自信。比如，人对“善”很自信，并终身去表现和追求这种善，虽然从主观说是真实的、诚恳的，但其结果是“不善”。当某种“善”被追求时，它只是对某个界域内来说的，在这个界域之外，就是“弃人”或“弃物”。

第三，“明”者追求自我内在生命力的澄明，而不致力于去认识对象。老子说：“知人者智，自知者明。”（第 33 章）如果追求去了解别人和对象，其内在动机是想去控制对象，而且越是追求知识广博，说明控制欲望越强。当人回观自我，让自我内在生命力不断地自然伸张，那才是“明”。内在生命力的澄明是不要“言说”的，“言说”是私心和欲望的孪生兄弟，所以真正的智者“不言”，“知者不言，言者不知”（第 56 章）；也不需要广博的知识，内在的澄明足以照亮一切，让一切都在无私的慈爱中蓬勃生长，“知者不博，博者不知”（第 81 章）。

3.“观”——“由智入明”之路

当“言说”（道）和“命名”（名）不能表达“常道”和“常名”时，我们只能在感官和抽象的认识面前去“观”“常道”。这里的“观”不是眼睛的“看”，而是老子认识论中的一个特别概念。通过“观”而“明”的认识并不是完全抛弃“智”，而是“由智入明”。

按照老子的理解，“智”体现在两个方面：一是感官的感知；二是言说和命名的抽象。就认识成果来说，显然，言说和命名的抽象更能体现人的“文”（与“质”“朴”相对）化。因此，老子在开篇就从“有”与“无”这两个最抽象的“名”说起。既然常道不可道，常名不可名，那么，“无”和“有”两个最抽象的名也不是指称“道”的。多数人把“无”和“有”理解成为“道”的特征，“是表明‘道’由无形质落实向有形质的活动过程”。这种理解是不够准确的。“无”和“有”是人的“智”的成果，虽然已经很抽象，也很深奥了，但那不是常道。怎么才能获得常道呢？老子说：“故常无，欲以观其妙；常有，欲以观其徼。此两者，同出而异名，同谓之玄。玄之又玄，众妙之门。”（第 1 章）意思是我们应该从我们已经有的“名”——“无”和“有”中去观“常道”（众妙之门）。这是从言说和命名的抽象角度表明“观”“道”之路是“由智入明”，而不是“弃智入明”。除此之外，从感官的感知角度说，感官是对外界对象的欲望之所，同时也从“可见”“可听”以及“可摸”等方面分别对象。在“可见”“可听”以及“可摸”等感知的极细微处，我们也可以“观”“道”。老子说：“视之不见，名曰‘夷’；听之不闻，名曰‘希’；搏之不得，名曰‘微’。此三者不可致诘，故混而为一。其上不皦，其下不昧，绳绳兮不可名，复归于无物。

是谓无状之状,无物之象,是谓恍惚。迎之不见其首;随之不见其后。”(第14章)这个时候,“道”是不可名状的“恍惚”。从感官的感知角度表明“观”“道”之路是“由智入明”,而不是“弃智入明”。

既然“观”“道”之路是“由智入明”,那么,这个认识的道路就像是一种“反复”和“回归”。其实也确实是“回归”,由于人长期处于“智”的状态而忘记了内心的澄明,这个认识过程就是从关注外在的东西而转向关注内在的东西。因此,“观”的第一步是“涤除”(第10章),也就是消除那些导致妄为的欲望,心灵没有瑕疵,让身体和精神之气聚合,这是“玄览”的基础。第二步是放弃对“智”的盲目自信。老子说:“知不知,尚矣;不知知,病也。圣人不病,以其病病。夫唯病病,是以不病。”(第71章)这是通过对人的智慧的反思而获得一种必要的态度。这其实在告诫人,认识的成果总是有限度的,不能固执己见和盲目追求。虽然人的认识是有限的,但只要我们认识到这种有限,我们还是可以通过内在生命力的澄明来获得完整的生命。当然,无论是“涤除”还是放弃对“智”的自信,都不是抛弃“智”,不是突然遁入“明”。因此,从这个意义上说,老子的人生态度并不是“出世”,不是放弃现实的一切,而是一种试图拯救现世的态度。

这条“返复”的“观”“道”之路,或者说是“由智入明”之路最终到达“虚”和“静”。《老子》第16章说:“致虚极,守静笃。万物并作,吾以观复。夫物芸芸,各复归其根。归根曰静,静曰复命。复命曰常,知常曰明。”“虚”和“静”是“明”的状态。所谓“虚”是内在生命力自我观照的若有若无、空灵缥缈的精微状态;所谓“静”是内在生命力在自我观照中的精气充沛状态。从对万物的感觉和抽象中,“观”到根本,这就叫“观复”,也就是从“异”和“同”中看到玄之又玄的“众妙之门”。这就叫“用其光,复归其明”(第52章),这里的

"光"是照亮万物的光,是来自内在的"明",而借助这个光,反过来观照内在的"明"。

这种认识过程,从方向上来说,是由外而内,从注重分析了解对象转而关注内心的澄明。内在生命力的精微和充沛才能显现"常道",才能无弃万物,才能成就人生。老子在 47 章说:"不出户,知天下;不窥牖,见天道。其出弥远,其知弥少。是以圣人不行而知,不见而明,不为而成。"天下万物纷纭复杂,不在于能走多远,而在于内在的东西有多深,得道之人是可以照亮世间万物的;这种认识过程,从内容上说,是由多到少,或者说由大到小,一般的认识总是希望不断地积累,以达到博学而无所不通。不要说无所不通不可能达到,就算是达到了也没有意义,因为抛弃了根本。所以,老子说:"为学日益,为道日损。损之又损,以至于无为。无为而无不为。"(第 48 章)两条相反的道路,"为学"是加法,"为道"是减法。只有通过"减法"才能做到"无为而无不为"。

"观"是"由智入明"之路,但老子并没有说明和谈论"观法",也就是到底要怎样"观",才能达到"虚"和"静",从而"知常"呢?也许正因为"常道"本身是不可"言说"(道)的,因此,"观""道"之法也是不可道和不可言的。或许老子的难以理解和领悟之处正是在这里。学者张岱年认为,老子的"观"实际是一种直觉法:"老子讲'为道',于是创立一种直觉法,而主直接冥会宇宙根本,'玄览'即一种直觉。"①可备一说。

在道家的其他著作中,有不少说法与《老子》的"观"有关。如《列子》卷四所说的"内观":"务外游,不知务内观。外游者,求备于物;内观者,取足于身。取足于身,游之至也。""至观者,不知所视。

---

① 张岱年:《中国哲学大纲》,中国社会科学出版社 1982 年版,第 532—541 页。

物物皆游矣，物物皆观矣。”说“外游”的人到处跑想要看遍所有的事物，但看得再多也不可能看遍看尽，这不是“游”的最高境界，而从事“内观”的人，他不外出，只要向内看就足够，这才是“游”的最高境界。而最会看的人，不知道自己要看什么东西，但是每个地方都游到，每件东西都看到。在《文子·道德篇》中又有所谓的“神听”：“故上学以神听，中学以心听，下学以耳听。”“凡听之理，虚心清静，损气无盛，无思无虑，目无妄视，耳无苟听。”在《庄子·人间世》中又有“心斋”之说：“无听之以耳而听之以心，无听之以心而听之以气。耳止于听，心止于符。气也者，虚而待物者也。唯道集虚。虚者，心斋也。”上述“内观”“神听”“心斋”都偏重于认识方面，而在养生方面也有“内视”或“内观”之说，即目不外视、“内观”五脏，如同真有所见：“存想思念，令见五脏如悬磬，五色了了分明，勿辍也。”（孙思邈《千金要方·养性》）这一点在道教中得到发扬，传承不绝。不管这些说法是否显得很神秘、是否具有实际的可操作性，仅从认识论的角度来看，“内观”的说法还是很有启发意义的。因为人通过五官认识、感觉到了万事万物，为思维器官——大脑提供了素材，这就形成了知识、思想。但是，五官的认识、感觉能力是有限的，甚至是非常有限的；即便把所有的认识成果加起来，依然是非常有限的。“内观”的意义就在于提示人们不断突破、超越自身的认识能力，以便与“道”的无限性对接。

总之，老子认为人的“智”往往是为满足超出人的生存需要的欲望而形成的认识能力。这种智慧只看到了多样的、相辅相成的一面，并努力去追求，从而丢失了根本。人需要在更大的范围和界域中来理解世界，这个界域就是“恍惚”的“道”。理解“道”的智慧被称为“明”。“明”当然不意味抛弃“智”，而是通过“观”而“由智入明”。老子的认识思想很可能从两个方向被误解：一是认为老子的认识思想是辩证法。老子文本中说了很多相对立的两面的依赖和转化,但老子认为这只是“智”的认识成果,不足以表达“常道”。二是认为老子的认识思想是神秘而消极的。其实从上文的分析可以看出,老子的“观”具有神秘色彩,可能指的是一种直觉,但这种神秘还是以“智”为基础,不是完全从不可理解的空处而来的,因此神秘之中也有不神秘之处。他的认识论确实是一种“减法”认识论,但并不消极,“无为而无不为”一直是人的行为法则。老子对人的智慧的反思确实是具有理论成效的,主要表现在对智慧的有限性的认知以及对内心的重视,由此而得到的“无为而治”的理想对社群秩序的建立也有着重要启示。

五、体现“道”的“德”与文明社会

“道”尽管如此“玄远”“无形”和不可捉磨,其在社会现实的影响和实现途径又是可以观察、描述和掌握的。这便是沟通“道”与万事万物的实践途径和中介——“德”。“德”同样是《老子》中的核心范畴,《老子》又称《道德经》,马王堆帛书版将《道德经》分为上篇《德篇》和下篇《道篇》,可见“德”这个范畴的地位和分量。那么,“道”与“德”是一种什么样的关系?

1.“德”是“道”的体现

老子说“孔德之容,唯道是从”(第21章)。这是说“德”的特征就是遵从“道”,是“道”的体现。进而言之,“德者道之舍……故德者得也,得也者,其谓所得以然也。无为之谓道,舍之之谓德,故道之与德无间”(《管子·心术上》)。即谓“德”就是“道”的体现,万物依赖它而得以生长,心智依赖它而得以认识“道”的精髓,所以“德”就是“得”。所谓“得”,即是说所要得到的东西(“道”)已经实现了。无为叫作“道”，体现它就叫作“德”，所以“道”与“德”没有什么分别。当然，在不同语境中，“道”与“德”还是有区别的。唐玄宗《道德真经疏》说：“道者德之体，德者道之用。”北宋陈景元《道德真经藏室纂微篇》说：“道者，虚无之体；德者，自然之用。常道无名，唯德以显之；至德无本，顺道而成之。”这是用哲学上的体用范畴来说明“道”“德”的体用关系。《自然经》中说：“德言得者，谓得于道果。”唐玄宗注《道德经》说：“道之在我谓之德。”这表明“道”是总体，“德”是个体，德是指万物所含有的特性，故“道”和“德”又存在一种共性与个性的关系。唐朝孟安排《道教义枢·道德义》讲：“道德一体，而其二义，一而不一，二而不二。”这是说“道”与“德”的关系是分而有别，合而为一。这一切都充分说明了“德”与“道”有着密切关系。

陈鼓应对此解释说：“‘道’和‘德’的关系是：(1)‘道’是无形的，它必须作用于物，透过物的媒介，而得以显现它的功能。‘道’显现于物的功能，称为‘德’；(2)一切物都由‘道’所形成，内在于万物的‘道’，在一切事物中表现它的属性，亦即表现它的‘德’；(3)形而上的‘道’落实到人生层面时，称之为‘德’，即‘道’本幽隐而未形的，它的显现，就是‘德’。”

老子强调“人法地，地法天，天法道，道法自然”以及“道常无为而无不为”。这里“道法自然”与“无为而不为”也是一而二、二而一的，都是描述宇宙大化流行的特性，可以简称为“自然无为”。在老子看来，人类也应当效法这种自然无为而无不为的宇宙特性。这就是老子哲学中“道”“德”作为本体论范畴所蕴含的理论价值与实践意义。在老子看来，“道”固然是万物的本根、根源，但宇宙万物的存在及其形成过程还离不开“德”。老子说“道生之，德畜之；长之育之，亭之毒之；养之覆之”，“万物莫不尊道而贵德”（第51章）。

可见,"德"对于宇宙万物的存在及其形成过程来说,亦具有重要作用与意义。正是由于"德"与"道"有着密切关系,决定了"德"对宇宙万物的存在及其形成过程的重要作用与意义。特别是,对"人"而言,老子之"德"主要指人的纯粹本性,所谓"含'德'之厚,比于赤子"(第55章),所谓"玄德深矣,远矣,与物反矣"(第65章)。

所以,老子之"道"不仅仅是一个哲学概念,不仅仅是对客观世界的抽象,而且还是一种生命境界,人们要自觉体验"道",从事"道"的实践,才能实现与"道"合一的境界,获得自由。

2."德"是建立"道"和"物"关系的一条纽带

有的学者认为,《老子》所描述的"道",与"物"的关系表现为既不脱离、又不等同,而"德"是这种关系的集中体现。因为"道生万物"这种关系,容易使人误以为"道"与人没有任何关系,更与人类社会体现的仁义道德没有任何关系。只有介入了"德"这一概念,"道"与人的关系才显得清晰起来。我们至少可以将《老子》的"德"字分解为两层意义:一层意义是指人类的美德,如《老子》的"德篇"主要阐述人法天的人生政治哲学思想,其中所讲的"德"多数含有美德的含义;另一层意义是"道生德畜"的"德",它与美德显得很不相干。一般认为,"道生德畜"的"德"体现了一种"实然的宇宙创生论"。如唐君毅先生认为:"自客观之道体本身看,其无择乎物之长生或者早死或是否求和于道,是见此道虽生万物,而覆育万物,实未尝有仁于万物,亦非真含具价值之意义者也。老子言圣人之容、公与慈,如只是法此无情之道体,非真有见于此行为当然之善而行者矣","人之所以且求亦当求其生活之合乎道,在根底上惟依于人之不愿归于死之一念,此一念只有主观之意义,无客观之意义。"①唐

① 唐君毅:《中国哲学原论》,中国社会科学出版社2005年版,第254页。

先生所论包含两层意思：一是说“道”虽然生育了万物，但并不是主观有意地将“德”施舍给万物，也就是“生之，畜之，生而不有，为而不恃，长而不宰，是谓玄德”；二是说人类社会的“公”“慈”等道德，乃是人类效法“道”形成的“德”，具有主观有意的色彩。

从表面看来，“道生万物”是“无心插柳柳成荫”的结果，为此人们很难体会到“道生万物”包含有什么“德”的成分在内。于是人们在社会生活中顾自构建道德理论，践行道德法则，而忘了人类之德与“道生万物”有什么关联，更不会主动、自觉效法“道生万物”之德，因此形成了人类之德与“道生万物”之德的脱节，人类之德也就在刻意、人为的过程中变得越来越偏颇，甚至导致人类之德丧失了“道生万物”的根本，因而也就丧失了“德”的根本合法性。为此老子指出：“善行无辙迹，善言无瑕辙。”（第27章）只有“无为”才有大善，只要人有所主宰刻意，道在人身上就处于遮蔽状态，所以唐君毅先生说：“《老子》之言圣人之容、公与慈，如只是法此无情之道体，则未见此行为当然之善而行者矣，人之所以求其生活合乎道，在根底上惟依于人之不愿归于死之一念，此一念只有主观之意义，无客观之意义。”这也就是说，人们以为自己的“生活合于道”，也在自觉追求“道”，但因为对“道”缺乏深入的体悟，所以人类的“自觉追求”并没有得到“道”的首肯。人类若想自己的“生活合于道”，就必须依照“自然”的原则“修身养性”、挣脱物累，并将之体现在治国安邦的政治策略上，以致虚守静的功夫消除社会混乱无序的状态。因此，行善去恶、致虚守静等“人法天”的行为也都只具有功夫论的意义，而不具有本体论的意义，只是一种追求过程、追求方法，而不成为追求的目的，真正的目的乃是合乎“道”。在老子看来，人应当与道合一，但在通常情况下，“道”在人身上并未得到落实；而人要接近“道”，就只有作外在的“智”的观照和反思，回复到能体悟“道”的澄明状态。

老子所说的“明”,既包含了人的一切认知,也包含了人的本能直觉;它是对一般之“智”的超越和升华,能够系统完整、真实无妄、不偏不倚地认识“道”。不明则道无以显,因此在老子这里,“明”几乎获得了和“道”同等的地位,有绝对的优先性。马一浮先生对此有这样的描绘:“任何运动不参加,任何伎俩都明白,看一切有为只是妄作,他只燕处超然,以佛语判之,便是有智而无悲。”①老子说刑名之察、权谋之机,皆因崇智而废“德”,原因就在于它们无法真正认识、把握“道”。为此老子主张“绝圣去智”“为道日损”“致虚守静”“少私寡欲”“涤除玄览”,主张清空自私的、受欲望驱使的、人为的概念,以返归大公至正之“道”,由“道”做主宰,让“道”毫无减损地体现在人身上。倘若人局限于自己对外物的欲望,执着于人类社会的功名利禄,沉迷于人类的见闻觉知,则往往蔽于物而不知“道”。人为的积极功夫一旦被否决,则所有的功夫都在消极虚静中体现;但这是一种以消极方式体现的“积极”,体现了人类积极、尽力把握“道”的不懈追求。

具体而言,《老子》的“德”具有独特的蕴含和功能。《老子》说:“道生之,德畜之,物形之,势成之……长之育之;亭之毒之;养之覆之。”(第 51 章)“大道泛兮,其可左右。万物恃之以生而不辞,功成不名有。衣养万物而不为主。”(第 34 章)。“道”不但体现于物之形成阶段,而且体现于物之生长、毁灭阶段;“道”不仅使万物得以降生,而且使万物得以存活、生长、毁灭,这就是“物得于道,道蓄养物”。《老子》还说:“孔德之容,唯道是从。”(第 21 章)王弼说:“孔,

① 马一浮:《论老子流失》,《马一浮集》,浙江古籍出版社、浙江教育出版社 1996 年版,第 44 页。

空也。唯以空为德，然后乃能动作从道。”按照他的理解，“空”是用来解释强调“德”的含义的。当然，这个“空”字还可理解为“清除”，只有腾空、清除人为、刻意的因素，“道”才不会被遮蔽，才可以成为人的主宰，才使得人们对道有深入体悟。

进一步说来，“德”还有“顺、守”等特征。万物因“守道”而成，亦因顺道而成，人类也应当如此。“知其雄，守其雌，为天下溪。为天下溪，常德不离，复归于婴儿。知其白，守其辱，为天下谷。为天下谷，常德乃足，复归于朴。”（第 28 章）。“守”是为了不脱离“道”，“为天下谷”是为了顺应“道”。《老子》里常用“谷”“谷神”“玄牡”比喻道，这些词语都体现了低下、空旷的空间形象，只是因其低下而空旷，才能细大不捐地接受、容纳、承载，才能在吸纳之中形成让万物自然顺应的趋势。这些对“道”的形象描述也就是对“德”字的更好说明，对“德”之含义的更好阐释。通过这些形象，我们也就可以想象到，人为因素的累积以及对人为因素的执着，显得既不空旷也不低下，使得人们既无法吸纳万物，也与万物互相抵触，不能使万物形成顺应之势；故而必须腾空人为因素，放弃对它的执着，这样才能形成空虚、低下之德，体现“道”的特征，为此也就体现出真正意义上的“玄德”。

3. 老子之“德”与其他“德”的差异

徐复观先生认为见于《尚书》中的周初“德”字，都应当指的是具体的行为，其原义亦仅能是直心而行的负责任的行为。这种行为（德）开始并不带有好或坏的评价意义，因而有了“吉德”与“凶德”的区分，故周初文献中的“德”，只有在前面加上一个“敬”字或“明”字时，才表示是好的意思，后来乃演进而为好的行为。① 李泽厚先

① 徐复观：《中国人性论史》（先秦篇），上海三联书店 2001 年版，第 21 页。

生认为“德”的原义显然并非道德,而可能是各氏族的习惯法规。而后又对此提出修正说:“‘德’似乎首先是一套行为,但不是一般的行为,主要是以氏族部落首领为表率的祭祀、出征等重大政治行为。它与传统氏族部落的祖先祭祀活动的巫术礼仪紧密结合在一起,逐渐演变而成为维系氏族部落生存发展的一整套的社会规范、秩序、要求、习惯等非成文法规。”陈来先生根据甲骨文金文中徝—德—悳的文字形体沿革,认为“‘德’的原初含义与行、行为有关,从心以后,则多与人的意识、动机、心意有关。行为与动机、心意密切相关,故‘德’的这两个意义是很自然的”①。

早期之“德”属于政治概念,其价值与功能主要体现在政治领域,“德”是伴随着政治生活的出现而出现,而作为一种文化观念当形成于原始社会的尧舜禹时代,“德”的本义是“行为”,而主要是指为政者一套旨在惠民利民的政治行为。殷商时期帝神崇拜与祖先崇拜并存的宗教信仰,在总体上还未达到伦理宗教的水平,殷商时期的“德”观念是其宗教观的被动反应,并无伦理道德的内涵。当时的“德”主要是对殷王及其臣下政治行为的客观描述与概括,它有着较为具体的实指内容,尚未达到对人内在品格要求的维度,故殷商时代的“德”仍停留在其原始义的阶段。殷周之际的社会大变革,促使周人对殷人天命观进行了理性的改造,形成了以“惟命不于常”为核心的新天命观,周人开始自觉地反思自身的政治行为,将“德”视为受命之基和开国之本,“德”成为统治者的政治行为模式及治国理念,并通过创设各项政治制度来确保“德”的贯彻和实现,政治的伦理化使“德”开始有了道德的意义。尽管周初的统治者对

① 陈来:《古代宗教与伦理——儒家思想的根源》,生活·读书·新知 三联书店1996年版,第291页。

"德"有了较为理性的思考，但尚未达到深入人内在心灵的程度，周初之"德"所内蕴的道德义是指政治美德抑或政治伦理道德，主要是针对贵族阶层而言，并不具普世性的规范功能，与后世具有普遍意义的个体心性道德不可同等对待。在西周后期至春秋晚期较长的历史时段内，随着传统天命观的日趋动摇及人文思潮的日益兴起，加之宗法等级制度的日趋瓦解及血缘关系的日益松弛，"德"不再为贵族阶层所专享，它所面向的对象范围和所涉及的领域更为广泛，"德"的神圣性逐渐淡化，"德"观念中理性的、道德的因素在西周原有基础上进一步积蓄和成长起来，具有更为普遍的道德规范意义。另外，"德"在春秋晚期以前虽然仍主要是一个政治概念，它的具体功能仍局限于政治领域，但由于春秋时期"礼"之新观念的确立及其在政治思想领域引发的"礼治"思潮，致使"德"的政治功能与西周相比出现了弱化的态势，"德"逐渐从政治层面抽离出来，在精神层面结合着各种抽象的"德目"而内向发展。因此，"德"观念在西周后期至春秋晚期的长时段中大致呈现内向化、抽象化、世俗化的发展趋势，"德"的内涵渐向道德义倾斜，渐由政治范畴之"德"转向伦理范畴之"德"。而老子之"德"的精神寓意和形态，是处在"德"的政治功能向抽象化、世俗化的道德功能转化的过程当中。但是，在《老子》的语境中，无论是"以德合道"，还是"以道释德"，其讨论的对象大都是圣人和君王的修养，而不是一般人的道德品质。

老子所说的"德"，与先秦时代对"德"的通常理解大不相同。

老子所说的"上德"或"玄德"，与一般所谓的"德"存在"处下"与"处上"的区别，后者具有高高在上、雄视一切、掌管生杀大权的特点。"为天下溪，常德不离，复归于婴儿。"（第 28 章）"生而不有，为而不恃，长而不宰。是谓'玄德'。"（第 51 章）

"上德"或"玄德"与一般所谓的"德"，也有"不争"与"争"的区别。“善为士者不武，善战者不怒，善胜敌者不与，善用人者为之下，是谓不争之德。”（第 68 章）这是“上德”或“玄德”，是老子所肯定的。但是，一般的君主依靠的却是高高在上的位置以及令人慑服的威武气概，若不顺从他，他就采用强权和武力将人碾为齑粉，正如《战国策》中的名篇《唐雎不辱使命》记载秦王所说的话：“天子之怒，伏尸百万，流血千里。”

“上德”或“玄德”与一般所谓的“德”，还有用“智”与不用“智”的区别。“故以智治国，国之贼；不以智治国，国之福。知此两者亦稽式。常知稽式，是谓‘玄德’。”（第 65 章）就历史现象而言，“以智治国”主要体现在两方面：一方面是按照君主的治国理想、治国模式去管理天下，强行将天下纳入自己的理想模式，例如两汉之交的王莽改制，包括土地改革、币制改革、商业改革和官名县名改革等，就是以“一己之智”强行治理天下的表现；另一方面是君主大玩权术，如韩非提出用“法”“术”“势”来管理天下的主张，其中的“术”即君主统治的手段和策略，内容包括任免、考核、赏罚各级官员的手段以及如何维护君主的权力，即所谓刑名之术、察奸之术等。它是统治者控制臣下的技巧，应当潜藏胸中，择机使用，不轻易示人。究其实质，这种“术”也是君主只相信自己、不相信别人，好逞“一己之智”的表现。然而老子极力反对这些“用智治国”的行为，主张“无为而无不为”的“上德”，也就是不用“一己之智”而尽量开发众生之智（当然是不违背“自然”的“智”）。

“上德”或“玄德”与一般所谓的“德”，所产生的统治效果也是不同的。“玄德深矣，远矣，与物反矣，然后乃至大顺。”（第 65 章）“含德之厚，比于赤子……和之至也。”（第 55 章）总结起来，用“上德”或“玄德”来管理社会，产生的效果就是“顺”和“和”，而不是“逆”和“怨”，这是因为用“上德”或“玄德”来管理社会，不会产生

“一己之智”“一己之私”“一己之为”与社会成员的尖锐冲突，因而也就不会产生互相伤害的局面；“夫两不相伤，故德交归焉。”（第60章）

4.《老子》“道”“德”合一的意义

首先，从万物本性之德看：万物都由“道”所构成，依靠“道”才能生出来（“道生之”）。其次，生出来以后，万物各得到自己的本性，依靠自己的本性以维持自己的存在（“德蓄之”）；在这些阶段中，“道”和“德”是最基本的。没有“道”，万物无所从出；没有“德”，万物就没有自己的本性。总之，在自然观上，所谓“德”即指“道”之在万物之中的下落，而由于“道”之“有”与“无”的层面，故万物之“德”也有“有”和“无”的两个方面。在“无”的层面，万物有其虚玄之“德”，而在“有”的层面，万物有其质性、气性之“德”。

其次，从圣人心性之“德”看：“道”落实到圣人内心世界，化为圣人之超越性的心性存在，此为圣人心性之“德”。而依据道的运行法则，圣人心性之“德”可分为两个层次：其一，反者道之动；弱者道之用，依反而动、以弱为用的心性之“德”是圣人之“常德”。其二，万物和“道”的运行，不仅仅只是正反相生，各自向对立方向运动，进而它们也是一种返回和回归式的运动，是循环，是圆圈，是“归根”和“复命”。而以“无”为用、以“无”为心，圣人之心的最高境界是复归“赤子之心”，守候“赤子之德”。

再次，无为治道之“德”。“道”下落于社会政治领域，有无为治道之“德”。此“德”分两个层面，曰无为心性之“德”，曰无为治术之“德”。见素抱朴，少私寡欲。在治术上，“德”之内涵就是圣人治国之“无为”，所谓“以无事取天下”。而圣王无为之心性，通常表现为居下不争之“德”、以愚治国之“德”和“啬”智无为之“德”。

最后，道德合一的内在逻辑。一方面，“道”的超越性与君德的超越性,“道”的运行法则与君王之德的具体要求之间形成相互对应与统一;另一方面,万物德性与“道”之无为玄德以及万物“德”性与臣民之“德”的相互对应与统一。中国哲学有天人合一的思想传统。在道家思想中,这一思想传统可以具体化为“道”“德”之间的贯通与统一。

六、《老子》的水意象与为政之道

《老子》中出现的水及与水有关的字有20多种,并且分布于不同的地方,水的意象因此贯穿于《老子》的整个论述的内容。“道”是老子哲学的核心概念,在说明或描述“道”的意象中,水意象是其中最为重要的意象之一。老子认为水与“道”具有诸多相似,特别是治国理政所应遵循之道,“上善若水”。老子还通过水的意象来说明“道”在认识世界、管理社会、为人处事中的作用。

1. 水是用于言说“道”的意象

在老子的哲学中,“道”虽然在不同的地方表述和具体意义有所不同,但其主要内涵却是一致的。“道”在形态上是“虚”与“无”的,给人们的印象是“无为”“不争”“柔弱”的。在老子那里,“道”本身是不可直接述说的。但要让人们认识到“道”,又必然需要一个意象来承载这样一个间接的述说。

在《老子》中,水显然就是其进行“道”的言说的一个意象,通过水这个意象的隐喻意义,让人们间接地体会到“道”。“作为中国第一本体论范畴的‘道’,其原型乃是以原始混沌大水为起点和终点的太阳循环运行之道。"①从文化学的意义来说,水不仅是人的生命之源与文明之源,而且是人们在日常生活经验基础上建立起具有深厚隐喻意义的原型,如中西方哲学思想中人们普遍用水来表达形而上意义的意象。从日常生活来说,水是人们日常所见之物,且变化多端,用水来隐喻哲学思想,能使人们更为清晰和容易地理解"道"所具有的深奥的内容。正如老子所言:"道可道,非常道;名可名,非常名……故常无,欲以观其妙;常有,欲以观其徼……玄之又玄,众妙之门。"这样具有"众妙之门"的东西,如果不从人们熟悉的事物入手进行理解,其内涵很显然无法为人所知。从形态上来看,水既是有形的,但也是无形的,其既是空的,同时又孕育着万物,因此在形态上与"道"具有相似性。很显然,老子用水喻道不仅具有深刻的文化缘由,而且还是生活经验的使然。

水的意象在本质上可以用来说明和描述"道",因而也具有"道"的本体性意味。"视之不见""听而不闻""搏之不得""无状之状""无物之象""迎之不见其首;随之不见其后",这是老子对道的描述,从其描述中可以明显地看出,人的视觉、听觉、触觉都无法感知道,但是道虽无可见,无可言,无可触,但却无处不在,源生万物。在现实世界中,水在视觉、听觉、触觉方面最为微弱,但却滋润了万物,所以水最接近于道。水只是用来说明道,而不是道本身,这一点从老子的言论中可以明确地看出:"水善利万物而不争,处众人之所恶,故几于道。"(第8章)

"道"存在于世界的每一个地方,体现于事物各个方面,呈现为不同的样式,形成了一个以道为本体的系统。与之相应的是,水在

① 叶舒宪:《探索非理性的世界:原型批评的理论与方法》,四川人民出版社1986年版,第164页。

《老子》中也呈现出不同的具体名称，如“渊”“江”“海”等，不同的状态，如“深”“淡”“清”“浊”“混”等。这些不同的名称与不同的状态共同形成了水的意象，从表面看来，它们一起构成了水的意象系统，从其意义来看，它们在一起通过对水的意象的描述完成了对道的表达和理解。

2. 水意象运用于治国理政与修身

在《老子》中，水的意象成为人们认识世界、治国理政以及循道修身的主要途径。

水意象首先体现在为政之道上，老子通过对水意象的表述所阐述的思想，深刻影响了中国古代的为政理念。“大邦者下流，天下之牝，天下之交也。牝常以静胜牡，以静为下。”（第 61 章）大国要像江河一样处于下流，只有在下流，才是天下交汇的地方。静柔的常能胜过雄强的，就是因为静柔处于下位的缘故。王弼在对此作注时认为：“江海居大而处下，则百川流之；大国居大而处下，则天下流之。”位置处于下流，水往往汇聚，国家要想有大的发展，就需像“川谷之于江海”（第 33 章）那样以“下”为善。

“江海之所以为百谷王者，以其善下之，故能为百谷王。”（第 66 章）作为君王来说，要充分认识到水的这一特点并在为政之中体现出来，这是因为：“天下莫柔弱于水，而攻强者莫之能胜，以其无以易之。弱之胜强，柔之胜刚，天下莫不知，莫能行。是以圣人云：‘受国之垢，是谓社稷主；受国不祥，是为天下王。’正言若反。”（第 78 章）水虽然柔弱，但在应对刚强的东西方面却没有什么可以替代它，因为弱能胜强，柔能克刚。君王只有能承担国家的屈辱和祸难，才配做天下的王。只有认识到这一点，君王才能“故贵以贱为本，高以下为基。是以侯王自称孤、寡、不谷。此非以贱为本邪？非乎？故至誉无誉。”（第 39 章）

作为官员也是如此。老子指出:“知其雄,守其雌,为天下溪。为天下溪,常德不离,复归于婴儿。”“朴散则为器,圣人用之,则为官长,故大制不割。”深知雄强,却据于柔弱,这是官员应该懂得的道理,只有认识到这些,才能回到真朴的状态,才能不离道而为百官之长。所以完善的政治是不割裂的,对于道的理解,不仅君王如此,官员们也要如此。“道常无名、朴。虽小,天下莫能臣。侯王若能守之,万物将自宾。天地相合,以降甘露,民莫之令自均……譬道之在天下,犹川谷之于江海。”(第32章)道虽然质朴,但却十分重要,为官者只有守住道,才可以使人们自然遵守。而“道”就像江海一样,是由河川流注而成。

就普通人而言,水意象蕴含“守弱”的特质,而“守弱”在处事上体现为一种淡泊的心态。“俗人昭昭,我独昏昏。俗人察察,我独闷闷。澹兮其若海,飂兮若无止。众人皆有以,而我独顽且鄙。我独异于人,而贵食母。”(第20章)世人光耀自炫,我独暗昧,世人精明灵巧,我独无所识别。沉静之态,如大海一样。老子在这里指出,只有像大海一样,淡泊心境,才可以不受外界的滋扰,只有坚持“道”,才可以在纷繁芜杂的世事中保持自身的正确坚持,做一个“善为士者”。除了淡泊的心态外,老子还用一系列的水的意象来隐喻守弱的行为。“古之善为道者,微妙玄通,深不可识。夫唯不可识,故强为之容:豫兮若冬涉川;犹兮若畏四邻;俨兮其若客;涣兮其若冰释;敦兮其若朴;旷兮其若谷;混兮其若浊;孰能浊以静之徐清?孰能安以静之徐生?保此道者,不欲盈。夫唯不盈,故能蔽而新成。”(第15章)这一系列的水的意象指出,做人要像冬天过河一样小心谨慎,要像冰柱消融一样和蔼可亲,要像幽谷一样心胸开阔,要像浊水一样浑厚纯朴,在安定中如静水般澄清自己而不断去故更新。

3. 水意象的隐喻意义

很显然,老子的水意象系列具有十分丰富的隐喻意义,它们从各个不同的方面展示着道的存在。

第一,通过水的意象隐喻使人们理解道的存在。“道”在老子的哲学思想中处于本体的地位,因此,水意象在表达和阐述道时,体现了本体性的意味。从这个意义上来说,水意象就是用来说明道的,所谓的“水德”,本质上就是“道”;除此之外,在老子那里,水是最接近于“道”同时又能被人从实践上把握的。“道”存在于万物,普利万物,水也是一样,通过对水的观察与体悟就可以达到对道的观察与体悟。不难看出,老子对“道”的理解,在很大程度上是依据水的意象展开的,在以水为中心的意象系列中达到对道的认识与理解,水成为道的隐喻。

第二,通过水的意象隐喻使人们理解治国之道。无论一个国家多么强大,都要虚怀若谷,江海之所以成其大,正是在于其所处下位。在《老子》中有多个与水有关的意象,如“冰”“雨”“甘露”等,这些意象体现出水的柔弱一面,但同时也揭示出水的万千变化与不可抵挡的力量,它柔软而坚强,内蕴着强大的力量。一个国家要强大必然要虚心学习所有的于国有利的东西,不断积累才可最终强大,成就自己的“百谷王”。水的意象在这里成为治国理念的隐喻。

第三,通过水的意象隐喻为官治理社会。君王要像大川、大海承载不同来源的水一样,要能承载各种不同意见以及各种荣辱。无论是君王还是官员,首要在于坚持“道”,坚持“道”就须如江海一样收纳百川,同时处于守弱的位置。守弱即是守道,坚持质朴,无论世事怎么变化,基本的“道”是不会改变的。因此守弱并不是真弱,而是一种信念与坚持。只有守弱循道,才不会自乱方寸,才可以为社会治理树立行为的标杆,从而使整个社会的运转处于正常状态。

第四，通过水的意象强调淡泊的心态。只有淡泊才能让人从各种事物的纠缠之中脱开身来，从而心胸豁达。“静之徐清”，老子也通过水的意象来强调“静”的心态，只有静，才可以像水静而清一样，使自己精神得到不断的净化。要说明的是，老子强调淡泊与“静”，并不是要求人们真的无为，而是在达到心胸豁达、精神净化的过程中不断努力，这种努力的过程本身也就蕴含着有为。

七、“自然之道”与老子养生论

《史记》记载老子长寿：“盖老子百有六十余岁，或言二百余岁，以其修道而养寿也。”[①]这可以算作老子善养生的证明。目前学界对老子养生论的研究主要集中在两个方面，一是探讨老子的养生思想，二是考察老子养生思想的影响。对于第一个方面，主要讨论了老子养生论的根本目标，亦即“长生久视”；根本原则，亦即“道法自然”；此外还有形神抱一、柔弱处下、恬淡寡欲、致虚守静、专气致柔等具体的养生方法。对于第二方面，主要讨论了老子的养生思想对道教、传统中医养生文化以及传统气功养生文化的影响。总体而言，这些研究虽然揭示了老子养生论的一些内容，但上升到哲学高度的认识成果较少，为此需要从老子的整体思想出发，进一步挖掘其养生论的思想结构。

1. 生命是“道”的体现

陈鼓应说：“我们也可以视为‘道’是人的内在生命的呼声，它乃是应和人的内在生命之需求与愿望所展开出来的一种理论。”“道”就是内在生命力的表达，“自然”指生命力的勃发。“养生”也

---

① 司马迁：《史记》，中华书局1997年版，第239页。

好,“摄生”“卫生”也罢,首先应考虑生命的来源。有了“生”,才有“养生”的问题。

《老子》一书中讲到许多起源问题,有的可以理解为宇宙起源,但也可以解释生命起源的问题。如第 1 章:“无,名天地之始;有,名万物之母。”第 2 章:“有无相生。”第 40 章:“天下万物生于有,有生于无。”老子认为,生命作为“有”,是生于“无”的。这个“无”当然不是绝对的虚无,什么都没有,而是“道”的本原状态,也即是“道”。所以《老子》第 42 章说:“道生一,一生二,二生三,三生万物。”第 51 章说:“道生之。”这就是说,“道”是一切的根本,当然包括“生命”。第 39 章进一步说:“万物得一以生。”

“道”不仅“能生”,而且有“好生”之德。《老子》第 51 章有“道生之,德蓄之”。因此,“道”完成生命的创造工作后,就由“德”来维持它。天有好生之德,《尚书 · 大禹谟》:“与其杀不辜,宁失不经,好生之德,洽于民心。”

虽然如此,但老子视生命为一个自然过程,有生即有死。虽然人们可以用“德”来维护生命(第 50 章讲到“生生”“生生之厚”),但个体的生命终有结束之时,这是一个自然的过程。所以,《老子》第 50 章说:“出生入死。生之徒,十有三;死之徒,十有三;人之生,动之于死地,亦十有三。”又说:“故飘风不终朝,骤雨不终日。孰为此者? 天地。天地尚不能久,而况于人乎?”(第 23 章)

生命的结束是自然的,因而也是必然的。这就从根本上说明养生并不能够真正长生,所以,人不仅要追求生命的长短,更要追求死后的永恒。这大概就是《老子》第 33 章所说:“不失其所者久。死而不亡者寿。”

2. “法自然”是养生的总原则

“法自然”是一切的法则,养生自然不能例外。《老子》第 25

章："人法地，地法天，天法道，道法自然。"生命的最初状态没有做作，最接近自然状态，从人的生命阶段来说，孩童的状态最接近之，它的特点是柔、和。《老子》一书反复说之，如第10章："载营魄抱一，能无离乎？专气致柔，能如婴儿乎？"第28章："知其雄，守其雌，为天下溪。为天下溪，常德不离，复归于婴儿。知其白，守其辱，为天下谷。为天下谷，常德乃足，复归于朴。"第49章："百姓皆注其耳目，圣人皆孩之。"第55章："含德之厚，比于赤子。蜂虿虺蛇不螫，攫鸟猛兽不搏……终日号而不哑，和之至也。"第30章、55章："物壮则老，是谓不道，不道早已。"第42章："强梁者不得其死。"第76章："人之生也柔弱，其死也坚强。草木之生也柔脆，其死也枯槁。故坚强者死之徒，柔弱者生之徒。"

老子既然追求自然，因此反对刻意的经营，否定"求生之厚"，"生生之厚"。（第50章、第75章）《老子》不断说道："万物作而为始，生而不有，为而不恃，功成而弗居。"（第2章）"生而不有，为而不恃，长而不宰，是谓'玄德'。"（第51章）"益生曰祥。心使气曰强。物壮则老，是谓不道，不道早已。"（第55章）

《老子》一书对于养生也提出了许多具体操作方法，比如"守静"："归根曰静，静曰复命……没身不殆。"（第16章）又如"寡欲"："五色令人目盲；五音令人耳聋；五味令人口爽；驰骋畋猎，令人心发狂；难得之货，令人行妨。是以圣人为腹不为目，故去彼取此。"（第12章）"乐与饵，过客止。道之出口，淡乎其无味，视之不足见，听之不足闻，用之不足既。"（第35章）

《老子》一书谈到养生，实际上是有对象区分的，这里提出来作为探讨。上面讲的养生一般是针对圣人、官员等社会较高阶层人士。对于普通百姓，即"民"，《老子》也提出许多有启发性的问题。《老子》认为，民众如果不惧死亡，就很难管理："民不畏死，奈何以死惧之。”（第 74 章）“民之轻死，以其上求生之厚，是以轻死。”（第 75 章）。反之，民众如果重视生死，社会就会保持稳定：“使民重死而不远徙。”（第 80 章）可惜，一般社会情况下，民众都挣扎在生存和死亡的边缘，哪里谈得上“养生”？这样的民众也是社会不稳定的因素，也会影响圣人的养生。所以，《老子》主张圣人养生，不仅是养自己之生，且应养百姓之生，让民众生活无忧，社会就易于管理，趋于和谐稳定繁荣。“是以圣人之治，虚其心，实其腹，弱其志，强其骨。常使民无知无欲。”（第 3 章）“甘其食，美其服，安其居，乐其俗。邻国相望，鸡犬之声相闻，民至老死，不相往来。”（第 80 章）

道家养生术与中医之世界观、自然观均需以语言之方式加以表达，医生与病患之间亦需要沟通，以便望闻问切。然而因道家思想之语言哲学缘故，道家养生及医药学均以文学艺术思维方式和象征思维方式结构其语言，例如：天池、天泉、上关等与下关。传统中医药学讲究天人感应，即自然能量与人体能量、气之互动；其表征为系统网络内部之穴位既为能量信息之发送者亦为接受者，并以连续不断之方式在穴位之间进行能量信息交流互动；讲究自然界阴阳五行与人体内脏之间的象征性对应关系等等。这些都是在“法自然”总原则下的表现。总之，道家养生是中华民族养生学的一种自然健康疗法，它按五行相生相克的循环，以达到天地人的平衡和谐，顺天时者方健康长寿！

中国女科学家屠呦呦从中医古籍东晋道教先师葛洪《肘后备急方》里得到启发，通过对提取方法的改进，首先发现中药青蒿的提取物有高效抑制疟原虫的成分，她的发现，在抗疟疾新药青蒿素的开发过程中起到关键性的作用。由于这一发现在全球范围内挽救了数以百万人的生命，屠呦呦于 2011 年 9 月获医学科学领域重要的大奖——拉斯克奖，2015 年 10 月获诺贝尔生理学或医学奖。“法自然”的传统中医药学正走向世界。

由“道法自然”而发展起来的中国传统养生思想逐步催生了一套旨在使人健康、幸福、长寿的认识体系与实践体系。“我命在我，不在天”这一口号，首见于甲骨文，后被道教先师葛洪在《抱朴子》中加以引用，指的是人在遵循自然的前提下，可以通过自身努力，延续生命的长度，提高生命的质量。中国传统养生思想及体系反映和促进了人类热爱生命、永葆健康的理性与追求，是人类文明发展的重要内容。

3. 寡欲促进“养生”与“养德”的统一

老子追求的是内在精神的澄明、完满和自由。寡欲、不言、守静都是从外在的东西转向内在的东西。寡欲是老子养生思想的特点。老子在“自然”原则的审视下，抓住“欲望”“智巧”“作为”三个方面，进行对症下药的引导。而通过前面的分析，我们也知道三个方面不是泛指一切的“欲望”“智巧”“作为”，而是有所特指的。其中，“欲望”体现为对名利、强大、世俗之功德的追求；这些目标演变到极致，就是通常所说的“最有权、最有钱、最出名、最强势、最能干事”等概念。公允而论，人生当然少不了这些追求，可是无限度、无节制的追求，给生命本身带来了沉重的负担，因为个体生命所拥有的能量是有限的，每一种追求及其实现，都要付出“辛劳”“汗水”，无限度的付出等于提前透支生命，为此老子提倡“寡欲”“少智”，等于在提醒人们，在这些追求面前，何妨“悠着点”“消极点”；而当人的追求淡化之后，“自然”赋予人生命的机能便能正常运转，生命与外部环境的关系便能常态化，这对于身体来说，无疑是非常有益的。

寡欲可以促进“养生”与“养德”的统一。因为对名利、强大、世俗之功德的过分追求，不但损害了身体，损害了心理健康，更引起了纷争，制造了社会秩序的混乱。在社会生活中，人们苦苦追求的东西，通常都是“稀缺资源”，并不是每个人都能轻易得到的；如果每个人都能轻易得到，那么也就用不着苦苦追求了。例如，在一个国度里，君主只有一个，出将入相者不过寥寥数十人，而“首富”“巨富”也少得可怜，“著名的、伟大的”之类称号，也只能是少数人所拥有的，而相比于日常的柴米油盐之事，天底下的“大事”也是少得可怜的。这种“稀缺性”，导致人们在苦苦追求的时候互相算计、互相争斗乃至互相残杀，所有的“智慧”和“才能”都被用在这些方面，于是引起了社会秩序的混乱，引发了严重的社会问题。这样一来，对名利、强大、世俗之功德的过分追求，就成为“恶”的行为，理当遭到万人唾骂。但是，社会上那些已经得到这些目标的人，却往往文过饰非，把这些追求打扮得冠冕堂皇，自诩有“解民于水火”之功、“再造苍生”之德，拥有“英主”“明君”之名，被人们奉若神明。诸如此类，又从文化思想上造成了社会的混乱，这种混乱的恶劣影响更为长远，也更为可怕。为此老子提倡“寡欲”“不争”“柔弱”，实际上等于把这些对名利、强大、世俗之功德的过分追求“关进笼子里”，让人们看清其真实面目。从客观事实来说，社会大多数人都处于“弱势”的地位，想争名夺利、争强好胜，也无能为力；从统治阶层的眼光来看，他们本身就是“寡欲”“不争”“柔弱”的人；可是这些人的存在，这些人的日常生活，却构成了社会的主体。如果既从物质利益、现实地位上压迫他们，又从文化观念上压迫他们，那么他们的生活就会变得更加艰难。因此，从客观事实来看，老子的“寡欲”“不争”“柔弱”具有牵制、驾驭强者、保护弱者的积极意义，体现为一种高度的道德修养，也做到了“养生”与“养德”的统一。

八、道家与儒家的互补及老子思想对人类发展的启示

老子及其创立并得以发展的道家思想,对后世产生了巨大的影响。在漫长的中国古代,儒佛道三足鼎立,互相渗透,互相补充,对传统文化思想的发展起到了重要的作用。

1. 道家与儒家的不同影响与互补

虽然《老子》的作者与成书时间尚不能确定,但其思想产生的时代应该与孔子思想出现的时代大体一致,也就是同在春秋战国时期。那是一个诸侯混战、礼崩乐坏的时代,长期的战乱使社会渴望新思想的产生,而价值评判体系的缺失和政治权力的分散则又为思想繁盛提供了自由的空间。就是在这样的社会背景下,产生了中国历史上的百家争鸣。而以孔子为代表的儒家和以老子为代表的道家则是诸子百家中影响最大的两个流派。

正是因为有着相同的社会背景,所以诸子百家的思想虽然各有特色,但也有着许多的互相关联,特别是各家都有着对社会现实的强烈关注,都有为当时的社会现实寻找出路的愿望和理论起点。曾有学者认为儒家源出于道家,细究老子思想与儒家思想,会发现它们之间确实有着一些相通的地方。当然,由于着眼点和思维方式的不同,两者之间的差异更为明显。虽然都立足于解决社会存在的问题,但两者有不同的理论起点。儒家的出发点是人伦亲情,而老子的出发点则是包括天地人在内的整个世界的自然状态。由不同的起点出发,一个注重以伦理道德精神来调整现实的人伦关系,一个则强调回归原本就自然和谐的淳朴本性。虽然两者都指向改善现实社会的终极目标,但对于构成现实社会的人的理解是不同的,这

种不同不仅体现在对人的本性的理论设定上，而且体现在理解人的角度上。儒家是从现实的人伦关系中来理解人，这种人是一种社会的人；老子强调的是个体对于自己本性的觉悟与回归，所理解的人则是个体的人。

正是由于思想倾向和思维方式上的差异，老子思想与儒家思想在历史上的境遇和它们对后世的影响便有很大不同。儒家思想从践行出发，着力于构建一种以礼乐精神为准则的社会秩序，从社会个体的努力学习和自我修养出发，按一定的原则处理好各种社会关系，实现社会的和谐有序状态。这种思想虽然被司马谈（汉武帝时代的太史令）评价为“博而寡要，劳而少功”，然而因为其可操作性强，又比较符合统治者的需要，所以在汉代以后被统治者选中成为官方认可的主流思想，从而成为中国传统社会影响最大的思想流派。又因为儒家对教育的重视，使得其思想与中国古代的教育活动密切相关，渗透在教育的整个过程之中。于是，儒家思想便在中国古代的政统、道统与学统的构建中都发挥了重要的作用。

相比于儒家的这种浓厚的官方化背景，老子及道家思想在中国古代则具有明显的民间化色彩，很多时候成为政治治理和个人修养的一种补充元素和调节手段。当然，这并非因为老子思想水平不高，恰恰相反，是因为老子的远见卓识，起点太高且思考深刻，理解和践行的难度较大。儒家的思想主要是源自知识的传承和生活经验的总结，给社会提供了一套易于操作的制度规范和处世原则；而老子的思想则更多依赖于直觉体验和对宇宙的整体感悟而提供的一种对于政治和人生的全局思路。借用史学家评论史书特点的话来说，儒家的思想接近“方以智”，易于把握和实行；而老子的思想则趋向“圆而神”，水平更高却难于理解和落实。这样的差异，大概也是造成儒道两家在古代境遇不同的一个重要原因。从另一方面来看,无数个体对"道"的感悟和把握,构成了一种强大的社会力量,又远非单纯的政治力量可比;而从民族的文化积淀来说,儒道两家可以说是难分高下的。

中国长期流传一个说法,说儒家积极入世,道家消极避世,进则儒家,退则道家。这其实包含着对于老子和道家思想的一种误解。儒家固然积极作为,甚至是知其不可为而为之,但道家却并不消极,只是一种更高层次的人生境界。南怀瑾曾有过一个比方,认为在中国传统社会中,儒家相当于粮食店,提供了日常生活的必需品;而道家则类似于药店,没病可以不需要,如果有病了则又必不可少。这是一个很有趣的比方,虽然这样的比方并非学术的严谨表达,却形象地传递出这两家的某种特点。虽然看起来老子思想在古代的影响力好像比不上儒家那么大,但也有着极为重要的意义。而且在现代社会乃至人类未来,随着人类面对的难题的不断累积,老子思想的价值将会越发凸显。历史学家陈寅恪曾指出:"中国儒家虽称格物致知,然其所殚精致意者,实仅人与人之间的关系。而道家则研究人与物之关系。故吾国之医药学术之发达出于道教之贡献为多。其中固有怪诞不经之说,而尚能注意人与物之关系,较之佛教,实为近于常识人情之宗教。"

当然,道家乃至道教与儒家的思想层面影响与相互关系,是错综复杂的,它们之间既存在本质上的不同,又蕴含内在互补之性质。

2.《老子》的天人观等思想对人类发展的启示

天人关系是华夏先民最早关注的问题。先秦典籍中此类记载很多:《尚书·周书·吕刑》有颛顼帝"命重黎绝天地通"的传说,《尚书·甘誓》有"恭行天罚"的战争,《史记·夏本纪》有"而致孝于鬼神"的祭祀活动,等等。在洪荒遍地、心智初开之际,先民们祈求上苍,以期子民安生,这样就形成了最初的天人关系。在对天人关系不断探究的过程中，天人思想也就成为中国古代思想文化中的一个主题，是思想家们不得不阐发的重要命题之一，老子也不能例外。

此外，老子天人思想有其学术、思想的渊源——《周易》。首先，从老子的仕途经历来看，老子思想可能受到《周易》影响，其中，他的天人观应源自《周易》。《周易》形成于殷、周时期，是巫、觋用来沟通天人、揣摩天意的一种工具书。《易》中卦辞、爻辞是从先民祈祷上天、乞求神示时所得的经验中归纳、总结出来的，虽是一部占卜之书，但包含了中国古人对天与人、自然与社会相互关系的最为朴素的认识，其成书者应是巫史。而道家出于史官，《汉书·艺文志》说："道家者流，盖出史官。历记成败祸福古今之道，然后知秉要执本，清虚以自守，卑弱以自持。此君王南面之术也。"古代巫史不分，老子本是史官出身，曾做过周朝"守藏室之官"，从职业角度考察，他应接触到《周易》，或对其比较熟悉。据此，可以推测老子思想来源于《周易》一书。

其次，从《周易》与《道德经》二者的天人思想比较来看，至少在这几个方面存在相似性：其一，宇宙的系统意识。在《周易》中，卦的六爻就是天地人三才的符号。《系辞》说："《易》之为书也，广大悉备，有天道焉，有人道焉，有地道焉，兼三才而两之。"老子说："故道大，天大，地大，人亦大。域中有四大，而人居其一焉。"（第 25 章）老子与《周易》都认为宇宙是一个包含有天地人的整体系统。其二，宇宙的生生不已。《周易》认为"生生谓之易"，整个宇宙是一个生生不已、变动不居的世界。老子认为："道生一，一生二，二生三，三生万物。万物负阴而抱阳，冲气以为和。"（第 42 章）道是万物之母，对万物"长之育之，亭之毒之，养之覆之"（第 51 章）。二者都认为宇宙是有机、生生不息的整体。其三，从天道推明人事。《周易·系辞》说："古者庖牺氏之王天下也，仰则观象于天，俯则观法于地，观鸟兽之文，与地之宜，近取诸身，远取诸物，于是始作八卦，以通神明之德，以类万物之情。”通过占卜的象数来推导事物生成、发展、衰亡，并表现为一定的规律性，进而也可以预测人事的未来之吉凶祸福。尽管形式是直观的，思维是神秘的，“但却确立了一个对待与观察人与自然关系的基本准则：天人合一。天地人的合一实质即天人合一。在《周易》作者看来，体悟天人合一这一宇宙本质（通神明之德），使自己动合万物之本性（以类万物之情），实现天人合一，这就是人生的最高境界”①。老子则提出了“人法地，地法天，天法道，道法自然”的原则，认为人类社会应取法自然，这里显然继承了《周易》中天人一体观念，只不过他以理性主义取代了卜筮中的神秘思想。

老子的天人思想既有其文化的、历史的传统，也有其思想的、学术的根源。他的《道德经》把中国古代思想和哲学思维推到了一个前所未有的高度。其中，对天人合一思想作了一个系统的阐述，旨在主张人类要取法自然、遵循天道，以此作为解决社会、政治、人生问题的准则。

（1）人与天的并生、同在。老子说：“天下万物生于有，有生于无”（第 40 章），“道生一，一生二，二生三，三生万物。万物负阴而抱阳，冲气以为和。”（第 42 章）老子从宇宙生成论上说明了道生万物，但是老子在说道生万物后却没有说“生人”。我们认为，从道的本性来说的，这里“生物”，就已包含“生人”，在老子看来，是“人物同类”“天人一体”。换言之，人与天（地）都是“道”的自然结果，人与天（地）都有“自然”的共性。这一思想可以从其后学庄子那里找到依据。“天地与我并生，而万物与我为一”（《庄子·齐物论》），在

① 解光宇、孙以楷：《老子与〈周易〉》，《孔子研究》1997 年第 2 期。

庄子看来,人与天(地)关系是并生关系,人与天地万物同归于“道”,庄子的“万物为一体”主要从人与万物的自然性上说,也就是说,人在自然性方面与天(地)是一致的。

老子强调人与天(地)的共时性。“故道大,天大,地大,人亦大。域中有四大,而人居其一焉。”(第 25 章)其一,道与天地人同在,道的存在体现并蕴含在天、地、人中;其二,天、地、人也是同在,因为是同生,所以没有主次、先后,这一点与儒家不同。在儒家看来,“有天地然后有万物,有万物然后有男女,有男女然后有夫妇,有夫妇然后有父子,有父子然后有君臣,有君臣然后有上下,有上下然后礼仪有所错”(《易传·序卦下》)。天地万物到人的生成是有先后、等次的;其三,天的神性与德性(仁义道德)已经褪色了,这方面又不同于儒家,如孔子的“三畏”,首先就是“畏天命”,“小人不知天命而不畏也。”(《论语·季氏》);“天生德于予,桓魋其如予何?”(《论语·述而》)“天命之谓性”(《中庸》),等等,依然可以从中看到天的意志和天的德性;其四,人的地位得到提升。人在“四大”之中就占有“一大”,并加以突出,不再是“获罪于天,无所祷也”(《论语·八佾》)。由此可见,老子对天人的认识不同于原始儒家:老子既看到了人的自然性(物性)一面,又看到了人的社会性(人性)一面,正是人的两面性与他的道产生了冲突,所以,他主张“人法自然”来消解这种对立。

(2)天、人皆“自然”。如果从人与天地并生同在这一关系来看,人是自然的人,人体现了自然,就无须法地、法天。因为从本体论与生成论来说,三者皆是自然的结果,都合乎道。这里讲“地法天,天法道”,不是老子的目的,老子的意图是“人要法道”,因为在老子看来,天、地本自然,无须法道,甚至其道也是从天、地中抽象来的。

老子之所以提出“人法地,地法天,天法道,道法自然”,是因为他看到社会的人有不合乎自然之道一面。在人身上,处处充满了社会性的“悖论”。如老子指出:“和大怨,必有余怨;报怨以德,安可以为善?”(第79章)“名与身孰亲?身与货孰多?得与亡孰病?”(第44章)人与人互相怨恨的矛盾,德与怨的矛盾,名利、财富与身体的矛盾,追求欲望满足与欲望导致罪恶的矛盾,等等,都是“社会性”给人带来的矛盾。而正是人的社会性存在,导致了对道的戕害,这是老子所不愿见到的。但从他所提倡“小国寡民”的社会思想来看,老子并不否认人的社会性存在以及人与社会的种种关系,问题在于人的社会性如何符合道?从“善者,吾善之;不善者,吾亦善之;德善。信者,吾信之;不信者,吾亦信之;德信”(第49章)以及“夫礼者,忠信之薄,而乱之首”(第38章)两章来看,老子也讲德善、德信、忠义一类的伦理道德。这些社会伦理如何符合自然伦理(道)?其尺度又在哪里?老子的答案是“为无为”,以期追求、倡导自然的、内在的、自发的价值标准和社会行为。

庄子对这一问题的处理更为简单:“不以心损道,不以人助天”(《庄子·德充符》),“有人之形,无人之情”(《庄子·大宗师》),“古之人,天而不人”(《庄子·列御寇》)等等。庄子直接摒弃了人的社会性(人之所以为人)而与天同一,把人“物化”,真的人而不“人”。相对而言,庄子的“天人合一”牺牲了人的社会性,老子的天人思想则肯定人在社会生活中的自发行为。

(3)天之道即人之道。《周易》的思维特质就是从天道推演出人道,《四库全书总目提要·易类》曰:“故易之为书,推天道以明人事者也。”①老子也是从天道推明人道,但在天道与人道关系上,看

① (清)永瑢、纪昀主编,周仁等整理:《四库全书总目提要》,海南出版社1999年版,第13页。

法与孔孟不同。孔子说“性相近，习相远”，上智下愚不移，等等，却对“性与天道”语焉不详；孟子说要尽心、知性、知天，在心性上宏论迭出，至于如何知天，却未做申论。相较而论，孔孟以人类社会为中心，更多关注的是人如何社会化；而老子则以整个宇宙为视域，考虑的是人如何“自然”化。因此，从天到人、从天道推出人道，必然是老子的思维路径。

那么老子的天之道和人之道的关系如何？在这一问题上，老子主张天道自然，人道无为。“道常无为而无不为”（第37章），道永远是顺任自然的（无为），然而宇宙中却没有什么东西不是由道所为而成（无不为），即“道法自然”。因此，以道为法的天、地、人，也必须以自然为法，人一定要顺乎万物之自然，遵从天道的自然无为的必然趋势，不能人为地加以干扰。显然老子是主张用道的自然这一法则，取代儒家的人道——社会法则。

老子意识到天之道与人之道在现实中并不一致，他说：“天之道，损有余而补不足。人之道，则不然，损不足以奉有余。孰能损有余以奉天下，唯有道者。”（第77章）只有遵循“天之道”的人，才能“损有余而补不足”以奉天下。他多次申明循道的好处：“是以圣人后其身而身先，外其身而身存。非以其无私邪？故能成其私”（第7章），“古之善为士者，微妙玄通，深不可识……保此道者不欲盈。夫唯不盈，故能蔽而新成”（第15章）等等；并告诫人们要遵循“天道”，做到“为而不争”，这样也才能实现“没身不殆”（第16章），要做到“人道”效法“天道”，必须“唯道是从”（第21章），以天之道的无私（“天地不仁，以万物为刍狗”），行人之道的无私（“圣人不仁，以百姓为刍狗”）（第5章），以期实现他的天人合一：“天之道，利而不害；圣人之道，为而不争”（第81章），人应取法天道，做到“不害”而利万物、“不争”而为天下。

总之,老子的天人合一思想是从道生万物出发,指出万物皆自然,主张天道与人道的合一,试图构建他的宇宙秩序、社会图景和人生路径,即道生万物的宇宙之中存在着一个无为而治之国,国中之民清心寡欲,过着与世无争、和谐共处的生活。

在中国古代的思想家特别是先秦诸子中,老子在哲学层面的思考是极具深度的。老子的独到之处在于他的视界与思维方式,老子的思想具有超越性和全局性,不是一时一地的简单考量,而是着眼于整个宇宙时空的全局把握。而且,老子眼中的世界不是静止的,而是在不断变动转化,事物之间不是各自孤立,而是密切关联互相影响。老子思想中蕴含的人生智慧,对我们思考现实问题乃至人类的未来命运有着重要的意义。因为老子的智慧是较深层次的哲学思考,因此它的启示意义也就具有一种普适性。无论是个人的自我修养与完善,国家的内政与外交,乃至整个人类的命运,都可以从中得到重要的启迪。

二十世纪以来,人类进入了科学技术高速发展的时代,而且对于科技的依赖性也日益明显。科技给人们的生活带来了极大的便利和更多的可能性,但同时其负面影响也日益凸现。不仅是环境严重污染、资源日渐枯竭,更重要的是以科技为支撑的大工业生产带来的许多物质变化过程是不可逆的,使得地球上的物质越来越趋于不可用的无序状态。而且由于竞争的推动和利益的驱使,人类的贪欲被不断放大,过分地追求所谓发展和进步的速度,而没有考虑发展的空间和容纳度。在这样的背景之下,回过头来重新关注老子在两千多年前的思考,便有了很大的必要性。如何重新理解人在宇宙中的准确定位,回归人类生存的自然状态,重视生态保护和可持续发展,实现人与环境的自然和谐状态,成为当今人类面临的头等大事。

西方社会乃至波及世界的现代性危机,其根源在于个人主义以及工具理性的恶性膨胀。人们站在自我中心的立场上,从功利的角度来思考效率的最大化,借助科学理性的工具,对自然进行全面的征服,对社会进行全面的控制,对人进行全面的管理,从而造成人与自然、人与人之间的对立,这样就使手段变成了目的,使科学理性成为套在人们身上的枷锁。老子所说的“智”与西方的工具理性有相似之处。“智”也是指向外物的,人类的生活实践需要认识外物,所以“智”是必不可少的。但是,随着人们对外物的认识,控制、占有外物的欲望往往也随之增长,这就会打破人们生活的自然状态,而导致争夺,社会秩序也会陷于混乱。老子对“智”怀有深深的警惕,其原因即在于此。而其通过对“自然”“无为”等概念的阐述,强调天地人之间的和谐发展,预示着人类未来的发展方向,对于现代人如何走出现代性的危机,如何在技术高度发展的今天不陷入技术至上的泥沼,提供了很好的启示。

总之,《老子》之思想乃是源于宇宙自然之道之德启迪而生发的哲学思想,其旨归为尊重自然,回归自然,建构人与自然之和谐。老子的思想,蕴藏着闪烁人与自然和谐的生态智慧,凝聚成天地人融合的生态道德观,凝聚了目前后工业化历史发展阶段上人类社会的共识:生态环保与可持续发展。在人类文明发展的历史中,中华民族的祖先积累了善待、善用生态资源与保护人居环境的丰富经验,使神州大地成为东方农业文明的重要发源地之一。老子创立的道家哲学思想之明灯将继续启迪我们,照亮我们,引导我们走向自由,走向智慧,走向政治、经济、社会、文化和环境诸方面均可持续发展之路。

第二章 定义、基本假设、公理

我们用公理化的方法诠释《老子》，在考虑研究的逻辑主线时，把人类认识世界、对待万事万物的方法定位在“守中”状态，这就需要从宇宙生成论的层面阐述事物构成及其运动变化的规律，进而把人类世界放在这个系统的恰当位置，这样才能确定什么是“守中”状态以及如何把握这种状态。这一原理，对于人类的活动，下至于修身及个人生活，上至于治国及处理国家关系，把握人类社会的发展方向，均有重要的指导意义。我们给出了14个定义、5个基本假设、5条公理，进行界定和说明，并配上与之相应的《老子》原文，由此给后面的命题、推理提供基本的逻辑依据。

一、从“守中”出发理解《老子》的思想体系

对《老子》进行公理化诠释，首先必须找到老子思想的出发点，从而窥探老子整个思想体系的全貌，找出老子各种论述之间的逻辑关系。如果能做到这一点，就能根据它做出基本假设，选取定义，确定公理，为后面各篇的命题推理奠定基础。

中国古代向来有所谓的“尚中”精神，提倡中行、中道、中庸，它要求人们在待人处世、治国理政等社会实践中时时处处坚持适度原则，把握分寸，恰到好处，无过无不及，从而实现身心的协调、人与人

的协调和整个社会的和谐。"中"的意思表示人类行为的质量,与"中正""正确""得当"等意思接近。如尧帝强调治理社会要"允执其中"(《论语·尧曰》),盘庚训导民众说"各设中于乃心",周公倡行"中德",并要求在折狱用刑时求"中正"等①;而《周易》里的"正中""刚中""得中""行中""中正""中行"等亦是此义。

在公元前6世纪以后的几百年间,在古希腊、以色列、古印度、古代中国等地先后出现了伟大的思想家如柏拉图、释迦牟尼、孔子等。这些先哲不约而同地提出了德性伦理的原则:以"中"为中心,强调"适中""适度"。亚里士多德的伦理学关键词是"中"(mean),在中文一般译为"中庸"和"中道"。毕达哥斯认为"中庸"是一切事情的最佳境界,他在《金言》中指出:"一切事情,中庸是最好的。"②古希腊人有"凡事不要过度"的名言,亚里士多德也就特别推崇"中道"和"适度"③。而印度佛学大乘空观理论的基础——龙树的"中观论",也在思想方法上提倡类似儒家的"执两用中"。龙树认为诸法之空性超越了一切观念,非有非无,泯灭一切分别,不可言说,乃是中道直觉之境。对之既不能执有,也不能执空,否则就会堕入"执有"或"执空"的"边见"。只有"遮破二边",把"空""有"的执着都否定掉,才是中道④。

综观上述的"中",笼统而言不外乎"认识之中""行为之中",即在认识上不出现偏倚、行为上不走极端。但如同寻找一根线段的

---

① 三条分别见《尚书·盘庚》《尚书·酒诰》《尚书·吕刑》。

② 周辅成编:《西方伦理学名著选辑》(上卷),商务印书馆1964年版,第15—18页。

③ 参见王中江:《中西早期的"适度"思想及适用范围的扩展——从人间伦理到生态伦理》,《孔子研究》2005年第3期。

④ 王路平:《略论龙树、提婆的中观哲学》,《浙江学刊》2000年第3期。

"中点"一样,所有对"中"的阐述都隐含着它的"两端",没有两端,就无所谓"中"。而对于两端的不同认识,就会产生不同的"中"。

老子也提倡"中",相关的论述有"至虚,恒也;守中,笃也""中气以为和""多言数穷,不如守中"等。但是对这个"中"却有不同的理解。一种是把"守中"解释为"守冲",就是保持一种虚静的心灵状态。另一种解释就是保持"中庸":"中,就是《中庸》中所说的'喜、怒、哀、乐之未发谓之中'的中,也就是道心的境界。守中,就是保持在道心之中庸的境界。对于道用的一动一静之间所具有的生发功能,无论用多少语言试图说明它或用多么高深的推测试图研究明白它,都不如保持在道心之中庸的境界而更能彻底地了解它。"①"多言数穷,不如守中。穷尽人类耳目观察,言语评述始终无法涵盖纷繁复杂的宇宙万象,倒不如守住道的能量本源化生万物这一根本。"②"俗话讲,有理不在言高,为政不在言多。政策出台过于频繁,会导致政策信号紊乱,百姓无所适从。大道'无名'也'无言'。如果统治者能按大道的自然法则守静、不言、无为、寡欲,社会自会组织力量遵照大道的阴阳对立统一关系趋向平衡与'守中'。因为天地间有无穷的能量在不断地催生,少用政策干预,大道力量自动地反向运作将偏离的力量拉回正常轨道。"③

对于这两种不同的解释,我们暂不做过多的纠缠。其实还可以有一种理解,即"守冲"与"守中"并非毫无关联。在老子看来,保守虚静,方能得"中",这包括"中"的认识、"中"的作为;为此"守冲"与"守中"形成了"必由之径"与"必然结果"的联系。

---

① 冯家禄:《道德经三解》,东方出版社 2013 年版,第 36 页。

② 王文明:《老子心声》,九州出版社 2012 年版,第 60 页。

③ 李国旺:《国学与新行为金融学——〈道德经〉行为策略启示录》,中国金融出版社 2012 年版,第 95 页。

事实上,还有不少人认为老子理论的核心就是“守中”。如赵俪生《儒道两家间存在争议的几种古籍之剖析》说,春秋时期,“当时大家都在谈‘中’和‘心’。孔子讲‘时中’,老子讲‘守中’;儒家讲‘正心’,道家讲‘养心’(养成‘金心’)。”①张戬坤《圣贤智慧互通说》:“孔子讲‘中庸’,老子讲‘守中’,佛陀讲‘中道’,但‘中’也不可执,执著‘中’就将‘中’作为一种极性观念而固定,那也是一种偏执。”②吴重庆《儒道互补:中国人的心灵建构》一书说:“孔子讲时中,老子讲守中,释迦讲空中;如孔子讲一贯,老子讲得一,释迦讲归一,又因人同此‘心’,故每个人既可选择儒,又可选择道,亦可选择释,甚至儒道释可以同时选择。”③

那么,老子的“守中”意味着什么?这个“中”的两端在哪里?

在我们前面介绍的这些“中”之中,大多数的两端都设定在人间社会里。例如儒家之“中庸”,就有“凡事不要过度”之意,而所谓的“事”,基本上就是人间之事。只有佛教的“中观”,它的两端分别设立在“天”和“人”之间。在这一点上,老子的“守中”有相似之处。首先,他力图从一体性来看整个世界,这个世界达到了人类认知、感觉和想象的极限,人类之外的天地万物和人间社会统统收罗其中,用来描述它的词语就是“道”和“自然”。“自然”可谓是对“道”统辖范围内之万物运行状态、存在状态的最抽象描述,简言之就是从无到有,从有到无,浑然一体,不断演变。其次,他站在“道”的高度来看人类的一切,重点观察人类的自我认识和自我作为,这样就出现了认识的两端,即“道”的“全”和人的“偏”。也就是说,“道”是

① 见曹峰编《出土文献与儒道关系》,漓江出版社2012年版,第114页。

② 张戬坤:《圣贤智慧互通说》,光大出版社2010年版,第272页。

③ 吴重庆:《儒道互补:中国人的心灵建构》,广东人民出版社1993年版,第281页。

全面性和无限性的统一体,而“人”是片面性和有限性的统一体,“人”的认识和作为莫不如此。为此,老子的“中”就凸显出来了:人类的自我认识和自我作为必须做到“守中”,即充分认识到自我的片面性和有限性,充分考虑到“道”的全面性和无限性。

论述到此,老子的“道”“自然”“有无”就可以进入人类社会,用来考察人类的认识和作为了。他的核心思想就是:人类只有在认识上、行为上保持“中”的态度,实现“自然”的状态,才不会偏离“道”。

老子说“反者道之动”,其中的“反”有两层含义:一是“相反”的“反”;二是“复返”的“返”,意指往复回环的生命之道。通观《老子》所有的论述,皆会找出一般社会中认为是“正”的概念,而用“反”的概念来破除之,所谓“正言若反”,但是,他却又不执着于“反”,所谓的“反”不是通常意义上的“反”,其作用还是为了说明“中”的状态才是老子真正要描述的状态。

从层次上来看,老子的“破”和“立”大致分为两个层次:

第一层次是最抽象的“有”和“无”。老子认为,“道”是圆满而自足的,无所不包、无所不容的,而万物的生与灭,不过是“道”的一种体现形式,其运行的根本规律就是从无到有、从有到无、再从无到有,循环往复,生生不息,永无休止。从无到有,体现了“道”的无限可能性;而一旦变成了“有”,它的无限可能性就变成了有限性,因为在从“无”到“有”的过程中,也就被赋予了不全面的、偶然的、暂时的和难以长久的性质,人的认识和行为也是如此。在这种情况下,人类在认识和行为上“守中”是必要的,这样才能自觉体现“道”又顾及人类的特性。具体而言,把握从“道”之“无”到生成万物之“有”的合适状态,就称为“守中”;实现这一状态,才算是常态,称为“常”(“恒”);而属于人类的“常”(“恒”)是“自然”状态在人类社会中的个别体现。

第二层次是体现“道”的天地与“得道之一偏”人类社会。人类相对于天地与“道”，其智慧、其能力是非常有限的，自诩为“万物之灵长”，实在是狂妄自大。人类社会需要统治者，但统治者所能做的事情也是非常有限的，所谓国家之富、军事之强、功德之无量，与芸芸众生的自在自为乃至万物并作相比，都只是“偏功”“偏德”而已。

从语言表述的角度来说，人类社会并没有创造出一套可供老子准确表达其“守中”思想的语言体系，这是因为人类一开始就专注于社会、专注于人本身，并不善于用“守中”的眼光认识世界，也就不可能用“守中”的语言去描述世界。如此一来，就给老子表达他的思想造成了困难，也给我们准确理解老子的原意、准确转述他的论断造成了诸多困难。

就语言表述而言，老子只能选择“以破代立”的表达形式，而无法找到用来正面描述“守中”状态的词语。例如“道”，它是所有概念的综合体，在它那里“有”和“无”浑然一体，不断运动变化，有点像“宇宙”，它只能大致描述，而无法准确定义。又如“自然”，它描述的是一种万物自在自为的状态，而且什么状态都有，也没法准确定义。而在人间社会，他提倡“无为”“不争”“柔弱”，事实上，这并不是通常所说的“无所事事”“一味退让”“软弱无能”，而是一种不能用通常词汇来表达的状态。例如“无为”，并不是说要求人类一切无所作为，退回到蛮荒时代，而是说要求保持一种“有作为”和“无作为”的状态，其中“无作为”是为了更好地“有作为”，而“有作为”也包括“自己不作为以便让大家更好地作为”，还包括不要固执于偏于一隅的人类社会的“为”而要作出符合“道”的“为”；至于“不争”“柔弱”“素朴”，也可以同样理解。只有出现这种状态，才能做到“守中”，才算符合老子所说的“自然”。

在历史上，人们对老子的两种理解，就与这种语言表述方式有关。

一种是将老子的思想理解为“无”比“有”好,“弱”比“强”好,“朴”比“智”好。于是,统治者什么也不干,就比有所作为好;无德就比有德好,无功就比有功好,淳朴(甚至是愚蠢)就比聪明好,弱国就比强国好,放下武器就比加强军事好;等等。这样老子就成了“反智主义者”“反文明进步者”“极度的消极厌世者”等等。然而,这样就无法认识到《老子》一书在“无为”政治之后还描述了一种更理想的政治境界,在“无智”之后还描述了一种更为高明的智慧,在“不争”之后还描述了一种“莫能与之争”的强大境界。

另一种是将老子的思想理解为“辩证法”。“辩证法”一词源自古希腊,最初是指辩论的技巧,苏格拉底称之为“精神接生术”。但人们常说老子具有辩证思想,实际上是以马克思主义的唯物辩证法作为理论参照的。它主张用联系的、发展的、全面的观点来看待问题,基本内容包括:(1)三大规律:对立统一规律,质量互变规律,否定之否定规律;(2)五对基本范畴:原因与结果,形式与内容,现实与本质,必然性与偶然性,可能性与现实性。

人们说老子具有辩证思想,其理由有三:

其一,老子揭示了“正与反的对立统一”。

老子提出了一系列正反的矛盾概念,如长与短、智与愚、巧与拙、大与小、高与下、前与后、生与死、难与易、进与退、古与今、始与终、正与反、美与恶、正与奇、敝与新、善与妖、强与弱、刚与柔、与与夺、胜与败、有与无、损与益、利与害、阴与阳、盈与虚、静与躁、张与翕、华与实、曲与全、枉与直、雌与雄、贵与贱、荣与辱、吉与凶、祸与福,等等。

老子认为,这些正反概念所揭示的矛盾双方并不是孤立的,而是相互依存的,每一方都以对方的存在作为自己存在的前提。所以他说:“天下皆知美之为美,斯恶矣;皆知善之为善,斯不善矣。有无相生,难易相成,长短相形,高下相盈,音声相和,前后相随。”(第 2 章)老子还认为,正反双方不仅相互依存,而且具有内在的统一性,所以要得到正面的结果,需要从反面去做。如其曰:“曲则全,枉则直,洼则盈,敝则新,少则得,多则惑。”(第 22 章)这就是所谓的“难易相成”。

其二,老子主张“反者道之动”。

老子不仅看到了对立面的普遍存在,而且看到了事物的对立面会向相反的方面转化,由此他提出了“反者道之动”(第 40 章)的命题,揭示了事物矛盾运动的这一普遍法则。对于这里的“反”字,一般有两种解释:一是“反”通“返”,返回复归之意,佐证如“万物并作,吾以观复。夫物芸芸,各复归其根”(第 16 章)。二是相反、反面之反。“反者道之动”的意思就是事物向自己的反面转化。佐证如“甚爱必大费;多藏必厚亡”(第 44 章)。“兵强则灭,木强则折。”(第 76 章)

其三,老子主张“柔弱胜刚强”。

在对待刚与柔、强与弱这些正反的对立面时,世人往往强调刚强的一面,认为这是正面的价值,老子则与之相反,他的价值取向是重视反面的意义,认为柔弱胜过刚强。所以他说:“人之生也柔弱,其死也坚强。草木之生也柔脆,其死也枯槁。故坚强者死之徒,柔弱者生之徒。是以兵强则灭,木强则折。坚强处下,柔弱处上。”(第 76 章)“天下之至柔,驰骋天下之至坚。”(第 43 章)“天下莫柔弱于水,而攻坚强者莫之能胜,以其无以易之。弱之胜强,柔之胜刚,天下莫不知,莫能行。”(第 78 章)“守柔曰强。”(第 52 章)

以上就是人们用辩证法理解老子的基本观点。但是,这种理解总是难以面对以下质疑:

第一,老子说对立面会向相反的方面转,但不注重转化的条件性。

第二,"柔弱胜刚强"好像是由一些经验事实总结出的结论。人们可以提出其他一些经验事实来得出相反的结论。如锋利的刀很容易割断柔弱的小草,类似的经验事实有很多,这样,人们是不是也可以得出一个"刚强胜柔弱"的结论?

第三,用辩证法解释老子的思想,从"正与反的对立统一"这一点看当然是合理的,但老子并不注重阐述正与反的差别。

如果从更广阔的视野思考,老子的思想很可能蕴含着高深的辩证法、彻底的辩证法。叶朗、朱良志认为:老子"反者道之动"里的"反"有两层含义,一是"相反"的"反",二是"复返"的"反"。两层意思又相互关联,反映出老子哲学的独特性。老子并不是强调事物的相反相成、互相转化,而是强调人们不能为相反而成的事物表象所遮蔽,要破除知识的妄见,契入往复回环的生命之道。① 这里,体现了老子的"守中"思想。

总而言之,一旦忽视了老子的"守中",就会把老子放在反智、反文明、反人类的立场,会偏离与损害老子的思想价值。事实上,老子是一个建设性的思想家,他倡导建设人与自然和谐、人服从自然规律并且人最终回归自然的理想社会。

二、公理化方法及其用于中华经典的诠释

古希腊哲学在方法论上有一个突出的特点,就是理性论证的原

---

① 叶朗、朱良志:《中国文化读本》,外语教学与研究出版社 2010 年版,第 12—13 页。

则。这就需要一些为人们所公认的出发点,这种最初公认的出发点就是"公理"(Axiom),以后逐步发展成为公理化方法。公理化方法就是在尽可能少的基本假设、定义和公理的基础上,推导与证明出各种有意义的命题(亦称为定理),构成一个演绎系统。在公理化体系中,基本假设是论述的前提,定义的作用是把公理、命题中所包含的核心概念加以清晰的描述,公理是不需要证明的共识。命题是从公理或其他已被证明的真命题出发,经过推导证明为正确的结论。

公理化方法是数学与系统科学经常采用的一种研究方法,它追求系统思维,证明严格明晰,富有逻辑力量。在公元前500年左右,人们已经从大量积累的实践中学会把一些图形的性质抽象为几何概念,以命题的形式研究其相互关系并进行推理论证。欧几里得运用公理化方法把几何命题整理起来,完成了数学史上的光辉著作《几何原本》。

牛顿在他的科学工作中经常运用公理化方法,体现他的光辉思想的《自然哲学的数学原理》一书就是以公理化体系写成。爱因斯坦多次提出在物理学研究工作中也应当从少数几个基本假设及公理开始。他指出:近代科学的发展依赖于两种研究方法:一是公理化思维;二是可重复性实验。斯宾诺莎正是用公理化方法写出了著名的哲学著作《伦理学》。总之,概念的清晰和逻辑的严谨是公理化方法的优势,使之逐渐进入了数学以外的各种学科。

我们已经用公理化方法诠释了先秦儒家经典《论语》《孟子》和《荀子》。在这种诠释的应用中,我们发现公理化方法可以梳理出典籍的核心思想,有利于具有不同文化背景的人掌握经典的基本意思及其当代意义,并在一定程度上消除经典解释中的一些无谓的争论,从而在某些方面达成比较坚实的共识,对于中国传统文化的传承与传播具有基础性意义。

在诠释过程中,我们遇到了一些困难,也听到了一些疑问,主要集中于三个方面:(1)人文科学领域的经典著作,能用“公理化方法”来诠释吗?(2)人文科学领域的经典著作内涵丰富,用“公理化方法”来诠释,是不是会损害这种丰富性?(3)由于哥德尔不完全性定理,公理化方法自身也受到质疑,那么如何看待公理化诠释?

公理(axiome)一词来源于古希腊语 axioma,大概有三种意思:一是指有价值的事物、身价、名誉、地位;二是指认为合适的事物、决议、意图、目的;三是指哲学和数学上的自明之理或公理①。根据第三种意思,这是一个哲学和数学上的概念,在欧几里得的《几何原本》中得到很好的阐述。数学的产生是受到哲学推动的。当时的人论辩时,双方的论点乃基于某些大家都接纳的共识为出发点,这个出发点也就是后来所说的公理。

在长期的研究过程中,我们发现对于人文领域的思想理论而言,只要它具备两个基本条件,就可以用公理化方法来研究:(1)著述者有自己的理论主张或独到的方法,足以贯穿他的整个思想体系;(2)论述时有主有次,能显出层次感,从主到次,具有内在的逻辑关联性。当然,在研究的时候,不太适合用符号的形式来构建人文理论的框架,人文领域的抽象概括是一种综合性的抽象,比较适合用含义较为丰富的语言来描述。

用公理化来研究人文思想,都必须从一个层面、一个角度切入去抽绎它的内在体系,而不是也不可能从所有层面、所有角度同时切入去观察它的内在体系。人文思想往往有一个综合性的架构,多种体系交叉并存。我们在用公理化方法研究经典的时候,关注的是它的主要思想体系。

---

① 罗念生、水建馥:《古希腊语汉语词典》,商务印书馆 2010 年版,第 87 页。

在人们的印象中，像《论语》《孟子》《荀子》《老子》这类经典著作，内涵是很丰富的，历史上的各种注解众多（尤其是对于《老子》）；而用“公理化方法”来诠释，是不是会损害这种丰富性？

对于这个问题，我们可以做两方面的分析。

第一，在《论语》和《老子》等经典中，往往一句话有多种解释；但人们在理解的过程中，只能取一种解释。至于别人问他为什么要取这种解释？则选取这种解释的人可以举出一大堆理由和证据，但他没有办法证明这种选取是唯一合理的。由此一来，每个人都可以选取自己认为合理的一种解释，实际上等于在随心所欲地解读经典。为此他人就可以问：“为什么要选取这些解释？”然而，无限制的解释表面上是丰富了经典的内涵，事实上对阅读者造成了极大的困难，就像摆在眼前的无数条路，还能起到指路的作用么？公理化的诠释却不同。它必须做出唯一的选择，因为它跟整个思想体系构成逻辑关系。正因为明确的逻辑关系，阅读者从一句话中得到了启发，就可以从其他的话语中得到更多的启发，而且是从一个层面展开的系统性的启发。

第二，对于《论语》和《老子》这样的经典，一般的读者不乏敬畏之情，我们也不妨认为它们“字字千金”“句句重要”。可是，无限制的解释往往会造成众多话语之间互相歧异、互相矛盾。如果全盘接受，那在读者脑海里留下的不过就是一大堆杂乱无章、互相冲突的印象，经典的作用也不过就是“以其昏昏、使人昏昏”而已。如果说“句句重要”的话语之中也有特别重要、一般重要和不太重要的层次之分，那么无限丰富、无限可能的解释恰好就不利于分清层次。

然而用公理化的方法诠释经典，就不得不特别关注经典的理论结构，就不得不把众多的论述安放在一个清晰的框架内。特别重要的观点或概念，应该是能统贯整个思想的；一般重要的观点或概念，是能在这个思想体系中统领一个方面的;具体的观点或阐述,是能找到其出发点和所依托的思想主体的。而经典的理论结构,又面向天地、面向人类,是自然现象、社会生活的总结和归纳,反过来又对社会生活起指导作用;它的丰富性、无限性就体现在这里,而不是体现在片言只语的丰富蕴含上。

以《老子》为例,我们首先要关注的就是老子思想的逻辑主线,这是老子的世界观和思想理论的基石。我们将老子思想的逻辑主线定位在"守中"上面,就是为了以严格的逻辑形式展开他的思想主干,将他的理论整理成一个演绎系统。

如果把人类赖以生存的外部世界统称为"天",人类和人间社会、人类的一切活动统称为"人",那么人类的认识和行为就总是在两个极端之间徘徊:一种是看到了人对天的依赖、天对人的制约,但没有看到人的作用和能力,可以叫作"蔽于天而不知人";一种是看到了人的作用、强调人的能力,但没有看到天对人的制约、人对天的依赖,可以叫作"蔽于人而不知天"。在前一种认识中,天就是神,就是佛,就是上帝,人在它面前毫无作为,只能顶礼膜拜;在后一种认识中,人就是自然的统治者,就是天地的征服者,就是全知全能的神。人类历史证明,无论偏向哪一个极端,都会造成严重的问题;而如果将这两个极端构成一对矛盾,则合理的状态就是保持矛盾之平衡的"守中"状态。老子思想的深刻之处,首先就在这里体现出来。

接下来老子就应当对天、地、人这一个大系统进行描述。他对天、地系统的描述,虽然很简要,但达到了人类认知的极限。对于这个系统,他只能勉强称之为"道","道"囊括了一切事物的存在状态和运行规则。在"道"的统帅和滋养下,万物自在自为,自生自灭,从无到有,从有到无,不断演绎变化,而人类就是其中一个"产品"。如果说"道"是一棵参天大树,那么人类只不过是树枝上的一片树叶;他需要“道”给他定位,更需要“道”给他滋养。

正是因为对人类的深切关怀,才使老子不厌其烦地对人们进行谆谆教导。他认为,人类自身虽然是伟大的,但相比于“道”还是显得太渺小;人的作用是存在的,但时时刻刻需要“道”的滋养和校正。为此,他选择了“自然”“有无”这些概念来对人类的认识和行为进行校正,由此出现了一系列的观点和理论。他用“见素抱朴”来矫正人类之“智”的偏执;用“无为”来矫正人类对自我功劳的认识;用“玄德”来矫正人类对自我德行的标榜;用“弱”来矫正人类对“强”的迷信;用“寡欲”来矫正人类痴迷于自我欲望的疯狂行为;等等。得到矫正之后的人类行为方称得上是“自然”,得到矫正之后的人类认识方称得上是“守中”。

用老子的观点来观察人类行为,我们就可以看出它的指导意义了。人们通常痴迷于金钱、地位、名声,却忘了在欲火熏心的情况下,由“道”赋予自身的肉体、心灵已经受到了极大的戕害。当人间社会痴迷于科技、经济、军事的时候,却忘了由“道”赋予的芸芸众生已经处于不正常的生活状态。由此我们会想到,当人类还在继续前行的时候,是不是需要老子的思想来时时刻刻矫正我们的认识和行为?

在老子之后的两千多年中,人们往往一边说《老子》高深莫测,难以解读,或者可以有无限解读;一边又不断地阅读《老子》,接受它的影响。这样的做法,一方面无形中把《老子》“封杀”在金碧辉煌的神殿里,否认了它对人类社会的积极作用;另一方面又不加区别地接受《老子》的思想,不愿去反思它的长处和短处。事实上,我们用公理化的方法解读《老子》,一方面展现了它的认识高度和深度,对于人类文明的警示作用;另一方面又揭示了它的一些缺陷。从逻辑的角度来看,老子说“万物并作”也即万物的“自在自为”就是“自然”,那么人类的一切行为,也就是万物的“自在自为”之一,也都是“自然”的；然而为什么他一方面肯定人类的一些行为（一般称为“正”），同时又否定人类的另一些行为（一般称为“奇”）？如果说被否定的这些人类行为（“奇”）不“自然”，背离了“道”，那么它们的根源又在哪里？是否在“道”之外还别有根源？如果在“道”之外还别有根源，那么“道”又何以称得上是“无所不包”？这种逻辑上的缺陷是必须注意的。产生这种缺陷的根源就在于老子将“自然”描述为“万物并作”之时，注重“常态”的“万物并作”（“正”），而对“非常态”的“万物并作”（“奇”）则不够关注。若我们称前者为必然性，则后者为偶然性，而任何的“万物并作”都是必然性和偶然性的统一体。

“道”生万物是必然的，诞生出哪些形态和种类的万物却是偶然的。人类社会也就在“奇”“正”之变中不断交互运动。但老子对“奇”关注不够，于是将他的理论运用于社会实践时就出现了论述上的一些偏差。例如在政治上，老子提倡“无为”，按照其“守中”的逻辑前提去理解，这实际上应该是“无为而无不为”。但老子强调说，“我无为而民自化，我好静而民自正，我无事而民自富，我无欲而民自朴”。放在太平盛世来看，这种观点是很有道理的；但在战乱年代，就不见得正确了，因为这时候迫切需要统治者组织强大的军队来平定战乱。如果我们把战乱年代以及用武力平叛称为“奇”，把和平年代以及用不扰民的方式管理天下称为“正”，则老子的表述应当修订为“民未化而我有为，民自化而我无为”。总之，如果将“守中”的原则贯穿到底，则人类应当在重视“正”的时候也善于正视“奇”，在保持“正”的时候也善于驾驭“奇”，在努力促成“奇”向“正”转化的时候，也善于发挥“奇”对“正”的积极作用。

最后，如何正确理解公理化方法以及哥德尔不完全性定理对它的质疑？

如前所述，公理化方法就是在必要的基本假设、定义和公理的基础上推导与证明出各种有意义的命题(亦称为定理)，构成一个演绎系统。更加严格的公理化方法则应归功于德国数学家希尔伯特，他在19世纪末明确给出了公理化方法在逻辑方面的要求和原则，即相容性、独立性和完备性。(1)相容性是指在一个公理系统中，不允许证明某一命题的同时又能证明其否命题；(2)独立性是指在一个公理系统中，每一条公理都独立存在，不允许有的公理可以用其他公理推导出来；(3)完备性是指系统中的所有命题都能判断真伪，或理解成能从公理系统中推出体现其理论的全部命题。

1931年，德国数学家哥德尔提出了不完备性定理。他证明了任何一个形式系统只要包括简单的初等数论描述，而且是自洽的，它必定包含某些系统内所允许的方法既不能证明真也不能证伪的命题。也就是说，公理化方法中的“相容性”和“完备性”是不能同时满足的！这粉碎了希尔伯特关于公理化体系构建的信念，其影响远远超出了数学的范围。它不仅使数学、逻辑学发生革命性的变化，引发了许多富有挑战性的问题，而且还涉及哲学、语言学和计算机科学甚至宇宙学。

但是，我们需要消除对哥德尔不完备性定理的误解。首先，该定理并不意味着任何有意义的公理系统都是不完备的。该定理需假设公理系统可以“定义”自然数，不过并非所有系统都能定义自然数，就算这些系统拥有包括自然数作为子集的模型。而欧几里得几何可以被一阶公理化成为一个完备的系统(事实上，欧几里得的原创公理集已经非常接近于完备的系统)。其次，要注意哥德尔不完全性定理只适用于较强的公理系统，有一些更弱的公理系统是相容而且完备的。在人文学科运用公理化方法而建立的系统，一般被认为是比较弱的公理系统。当我们试图对某一种学说(例如《论语》《孟子》《荀子》和《老子》)建立公理化系统时,其完备性中“推出体现该系统的所有命题”的要求往往难以达到。但是只要得出的命题涵盖这一学说的大部分内容,就可以在此基础上逐步完善。

三、从公理化的角度看“守中”与儒家“中庸”之区别

在一个严格的公理系统中,公理的选取需要满足“相容性”,是指在一个公理系统中,不允许同时能证明某一命题及其否命题。反之,如果能从该公理系统中导出命题A和否命题非A(记作-A),从A与-A并存就说明出现了矛盾,而矛盾的出现归根到底是由于公理系统本身存在着矛盾的认识。因此,公理系统的无矛盾性要求是一个基本要求。如果在基本假设与公理中出现了相互否定、相互冲突的现象,必定也会影响到由它们互相配合而推导出来的全部命题。由此可知,基本假设从矛盾的分析出发,既是对先秦儒家经典之思想体系进行解码的一种路径,也从一开始就贯彻了“公理的相容性”这一原则。

从“矛盾”的角度来看,先秦儒家经典的特色在于追求“矛盾的中庸状态”。按照辩证法的观点,矛盾是一种客观存在,矛盾的对立双方相互依存,矛盾从事物的生成就有了,直到事物本身的消亡。由此可知,矛盾的彻底解决,意味着事物的消亡;在事物存续期间,矛盾是不能被“彻底解决”的,但却可以达成一种动态平衡。这一点,也可以从辩证法的观点中推导出来。一般说来,事物的矛盾关系大致可以归结于三种状态:(1)无矛盾;(2)矛盾冲突尖锐,以至于不可调和;(3)处于相对协调状态。由“矛盾是事物固有的特性”可知,第一、第二种情况均不属于某一种事物存在期间的状态。从

这个意义上来看,儒家追求“矛盾的中庸状态”,体现了人类借助于自己的智能对客观规律的一种自觉的把握。

事实上,我们也可以把“无矛盾”“矛盾不可调和”看作事物存在的两个极端。如果把“无矛盾”看作一种事物尚未产生之前的矛盾关系状态,则可以把“矛盾不可调和”看作事物消亡之际的矛盾关系状态。在人类社会这种特殊“事物”的存续期间,“无矛盾”“矛盾不可调和”这两种绝对现象都是不存在的,而“矛盾的中庸状态”则是长期存在的;它可以是一种客观存在的状态,也可以是一种主观自觉追求的结果。

然而,从不同的角度看待不同的矛盾关系,却可以看出人类社会这种特殊的现象乃是由众多的矛盾关系所构成的;囿于人类认知,我们观察到的矛盾关系却总是有限的,由此建立不同的思想理论,也就因为观察角度的不同,可以得出不同的结论。而以孔子为代表的儒家和以老子为代表的道家,也因为对矛盾的观察角度不同,形成了不同的思想面貌。

关于儒道的区别,历来有许多阐述,很难形成定论。如李泽厚先生认为:“表面看来,儒、道是离异而对立的,一个入世,一个出世;一个乐观进取,一个消极退避;但实际上它们刚好相互补充而协调。”[①]又有人认为:“道家主张复归于自然无为的社会状态,在原始的混沌中保持与维护人的纯真本性。老庄哲学、特别是庄子,倾向于以个体否定群体,以追求个体自我的精神自由为根本情趣。儒家则对自然往往抱有某种政治伦理上的功利主义态度,他们依据自己对自然的理解,来谋划一种君臣、父子、夫妇各安其分的宗法等级结

---

① 李泽厚:《美学三书》,天津社会科学院出版社 2003 年版,第 49 页。

构，主张人类社会的这种秩序体现着自然之道，因而是合理的、必然的。"①简言之，就是儒家讲入世，道家讲出世；儒家讲个性修养，道家讲天性放纵。这两种观点具有代表性。但是，从社会矛盾的角度来看，这些观点还是值得商榷的。其一，道家与儒家，都具有强烈的批判世俗的精神，也都看到了各种"欲望"所引起的纷争乃是社会问题、社会矛盾的焦点。其二，道家与儒家，也都积极提出了解决社会问题的主张。儒家认为，若对欲望不加任何控制和调节，则会引起众多的社会纷争，导致社会的无序和混乱状态，为此就要提倡个体的修养，用"仁义礼智"来调节人的欲望与言行。这种理论凸显了儒家所观察到的矛盾双方，一方是人的欲望，一方是社会的有道状态，他们主张把这一对矛盾调整到"中庸状态"，以防出现极端的"无道状态"，给民生带来严重的灾难。道家则认为，欲望出于天性，在"自然"的状态下，它是不会引起问题的；而人类偏离自然之道，人为制造了很多东西来刺激人的欲望，这样社会就乱了。一方面用功名利禄、难得之货来刺激人的欲望和追求，一方面又要人们控制自己的欲望，这实际上形成了一种悖论。因此，还不如"不见可欲"使人做到自然"无欲""寡欲"，使之合乎自然之道，就用不着花那么大的力气来调节人们的欲望，人们也完全可以任天而行了。由此凸显了老子所观察到的"矛盾双方"，一方是"自然之道"，一方违背自然之道的社会欲望以及管理社会欲望的方法和制度，以此提倡"守中"，就是用"道"来审视人的社会欲望以及管理欲望的方法，消除它的偏颇，回归到"自然"的状态，恢复社会的正常秩序。从这个层面来看，老子也渴望人类社会的理想状态，并不主张人们恣意放

---

① 高晨阳：《阮籍评传》，见匡亚明主编《中国思想家评传丛书》，南京大学出版社2011年版，第137页。

纵自己的行为,也不希望看到天下大乱的状态,他只是追求一种类似于儒家的“随心所欲不逾矩”境界而已。因为在他看来,在合乎“自然”状态下,人们的“随心所欲”是不会产生社会问题的。由此看来,老子对人类社会具有高度的关注之情和深重的责任感,称之为“出世”。说他撒手不管人间之事,这显然是不妥当的。

对孔子及老子思想进行公理化研究,就必然会涉及他们观察社会矛盾的不同角度。而上述的比较,也就呈现了儒家之“中庸”与道家之“守中”的不同之处。

其一,儒家之“中庸”、道家之“守中”,在层次及应用范围上是不同的。陈鼓应先生认为:“老、孔为同一文化传统的继承者,所以他们的思想有颇多相似处,例如:(1)守中的观点,(2)以和为贵的心态——人和自然的和谐关系。”①老子的思想体系和中庸的哲学基础和方法论具有同构性,而老子的守中思想和孔子的中庸之道都主张用中,反对过与不及,主张以守中或中庸的方式把握矛盾双方的对立统一及其转化,以掌握正确认识世界和处理问题的根本。从这一点来说,守中与中庸是相似的。

然而,守中与中庸的层次是不同的,差异很大。一般说来,老子的守中思想涵盖了天道与人事、自然与社会的所有方面,而以孔子为代表的儒家中庸之道则多集中于道德与政治等人事方面,可以认为中庸之道是老子守中思想在道德和政治等人事领域的应用和发展。作为方法论来说,中庸之道更多充满经世致用的色彩。儒家之“中庸”着眼于人类社会的内部矛盾,他们指出的“欲望”“纷争”是人的欲望,是社会的纷争,而“有道状态”也是人类社会的有道状态。而道家之“守中”,则着眼于人类社会与天地自然(即人类所处

① 陈鼓应:《老庄新论》,商务印书馆 2008 年版,第 35 页。

的外部世界)的矛盾,是一种“内外矛盾”,他们指出人类的“欲望”并不全然是人的特性,更大程度上还体现了天地自然的“规定性”;而人们对此缺乏宏观的认识,因而在看待欲望、驾驭欲望以及处理欲望的社会行为上出现了偏差。也就是说,对外部世界认识不足,对自身的自然属性认识不足,导致了治理社会时的种种偏差。研究者认为,老子的“不如守中”的“中”,是指遵守客观存在于天地之间的万事万物所蕴含的宇宙总规律,万事万物发展过程中最原始本真的中庸状态,“中”的状态实质上也就是老子“道”的状态。因为宇宙、天地本身即是一个大中和,违反中和,天地尚且不能存在,何况人类?世界中和不是人为的中间路线,或任意的调和、折中,而是天地的自然作为。①

基于对人类社会的不同视角,孔子和老子提出了不同的治理社会的主张。孔子主张的可以说是一种“自我平衡法”:病根子出在人类身上,手术刀也掌握在人类手上,人们只有靠自我修养、调节欲望,才能化解纷争,管理好人间社会。而老子主张的可以称为一种“自然平衡法”,因为从自然的角度来看,人类的“病症”严格来说并非真病,而是人类误以为它是一种病态,并施加了不恰当的治疗或实施了“过度治疗”,只要认识自然之道,按照它的法则和规律行事,就不会误以为人类有“病症”,而这种臆想出来的“病症”也不会带来致命的后果;相比之下,反倒是不恰当的治疗会给人类带来损害。说到底,如同其他生物种群一样,人类社会也受一种“自然的平衡法则”所支配;这种“自然的平衡法则”是根本性的,作用更大,而人类“自我的平衡法则”只不过起到修修补补的作用。如果过于夸大人类“自我的平衡法则”,忽视乃至于破坏“自然的平衡法则”,那将给

① 史德新:《论老子守中思想与孔子中庸之道的异同》,《求索》2010年第5期。

人类带来灾难。而从层次来看,人类的"自我平衡法则",与其他生物种群的"自我平衡法则",也都是要接受"自然平衡法则"驾驭的。

其二,从辩证法的角度来看,守中与中庸思想在阐述矛盾关系时各有其优点和不足。

以往的研究者也曾注意到守中与中庸思想的区别。研究者认为,老子的守中思想比儒家的中庸之道更注重矛盾的对立和相互转化,前者是辩证的、积极的,后者虽有辩证的因素,却也存在消极的成分。从本质上说,老子的守中思想更倾向于动态的和谐,强调世界的变动性及矛盾的转化和发展,主张通过不断的更新和斗争,达到更高层次的和谐。而中庸之道对和谐的追求更多在静态的层面。"中庸"观虽有合理处理矛盾、保持和谐稳定的长处,但它忽略了对立面的斗争与转化,看不到事物的自我否定和质变,这是"中庸"观的主要缺陷。儒家把中庸之道所包含的合理因素加以绝对化,过分看重矛盾双方统一的一面,而对其对立的特点及相互转化重视不足。在新旧制度更替时显得尤为突出,此时中庸之道带有一定的"守成"色彩。它虽然也承认发展,却并不主张发展就要超出量的限度,一如它虽然也承认矛盾,却力图使矛盾斗争保持在一定范围内。这样一种形而上学的痼疾,终究使它的辩证法大打折扣。这实际上反映了传统中庸思想辩证法精神的不彻底性①。张岱年先生说:"中庸的观念认为凡事都有一个标准,也就是一个限度,超过这个限度和达不到这个限度是一样的。这里包含对立面相互转化的观点,这是正确的。但是中庸观念又要求维护这个标准,坚持这个限度,防止向反面转化,没有促进发展变化的观点,这是中庸思想的局限。在日常生活中,确实需要无过无不及,如饮食衣着之类。但

---

① 史德新:《论老子守中思想与孔子中庸之道的异同》,《求索》2010年第5期。

科学的发展有时需要突破传统观念,社会的进步更需要打破传统的束缚。在这些问题上,中庸观念就成为前进的阻碍了。我们现在要对中庸观念进行全面的分析。"①

其实,从"动态与辩证""静态与不够辩证"去谈"守中"与"中庸"的区别,未必能切中要害,而且带有用"斗争""发展"等眼光来评判的痕迹。事实上,中庸观念的不足,主要跟它孤立地看待矛盾这一点有关。按照辩证法的观点,矛盾不是孤立的,各种矛盾虽有主次之分,但它们之间是相互作用、相互关联的。按照宋儒的说法,儒家思想讲的主要就是"内圣"和"外王",但内圣与外王的有机结合,总是显然不够紧密。我们在做先秦儒家经典的公理化研究时,也总是感觉到两者之间的逻辑关系显得不够顺畅自然。儒家在谈个人修养时,从个体的内在动机去找矛盾,等于是将"性善""性恶"作为矛盾的双方。这是合理的,但孤立地看待这一矛盾则是有问题的。按照马克思的观点,人是一切社会关系的总和,为此"性善""性恶"之矛盾与一切社会关系、现实生活的矛盾是交织在一起的,其他各种矛盾对"性善""性恶"之矛盾起到很大的作用,影响这一对矛盾的表现状态和发展状态;但儒家对这一点显然考虑不足,致使从"内圣"到"外王"缺乏紧密的逻辑关系。因为"内圣"很大程度上并没有介入现实生活的种种矛盾,而"外王"则必须介入现实生活的种种矛盾;这等于是从单一矛盾出发来解决复杂矛盾,自然就不好处理了。儒学发展到宋明理学阶段,给人的感觉是专注于"内圣",基本上抛弃了"外王",或者说对"外王"的讨论显然有些虚无缥缈,就与上述的理论缺陷有关。反过来看,由于对现实生活的矛

---

① 张岱年:《中国古典哲学概念范畴要论》,中国社会科学出版社 2000 年版,第 179—180 页。

盾考虑不足,对人性之矛盾的讨论也就显得越发抽象了。

相比之下,老子的守中思想不存在孤立地看待矛盾这一问题。因为在守中思想之中,矛盾的双方分别是“自然之道”与“人类社会之偏”,实质上也是“无限性”和“有限性”的矛盾,两者其实就是无数矛盾的复合体,都不是单一性质的矛盾,已经把矛盾的总和考虑进来,自然就不会有孤立看待矛盾的问题了。就这一点来说,体现了“守中”的高明之处。

但是,老子的“守中”也难免有所疏忽。胡适指出:“道家的流弊在于信天太过,以为人事全无可以为力之处,势必造成一种听天安命,靠天吃饭的恶劣心理。”①后世的道教,迷信画符念咒、吞刀吐火之术,表面看起来与道家思想关系不大,实际上也有“通天就可以出神入化、无所不为”的思想认识在内。从矛盾的对立统一关系来看,这是过于强调矛盾的对立关系而不注重其统一关系所造成的。事实上,“自然之道”和人类社会是存在对立关系的,人类社会也的确有一意孤行、偏离自然之道的表现;但是,人类社会和“自然之道”本身又有统一关系,或者不由自主地按照“自然之道”去作为(任天而为),或者自觉地按照“自然之道”去作为(如遵循四季变化安排农业生产),并非总是一意孤行。具体而言,人类的一切作为,如政治、军事、经济、文化等等,也总是具有体现“自然之道”的一面,由此抽象出来的功业、道德,等等,并不是完全脱离“自然之道”、纯属人造的概念。上述这一切,鲜明体现了人类社会与自然之道的统一关系。老子强调人类认知与行为之偏而努力纠正之,为此也就在很大程度上忽略了人类社会与自然之道的统一关系,结果造

① 胡适:《〈淮南子〉的哲学》,《胡适文集》第1卷,花城出版社2013年版,第183页。

成了听天安命、靠天吃饭的心理,否定了人类认识并掌握自然规律、顺应自然规律的积极作为,给人造成一种反文明、反社会、反科学技术的印象。从这一点来看,老子的"守中"又不如高度重视人类作为的儒家"中庸"思想了。

四、《老子》的公理化诠释之框架

用公理化的方法诠释《老子》,提炼出道家思想的内在逻辑体系,是将《老子》众多语句整理成一个演绎系统,即在给出一些定义和基本假设以后,形成若干公理,并以逻辑推理的方法,推导和证明众多蕴含在《老子》中反映道家思想的系列命题,从而将隐含在《老子》中的道家思想的逻辑体系凸显出来。

我们在给出定义、基本假设和公理的基础上,把《老子》的内容分为四个部分,分别是《明道篇》《贵德篇》《治国篇》《摄生篇》,对每一篇的命题(定理)和推论进行梳理和论证,并作相应的例证与说明。它们是一个有机整体,各篇内部也有其内在严密的逻辑关系,图示如下:

《明道篇》共有21个命题，主要是说明老子关于“道”的基本概念以及人如何才能认识或体悟“道”。T1－1至10，说明了道自身以及道与万物的关系；T1－11至16，说明了人的两种认知或体悟状态“智”和“明”以及相互关系；T1－16至21，说明了体悟“道”的路径、方法和步骤。

《贵德篇》共有23个命题，主要阐述顺应自然之德以及修德之方、修德之用。T2－1至T2－3指出顺应自然方为德以及如何做到这种德；T2－4至T2－10重点阐述贪欲、智巧为修德之害，而淡化两者的方法为知足、处下、柔弱、不争等；T2－11至T2－13阐述圣人之表象与心智状态；T2－14至T2－23阐述实践“德”的诸多方面。

《治国篇》共有28个命题，主要论述遵循自然的治国之道。T3－1至T3－2论述合乎自然、圣人引领的社会是理想社会；T3－3至T3－5阐述有道社会的特征是和谐自然，百姓安居乐业，无需礼法；T3－6至T3－8讨论良治的基本模式、表现及其实施；T3－9至T3－16指出治国方式是循道、循古，不可崇尚智慧、贤能、仁义、礼法、功德、奇货等；T3－17至T3－24指出在用兵、外交、为君、行政、治民等方面均要遵循“守柔”之道；T3－25至T3－28指出君主的修养在于刚柔并济、修德修信。

《摄生篇》共有22个命题，主要阐述如何实现关爱自我的生命与关爱他人的生命统一，而真正实现这一点必须以“自然”为原则。命题T4－1指出其根本原则是效法自然；命题T4－2至T4－6指出如何保持虚静、淡薄、淳厚的心境以及淡化自我的嗜欲，以之作为效法自然的基础；命题T4－7至T4－10指出基于自然原则的财富观，如何正确对待财富与生命的关系；命题T4－11至T4－14指出基于自然原则的祸福荣辱观，以知足不辱、为而不恃为核心；命题T4－

15 至 T4－19 指出基于自然原则的强弱论、争与不争、巧拙论；命题 T4－20 至 T4－22 指出个体与万物共生的原则。

我们可用树形图来描绘《老子》的公理化体系之框架，其中树的根部代表定义、基本假设，主树干代表公理，主枝代表根据基本假设及公理演绎推导出来的命题，分枝代表由命题演绎推导出来的推论，而枝叶代表与命题和推论相关的例证及说明。

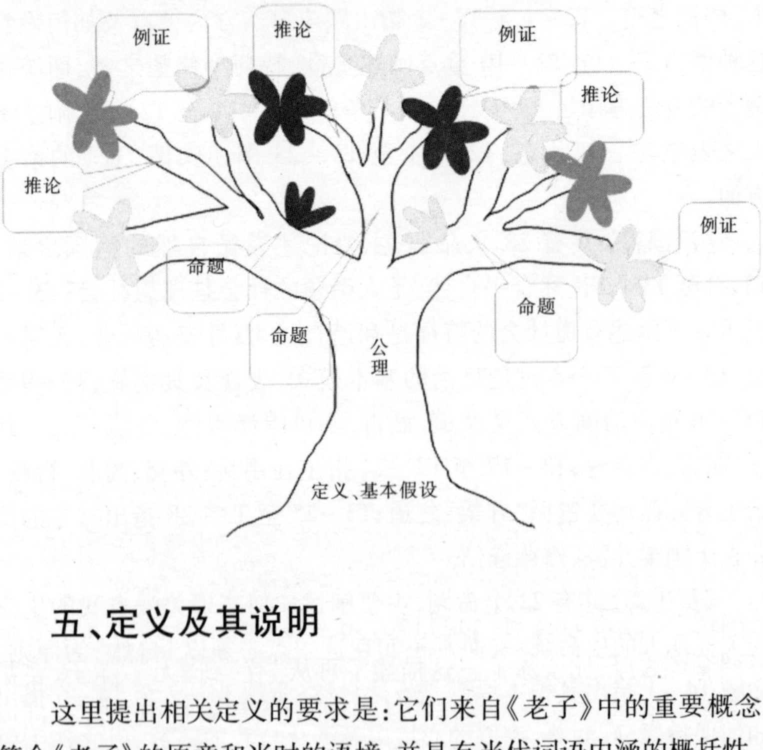

五、定义及其说明

这里提出相关定义的要求是：它们来自《老子》中的重要概念，符合《老子》的原意和当时的语境，并具有当代词语内涵的概括性。

1.（德）“德”是万物自在自为过程的总称，也指人对此过程的认识以及顺应此过程的品行。

【参见《老子》条目】

孔德之容,惟道是从。(第21章)

故从事于道者,同于道;德者,同于德;失者,同于失。同于德者,道亦德之;同于失者,道亦失之。(第23章)

知其雄,守其雌,为天下溪。为天下溪,常德不离,复归于婴儿。知其白,守其辱,为天下谷。为天下谷,常德乃足,复归于朴。(第28章)

上德不德,是以有德;下德不失德,是以无德。(第38章)

上德若谷;大白若辱;广德若不足。(第41章)

道生之,德畜之,物形之,势成之。是以万物莫不尊道而贵德。道之尊,德之贵,夫莫之命而常自然。故道生之,德畜之;长之育之;亭之毒之;养之覆之。生而不有,为而不恃,长而不宰,是谓“玄德”。(第51章)

含德之厚,比于赤子。(第55章)

常知稽式,是谓玄德。玄德深矣,远矣,与物反矣,然后乃至大顺。(第65章)

说明:《庄子·天地》说:“物得以生,谓之德。”德指万物自在自为的过程。这个过程可描述为从“无”到“有”再到“无”,而不只是单从“无”到“有”。《老子》第二十一章说:“孔德之容,惟道是从。”这描述了从“无”到“有”,道可无,无生有,有生万物;第五十五章说:“含德之厚,比于赤子。”这描述了再从“有”到“无”,赤子、婴儿等都是“无”的意象。人是具有认识能力的,能够认识到这个过程并顺应这个过程,这就是人的“德”。《老子》常将人的此种“德”称为“上德”“孔德”“玄德”“常德”和“恒德”等。人的“德”突出体现在可以认识并主动顺应“德”。第二十八章说:“知其雄,守其雌,为天下溪。为天下溪,常德不离。常德不离,复归于婴儿。知其白,守其辱，为天下谷。为天下谷，常德乃足。常德乃足，复归于朴。”这里强调了常德是知雄守雌，复归婴儿，就是对“德”的从“无”到“有”再到“无”的认识和顺应。同样，第五十一章和第六十五章也是在说明此意。

2.（欲）“欲”指人对财富、名声和权力的追求，这种追求可能违背“自然”。

【参见《老子》条目】

不尚贤，使民不争；不贵难得之货，使民不为盗；不见可欲，使民心不乱。是以圣人之治，虚其心，实其腹，弱其志，强其骨。常使民无知无欲。使夫智者不敢为也。为无为，则无不治。（第3章）

见素抱朴，少私寡欲。（第19章）

道常无为而无不为。侯王若能守之，万物将自化。化而欲作，吾将镇之以无名之朴。无名之朴，夫亦将不欲。不欲以静，天下将自正。（第37章）

咎莫大于欲得；祸莫大于不知足。故知足之足，常足矣。（第46章）

是以圣人欲不欲，不贵难得之货。（第64章）

说明：“欲”是关于人的名。如果说道和万物（包括人）的自在自为过程是一个“自然”过程，那么人为什么会变得不“自然”呢？这是因为“人”有“欲”，且人的“欲”（对于财富、名声和权力）可能违背“自然”。老子并不主张“去欲”，而是主张“少欲”，这说明老子并非完全否定一切对财富、名声和权力的追求，而是否定可能导致不“自然”的过分追求。老子在绝大多数场合谈到的“欲”是特指那种将导致不“自然”的“欲”，包括“尚贤”（也就是追求名声）、“贵难得之货”（也就是追求财富）、“有为”（也就是追求权力）。

3.(智)“智”一般意义指人对对象的认识能力和对个人行为的抉择能力,也特指人为满足“欲”的过分追求而产生的那种机巧智慧。后者往往对统治者而言。

【参见《老子》条目】

天下皆知美之为美,斯恶已;皆知善之为善,斯不善已。(第2章)

常使民无知无欲。使夫智者不敢为也。(第3章)

绝圣弃智,民利百倍。(第19章)

说明:老子并不反对一般意义上的“智”,而是反对那种机巧智慧。这种智慧与人的“欲”的过分追求密切相关,或者说就是为了满足过分欲望而形成的智慧。所以,老子劝说“无知无欲”。《老子》第65章还说:“古之善为道者,非以明民,将以愚之。民之难治,以其智多。故以智治国,国之贼;不以智治国,国之福。”管理民众就是不让民众有智,管理者自身也不以智治国。

4.(观,明)“观”是人知“道”的途径;“明”是人的内在生命力的自我观照能力。

【参见《老子》条目】

复命曰常,知常曰明。(第16章)

知人者智,自知者明。(第33章)

见小曰明,守柔曰强。(第52章)

故常无,欲以观其妙;常有,欲以观其徼。(第1章)

致虚极;守静笃。万物并作,吾以观复。夫物芸芸,各复归其根。归根曰静,静曰复命。复命曰常,知常曰明。(第16章)

故以身观身,以家观家,以乡观乡,以邦观邦,以天下观天下。吾何以知天下然哉?以此。(第54章)

说明:“观”是人知“道”的途径,也是达到“明”境的途径。老子对于“观”提出了一些角度和暗示，但没有详细说明“观法”，因此，老子的“观”带有一定的神秘感。“观”不是靠五官实现的，而是靠“心”的感知、体认等手段实现的，但与局限于人类之“有”的感知、体认、分析、思考形成本质上的区别。“明”是老子特别提出的一个概念，以区别“智”。它也是人能真正悟道这一认识能力的保证。

5.(静)“静”是涤除了过分的“欲”与机巧性“智”的干扰而达到的内心澄明状态。

【参见《老子》条目】

虚其心，实其腹，弱其志，强其骨。(第3章)

致虚极；守静笃。万物并作，吾以观复。夫物芸芸，各复归其根。归根曰静，静曰复命。复命曰常，知常曰明。(第16章)

说明:“虚”就是“无”，到达虚的极致就是感悟到“道”的无限可能性。人的领悟和认识能力如果能达到如此，便是“静”。因此，“静”是特指人内在的“无”。

6.(身)“身”指人的内在生命力与外在欲望的统一体。

【参见《老子》条目】

是以圣人后其身而身先；外其身而身存。非以其无私邪？故能成其私。(第7章)

功遂身退，天之道也。(第9章)

载营魄抱一，能无离乎？(第10章)

宠辱若惊，贵大患若身。(第13章)

欲先民，必以身后之。(第66章)

说明:老子对人的认识分为两个方面：内在生命力和外在欲望，这两个方面的统一就是人。由于人是万物之一，因此这两个方面与“无”和“有”的概念是对应的，内在生命力精微，但充满力量，这就是“无”；外在欲望是身体感官的功能，这就是“有”。从人的认识角度说，内在生命力体现为“明”；外在欲望表现为“智”。不过，在阅读《老子》时需要注意的是，老子在某些地方谈到“身”时侧重指内在生命力，如第十三章的“贵身”的说法；在某些地方侧重指“外在欲望”，例如第六十六章“欲先民，必以身后之”，这里的“身”指个人欲望，也就是说，统治者想居民之上，必先将自己的欲望放在民的欲望之后。其实，这种“后其身”的说法根本上依然是贵身，因为统治者需要更注重“内在生命力”的澄明，这才是真正的“贵身”。虽然欲望是不能消除的，但“贵身”不是贵欲望的满足。

7.（无私）“无私”指消除过分的“欲”和机巧性“智”之后而达到的能包容万物的心理状态。

【参见《老子》条目】

天地不仁，以万物为刍狗，圣人不仁，以百姓为刍狗。（第5章）

是以圣人后其身而身先；外其身而身存。非以其无私邪？故能成其私。（第7章）

见素抱朴，少私寡欲。（第19章）

是以圣人常善救人，故无弃人；常善救物，故无弃物。（第27章）

说明：人是万物之一，是“有”，因此就是“可名”的，只要人用自己的智去“名”，就意味着划分界限，这种界限对于人来说就是亲疏尊卑的表现。因此，儒家重视“正名”，其目的也就是确立等级秩序。老子认为这种“名”是必要的，可以告诉我们行动的界限，但不是至高无上的，我们必须回到“无”，回到本初状态，才能真正不让这种界限成为生命力的束缚。消除过分欲望和技巧性智慧后而达到的能包容万物的心理状态就是“道”的状态。所以，圣人与“道”一样，以百姓为刍狗而无偏爱，这其实也是为了保存和尊重百姓那质朴的生命力不至于被扭曲。

8.(功)“功”指万物的自在自为状态,也指人自觉维护符合“自然”的社会秩序的活动。

【参见《老子》条目】

功成而弗居。(第2章)

功遂身退,天之道也。(第9章)

功成事遂,百姓皆谓:“我自然。”(第17章)

自伐者无功。(第24章)

说明:“功”在一般意义上与“德”是对应的概念。“功”者,“德”也。对于人的“功”来说,由于人有认知能力,能主动去顺应自然,因此,人的“功”还着重强调了这种自觉活动。正是这种自觉的顺应“自然”的活动表明那些“居功”“自伐”者由于违背自然而“无功”。

9.(圣人)“圣人”指有“德”的治国者。

【参见《老子》条目】

是以圣人处无为之事,行不言之教。(第2章)

是以圣人为腹不为目,故去彼取此。(第12章)

是以圣人执一为天下式。(第22章)

圣人不积,既以为人己愈有,既以与人己愈多。(第81章)

说明:“圣人”是老子提出的理想的治国者。这样的统治者能够认识到自然之过程,并努力地、自觉地在治国中顺应“自然”。

10.(无为)“无为”指顺应“自然”不刻意作为更不妄为的行动原则。

【参见《老子》条目】

是以圣人处无为之事,行不言之教。(第2章)

为无为,则无不治。(第3章)

爱民治国，能无为乎？（第10章）

我无为，而民自化。（第57章）

为无为，事无事，味无味。（第63章）

说明：老子认为“道法自然”，“归根曰命”，“自然”就是万物的“命”。所以老子所谓的“命”与“原初状态”是一个意思。具有欲望和智慧的人脱离不开万物，因此，人的行动原则当然就是顺应“自然”。然而，“无为”不意味人没有行动，也不意味人可以不需要任何思考像动物一样行动，而是将可能违背自然的刻意行动和妄加行动排除在有意义的行为之外。

11.（不争）“不争”指消除了过分的“欲”和机巧性“智”后而形成的处世态度。

【参见《老子》条目】

不尚贤，使民不争；不贵难得之货，使民不为盗；不见可欲，使民心不乱。（第3章）

上善若水。水善利万物而不争，处众人之所恶，故几于道。（第8章）

夫唯不争，故天下莫能与之争。（第22章）

天之道，利而不害；圣人之道，为而不争。（第81章）

说明：老子认为“道”可“无”，表面上好像很“柔弱”，但精微处充满力量。万物都是自然的，没有被强迫，但总是有着源源而来的活力。“不争”的处世态度就是对此的反应。“不争”不是退却、懦弱和胆小，反而是更有内在的力量。当欲望过分追求外在的财富、权力和名声，而“智”为满足这种追求却丧失了回归“无”的能力时，人不是变得更强大，而是变得更脆弱了，因为这个时候我们丧失了那充满力量的内在生命力，堵塞了滋养生命力的源泉。

12.（言）“言”指治国者的政令教化。

【参见《老子》条目】

是以圣人处无为之事,行不言之教。(第2章)

多言数穷,不如守中。(第5章)

不言之教,无为之益,天下希及之。(第43章)

知者不言,言者不知。(第56章)

天之道,不争而善胜,不言而善应,不召而自来,繟然而善谋。(第73章)

说明:“道”不可名,也不可言;其实不需名,也不需言。治国者的“言”更要慎重,多言可能伤害百姓的“自然”,所以老子主张“贵言”甚至“不言”。

13.(慈、俭)“慈”指柔和而不激烈的博爱品质;“俭”指坚韧而不孤傲的节制品质。

【参见《老子》条目】

绝伪弃诈,民复孝慈。(第19章)

治人事天,莫若啬。(第59章)

我有三宝,持而保之。一曰慈,二曰俭,三曰不敢为天下先。慈故能勇;俭故能广;不敢为天下先,故能成器长。今舍慈且勇;舍俭且广;舍后且先;死矣!夫慈,以战则胜,以守则固。天将救之,以慈卫之。(第67章)

说明:“慈”不是有差等的爱,而是表面上柔和、不激烈内在却广博无边的爱,显示了得“道”之人的真正的“无私”境界。“俭”就是“道”之“不盈”在人身上的体现,诸如坚韧有力量,勇敢顽强、胸襟宽阔而不孤傲等。这两种品质是“圣人”的典型德性。从这两种德性可以看出,老子并不主张成为一个完全出世的隐士。

14.(柔弱)“柔弱”指不刻意展露自身强势的态度或行为,是一种高级的守中方式。

【参见《老子》条目】

人之生也柔弱,其死也坚强。草木之生也柔脆,其死也枯槁。故坚强者死之徒,柔弱者生之徒。是以兵强则灭,木强则折。强大处下,柔弱处上。(第76章)

说明:柔弱者,往往代表新生事物,具有充沛的生命力,将克服与排除干扰行进者自身的生命历程。老子揭示了"柔弱胜刚强"的道理,也表现为"阳刚阴柔"的守中方式,从而找出两者转化的条件,提炼事物发展变化的规律。

六、基本假设及其说明

基本假设是论述一个演绎系统的前提,可以作为形成公理与证明命题的依据。

1."道"是任何"某个(类)"的综合。它无特定含义,有指向但不指向任何"某个(类)",也被称为"常""常道"等;"道"是天地万物的根源,具有无限的创造力。

2."道"可"无",精微处充满力量;"无"生"有",恍惚中混成迹象。精微而潜在的力量势在必发,为天地之始。道可"无"意味着道的无限可能性。"有"指万物之母,也就是万物的形成。"有"生万物,万物复归于"无"。万物需要"道"的滋养,"道"常在以助万物之生。

3."无"的无限可能性与"有"的有限现实性构成矛盾,矛盾是按量变到质变、肯定—否定—否定之否定的规律而发展的。"无"与"有"的统一才是"道"的圆满状态。

4.任何事物及其与外部环境都构成矛盾的对立统一体。相比其他物种,人与人之间、人与外部环境之间的矛盾具有特殊性:(1)

人类社会在不自为状态下出现的矛盾，通常处于稳定状态（称为“自然”或合乎“道”的状态）；（2）人类社会在自为状态下出现的矛盾，有可能处于不稳定状态（称为“不自然”或偏离“道”的状态）。在后一状态下，人类社会与外部环境冲突尖锐，社会内部动荡不安，最终可能毁灭自己。

5. 人的认知和行为的理想状态是“守中”，既看到“有”又坚守“无”。由“无”的无限可能性与“有”的有限现实性这一矛盾所决定，人类的思维和行为具有两面性：一面是不能正确认识“道”及其产生的“不自然”行为，另一面是能够正确认识“道”从而合乎“自然”的行为。“守中”可以促成人与人之间、人与外部世界之间的均衡。

关于基本假设的说明：

1. 基本假设1是从《老子》的以下各章中提炼概括出来的：“道可道，非常道；名可名，非常名。”（第1章）“吾不知其名，强字之曰‘道’，强为之名曰‘大’。”（第25章）“道常无名、朴。虽小，天下莫能臣。”（第32章）“衣养万物而不为主，可名于小；万物归焉而不为主，可名为大。”（第34章）

基本假设1指出：“道”是“名字”，而不是“名”。名字就是一个符号，没有特定的内涵，无法说“道是什么”；名是概念，有特定的内涵，才可以说“某是什么”。然而，“道”并不意味着没有指向，只是不指向任何“某个（类）”。有指向但不指向任何“某个（类）”就意味着任何“某个（类）”的综合。“综合”不是“总合”。一般我们说“总合”是把一个个或一类类的“某”加起来，就像用一粒粒的谷子堆成一堆谷堆一样。“综合”不是加起来，而是把任何“某个（类）”合进去，或者把任何“某个（类）”剥离开来，它既没有增加什么，也没有减少什么。为什么呢？因为它本身很“大”，可以包容一切，没有什么能给它增加；它本身又很“小”，小到无法感觉到它的存在，没有什么能给它减少。这个意义上的“道”，在《老子》中还被称为“常”“常道”和“恒道”等。

2. 基本假设2是从《老子》的以下各章中提炼概括出来的：“无，名天地之始；有，名万物之母。”（第1章）“道冲而用之或不盈。渊兮，似万物之宗；湛兮，似或存。吾不知谁之子，象帝之先。”（第4章）“谷神不死，是谓玄牝。玄牝之门，是谓天地根。绵绵若存，用之不勤。”（第6章）“视之不见，名曰‘夷’；听之不闻，名曰‘希’；搏之不得，名曰‘微’。此三者，不可致诘，故混而为一。其上不皦，其下不昧，绳绳兮不可名，复归于无物。是谓无状之状，无物之象，是谓恍惚。迎之不见其首；随之不见其后。”（第14章）“道之为物，惟恍惟惚。惚兮恍兮，其中有象；恍兮惚兮，其中有物；窈兮冥兮，其中有精；其精甚真，其中有信。”（第21章）“有物混成，先天地生。寂兮寥兮，独立不改，周行而不殆，可以为天下母。”（第25章）“道生一，一生二，二生三，三生万物。万物负阴而抱阳，冲气以为和。”（第42章）“反者道之动；弱者道之用。天下万物生于有，有生于无。”（第40章）“夫物芸芸，各复归其根。”（第16章）“吾不知其名，字之曰道，强为之，名曰大。大曰逝，逝曰远，远曰反。”（第25章）“衣养万物而不为主，可名于小；万物归焉而不为主，可名为大。”（第34章）“天下有始，以为天下母。既得其母，以知其子；既知其子，复守其母，没身不殆。”（第52章）

基本假设2指出：“无”指天地之始，也就是一切的开端。“开端”必定储备着动力，也就是潜在的能量，不然就无以“开端”。没有什么能增加和减少“道”，表明它本身是有力量的。充满力量的“道”必然会成为万物的开端。精微而潜在的力量虽然势在必发，却还没有明确的指向，因此它的名是“无”。当“无”用来指称万物之始时，道可“无”意味着道的无限可能性。“无”作为最抽象的“名”，完全是超越经验和可感现象之上的名。因此，“道”是形而上的“本”，“无”是形而上的“体”。《老子》中的“朴”“虚”“弱”“雌”“不盈”等说法以及“水”和“婴儿”的喻相都指向这个形而上的“本体”。

“有”指万物之母，也就是万物的形成。“有”这个名不是超越经验和可感现象之上的名，而是对经验的和可感之万物的抽象，因此相比“无”来说，是次抽象的名。在本体意义上，蓄势待发的“无”创生出经验意义上抽象的“有”，这意味着完成了从本体论到宇宙论的合理过渡。虽然作为抽象的“有”依然是恍惚的，但混成中有了迹象。“无”和“有”不是直接指称道，但表明了道在本体中的自我完成和向宇宙生成的转化。

“有”指万物之母，也可以说是对万物生成和发展过程的总称。万物虽然不能分割或者占有“道”，但其存在需要“道”的滋养。在从本体论过渡到宇宙生成论的过程中，万物似乎离开了“道”。然而，“道”总是常在，总在“周行”，以其“弱”（也就是充满力量的“无”的态势）辅助、成就万物之生。这样，万物就复归“无”而自生。

3. 基本假设3是从《老子》的以下各章中提炼概括出来的：“天地之间，其犹橐钥乎？虚而不屈，动而愈出。多言数穷，不如守中。”（第5章）“三十辐，共一毂，当其无，有车之用。埏埴以为器，当其无，有器之用。凿户牖以为室，当其无，有室之用。故有之以为利，无之以为用。”（第11章）“知其雄，守其雌，为天下溪。为天下溪，常德不离。常德不离，复归于婴儿。知其白，守其辱，为天下谷。为天下谷，常德乃足。常德乃足，复归于朴……朴散则为器，圣人用之，则为官长，故大制不割。”（第28章）

基本假设3指出:“道”是圆满而自足的。而在“无”生“有”的过程中,总是不全面的、偶然的、暂时的和难以长久的。这种矛盾,体现在万物上面,因为万物都是“无”生“有”的产物,人的认识和行为也是如此。为此,万物与人类均受到“无”的无限可能性与“有”的有限现实性这一矛盾的制约。

4. 基本假设4指出,在人类社会中,“无”的无限可能性与“有”的有限现实性这一矛盾有其特殊之处。一方面,人类不自觉不自为地接受了这一矛盾的支配,在这种情况下,矛盾自然而然呈现一种稳定状态;另一方面,人类借助于自己的思维和行为,对这一矛盾施加了各种作用力,在这种情况下,矛盾有可能依然保持稳定,也有可能因为人类的作用力变得不稳定。因为人类的作用力归根到底不能脱离“有”的有限现实性,故而加大这种作用力,有可能加剧“有”的有限现实性与“无”的无限可能性这一矛盾,其结果是人类社会与外部环境冲突变得尖锐,社会内部日益动荡不安,最终可能毁灭自己。

5. 基本假设5指出,在“无”的无限可能性与“有”的有限现实性这一矛盾面前,人类在认识和行为上保持“守中”(矛盾的平衡状态)是必要的,既自觉体现“道”又顾及人类的特性。具体而言,把握从“道”之“无”到生成万物之“有”的合适状态,就称为“守中”;实现这一状态,就称为“常”(“恒”);属于人类的“常”(“恒”)是“自然”状态在人类社会中的特殊体现。

七、公理及其说明

以下公理是从道家思想的特性和《老子》的众多章节提炼而成,相对来说,它们是得到公认、不证自明的,是命题推导与证明的主要依据。

A1 “自然”是道从“无”到“有”再到“无”的自在自为过程

【参见《老子》条目】

夫物芸芸,各复归其根。(第16章)

悠兮其贵言。功成事遂,百姓皆谓:“我自然。”(第17章)

吾不知其名,强字之曰“道”,强为之名曰“大”。大曰逝,逝曰远,远曰反。(第25章)

人法地,地法天,天法道,道法自然。(第25章)

衣养万物而不为主,可名于小;万物归焉而不为主,可名为大。(第34章)

反者道之动;弱者道之用。天下万物生于有,有生于无。(第40章)

天下有始,以为天下母。既得其母,以知其子;既知其子,复守其母,没身不殆。(第52章)

说明:公理A1指出,道是圆满而自足的。道的自我完成过程,并不意味着有任何对其本身的损伤或者补偿。从“无”到“有”再到“无”,也不意味着“有”和“无”之间的直接转换和线性循环。“无”是起点,也是根本,是不可见却无处不在的精微。道可无,是无限可能性;在“无”生“有”的过程中,总是不全面的、偶然的、暂时的和难以长久的。从“有”再到“无”看似“回归”“反复”,其实根本就离不开“无”。这种以“无”为基点的过程就是“自然”。

A2　由“智”入“明”就能悟“道”

【参见《老子》条目】

天下皆知美之为美，斯恶已。皆知善之为善，斯不善已。(第2章)

视之不见，名曰“夷”；听之不闻，名曰“希”；搏之不得，名曰“微”。此三者，不可致诘，故混而为一。(第14章)

致虚极；守静笃。万物并作，吾以观复。夫物芸芸，各复归其根。归根曰静，静曰复命。复命曰常，知常曰明。不知常，妄作凶。知常容，容乃公，公乃全，全乃天，天乃道，道乃久，殁身不殆。(第16章)

知人者智，自知者明。(第33章)

始制有名，名亦既有，夫亦将知止，知止可以不殆。(第32章)

天下有始，以为天下母。既得其母，以知其子；既知其子，复守其母，没身不殆。塞其兑，闭其门，终身不勤。开其兑，济其事，终身不救。见小曰明，守柔曰强。用其光，复归其明，无遗身殃；是为袭常。(第52章)

说明：老子反对那种以“正名”来确定社会秩序，并将此种作为当成人的最高智慧的社会现实(也就是维护“礼”的现实)，由此，老子说：“道可道，非常道；名可名，非常名。”在“可名”和“可道”之外才有真正的“道”。然而，老子对那种“可名”的智慧的反对并不是全然弃之，而是持一分为二的态度。一方面，老子肯定了人对对象的认识能力和对行动的抉择能力的重要性；另一方面，当“智”成为满足过分欲望的工具而丧失了回到“无”的能力，也就是忘记了生命的原初状态时,老子给予坚决的反对。背离了原初状态的“智”没有了根本,失去了力量之源,也违背了“道”与“自然”。老子对“道”的认识具有强烈的思辨色彩,也就是说,他提出的“道”不再是经验概念,而是通过概念之间的转换而得到的。这种通过纯理论思维而提出的“道”否定了原始宗教的神秘观念。然而,老子的“道”明显不是仅仅为否定原始宗教而提出的,更具有强烈的人文关怀。如果说天之道是从“无”到“有”再到“无”的周行,那么,人之道也是同样的,从充满力量的生命的“无”到把握和掌控对象的“有”,再回归到内在的“无”。这个过程可以概括为“由‘智’入‘明’”,通过这个过程就能悟“道”。老子在理解这个过程的时候没有完全否定“欲”和“智”,并认为人可以到达“明”,像“婴儿”一般的“明”就凸显了人的价值和意义,从而避免了消极的人生观。这是老子人文思想的重要表现。

A3 治国的基本理念是“上善若水”、从“无为”达到有为

【参见《老子》条目】

是以圣人处无为之事,行不言之教;万物作而不为始,生而不有,为而不恃,功成而弗居。夫唯弗居,是以不去。(第2章)

为无为,则无不治。(第3章)

爱民治国,能无为乎?(第10章)

道常无为而无不为。侯王若能守之,万物将自化。化而欲作,吾将镇之以无名之朴。无名之朴,夫亦将不欲。不欲以静,天下将自正。(第37章)

故圣人云:“我无为,而民自化;我好静,而民自正;我无事,

而民自富;我无欲,而民自朴。”(第57章)

说明:《老子》对当时为追求“功业”而争夺的治国者有清醒认识。“有为”恐怕是所有治国者的梦想,无论“为”的方式和途径什么。当主流意识认为国之强大关乎生死存亡之急时,人们总是在殚精竭虑寻找强大的策略。有的认为国之强大在于有“德”并能维护传统;有的认为国之强大在于有“力”并能震慑敌人,于是就产生治国的“王道”与“霸道”之争。老子以其超常的理论思考能力和经验洞察力,提出了“无为”的治国思想。当然,我们需要明白的是:“无为”不是什么都不做的完全消极状态,“无为”是不违背自然而刻意行为和妄为。在一定程度上,“无为”确实有退让消极的表象,但这种退让消极本身不是目的,而真正回到“道”的不可言说的精微处,这个地方恰恰是力量之源。

A4 圣人知“道”并“不争”

【参见《老子》条目】

居善地,心善渊,与善仁,言善信,政善治,事善能,动善时。夫唯不争,故无尤。(第8章)

我独异于人,而贵食母。(第20章)

夫唯不争,故天下莫能与之争。(第22章)

天之道,利而不害;人之道,为而不争。(第81章)

说明:老子肯定人的基本欲望和认知能力,这是在“人性”上确立人在万物中的主体地位。然而,老子对人性的肯定并不意味着是对每个个体的肯定,这表现在两个方面:(1)《老子》文本针对的是治国者,改变社会不“自然”的现状从根本上说依靠“治国者”的治理,即使这是一种“无为”的治理,它也还是治理而不是放任,完全不是依靠个体的力量和个体的觉醒；(2)从“人性”上确立人的地位不是为了争取个体的地位，而是为“圣人”(合格的治国者)的出现做理论上的铺垫。当社会个体在许多方面都存在巨大的差距时，老子不可能贸然把“自然”社会的理想寄托在占大多数的个体民众身上。只有圣人知“道”并“不争”，理想社会依靠圣人的治理，这依然是等级制度下的社会意识。

A5 摄生的基本方法是消除过分的“欲”和机巧性“智”

【参见《老子》条目】

常使民无知无欲。(第3章)

天长地久。天地所以能长且久者，以其不自生，故能长生。(第7章)

五色令人目盲；五音令人耳聋；五味令人口爽；驰骋畋猎，令人心发狂；难得之货，令人行妨。是以圣人为腹不为目，故去彼取此。(第12章)

宠辱若惊，贵大患若身。(第13章)

出生入死。生之徒，十有三；死之徒，十有三；人之生，动之于死地，亦十有三。夫何故？以其生生之厚。盖闻善摄生者，陆行不遇兕虎，入军不被甲兵；兕无所投其角，虎无所用其爪，兵无所容其刃。夫何故？以其无死地。(第50章)

说明：人是万物之一，是有形的，身体就是人的“形”。人也是“无”与“有”的统一，人的内在生命力就是人的“无”，人的身体感官欲望就是人的“有”。什么才是真正的摄生(养生)之道呢？既不是刻意去追求长生不老，当然也不是自我作死，而是顺应“自然”。顺应“自然”不一定长生不老，但比起刻意追求过分欲望(例如长生的欲望)和机巧性智慧(例如为了满足长生而想尽各种办法)，可能更能延年益寿。

第三章……….
明道篇

《明道篇》共21个命题,主要说明老子关于“道”的基本观念以及人如何才能体悟“道”。其中T1－1至T1－10,说明了道自身以及道与万物的关系;T1－11至T1－16,说明了人的两种认知或体悟状态“智”和“明”及其相互关系;T1－16至T1－21,说明了体悟“道”的路径、方法和步骤等。这章及后续三章的命题或推论,是从《老子》原文中提炼出来的判断,需要对它们进行证明。这些命题蕴含了道家思想的现代价值。

T1－1　道自在,万物自在

【参见《老子》条目】

道常无为而无不为。(第37章)

证明:依据基本假设1,“道”是任何“某个(类)”的综合。从定义1可知,“德”是万物自在自为过程的总称。再依据公理A1,“自然”是道从“无”到“有”再到“无”的自在自为过程。于是,道是“无”和“有”的统一,是自在自为的,且“道”统领着“德”,万物就是“无”和“有”的变换过程。因此,道自在,万物自在。

例证和说明:道即是常道,是完全自在的规律性。这种自在的规律性不仅作为一种先于天地万物而存在的混成之物,而且贯穿于天地万物之中，成为客观世界的普遍法则，因此，天地万物也是自在的存在。在这两者的关系中，道只能以无为的方式来滋养万物，否则它就会破坏万物的自在的状态；而万物亦只能以无为的方式来顺应体现自在的道，否则它就会丧失自我存在的自在性，而成为自在之道的对立物。

西汉孝惠帝元年，曹参为齐国丞相。当时天下初定，齐国共有七十多座城池，是较大的封国，而齐悼惠王刘肥年纪较轻，尚没有能力治国理政，于是曹参代为摄政。为了制定正确的治国方略，曹参把齐国的老年人与儒生招来，向他们询问安定百姓的办法。而当时齐地的儒生数以百计，各有建言，曹参也不知该如何定夺。他听说胶西有位盖公，精研黄老之学，就派人以厚礼请之。见到盖公后，盖公告诉曹参，治理国家贵在清静无为，这样百姓就会自己安定下来。曹参听取了盖公的建议，以黄老道家的无为而治的思想为指导，推行以轻徭薄赋、节俭省刑为主要内容的休养生息政策，不过多地干扰百姓，让他们有足够的时间来发展生产与安排生活。曹参相齐九年，齐国很快就出现了安定繁荣的局面，他也受到了百姓的赞扬，被称为贤相。

西汉惠帝二年（前193），丞相萧何去世，曹参继之而为汉朝的丞相。接替萧何之后，曹参不做任何政治更张，史称“萧规曹随”。他为郡国选拔官吏，选拔木讷忠厚的长者为丞相史，并且斥退那些言辞苛刻、追求名声的官吏。他一天到晚喝着醇厚的美酒，而对政务无所用心。他接见卿大夫以下的官吏以及宾客时也不谈政务，而只是以美酒待之，不醉不归。受到曹参的影响，很多官吏也是每天饮酒唱和。丞相府的官员对此颇为不满，想让曹参加以制止，结果曹参见到他们，反而与他们一起饮酒歌呼。

汉惠帝对曹参不理政务也非常不满，就让曹参的儿子曹窋（时任中大夫)找机会劝谏一下。曹参听了儿子的劝谏,勃然大怒,用竹板打了曹窋一顿,告诉他:“赶紧入朝侍奉皇帝去,如何治理天下不是你能谈论的。”汉惠帝对此也是非常郁闷,自己派的说客不仅没有劝动曹参,还被他打了板子,于是就在上朝时责备曹参。曹参赶紧谢罪,并反问惠帝:“陛下与高皇帝相比,哪一个更圣明英武?”惠帝答:“我怎么敢望先帝之项背呢!”曹参又问:“陛下看我与萧何相比,哪一个能力更强?”惠帝答:“你好像不如他。”曹参乘机进言:“高皇帝与萧何平定天下,治国之法已经明确,现在陛下垂衣拱手于上,官员们恪守职责,遵循既定之法,不也是很好的吗?”惠帝理解了曹参的用意,就不再谴责他了。

曹参相齐以及萧规曹随的故事,说明了百姓其实具有自我发展的能力,统治者只要顺从民意,给他们自我发展的空间,他们能够自己解决经济发展和社会秩序等根本问题。而统治者往往不明白这一点,总是想凭借手中的权力去强力妄作,给百姓套上种种枷锁,而结果往往适得其反。

T1-2 道是万物自在的根源

【参见《老子》条目】

道生一,一生二,二生三,三生万物。万物负阴而抱阳,冲气以为和。(第42章)

万物并作,吾以观复。夫物芸芸,各复归其根。(第16章)

证明:从定义1可知,“德”是万物自在自为过程的总称,而万物是“有”和“无”之间的转换。又依据基本假设2与公理A1,道可“无”,精微处充满力量;“无”生“有”,恍惚中混成迹象,而“自然”是道从“无”到“有”再到“无”的自在自为过程。“道”与万物同在,且万物自在自为的内在进程就是道。因此,道是万物自在的根源。

例证和说明:道作为自在的规律性,任何有为妄作都不能加以改变。天地万物作为客观的世界,正是因为遵循了道的自然无为的法则,才获得了自身存在的依据。所以《老子》曰:“天得一以清,地得一以宁,神得一以灵,谷得一以盈,万物得一以生,侯王得一以为天下贞。”(第39章)反过来说,如果天地万物丧失了道这个“一”,其自在的状态就会被打破,也就会丧失其存在的意义。

在《庄子·逍遥游》中讲述了这样一则寓言:在遥远的北海有一条大鱼,其名为鲲,其身体之大不知道有几千里。鲲变化而成一只鸟,其名为鹏,其背之大亦不知几千里。大鹏飞往遥远的南冥,翅膀扇动三千里的水面,扶摇直上九万里的高空。蜩与学鸠嘲笑它说:“我们奋力飞出去,不过飞到榆树、枋树那么高,有时还飞不到那么高,就落在了地上,你又何必为了飞向南冥而飞到九万里的高空呢?”在这则寓言中,蜩与鸠局限于自己作为小鸟的逍遥,而不懂作为大鸟的鹏的逍遥。庄子认为,鹏、蜩、鸠因其自身的大小,实现其逍遥的条件也是不同的,蜩、鸠因其小,故不需高飞,鹏因其大,必须高飞以借风势,由此就形成它们对不同的逍遥的追求。而这种条件的差异,并不说明鹏所追求的逍遥就比蜩与鸠要高贵,两者的逍遥自在都是自然的。庄子借此所要表达的是,万物(包括人)之间的差别是客观存在的,但只要各安其性(道),也就获得了逍遥自在。

T1-3　道包容万物而不主宰万物

【参见《老子》条目】

大道泛兮,其可左右。万物恃之以生而不辞,功成而不有。衣养万物而不为主,可名于小;万物归焉而不为主,可名为大。

以其终不自为大,故能成其大。(第34章)

证明:依据基本假设1和2,道是任何"某个(类)"的综合。"有"生万物,万物复归于"无"。万物需要"道"的滋养,"道"常在以助万物之生。"道"与"万物"不可分离,万物从"道"来,又回归"道"。又依据公理A1,"自然"是"道"从"无"到"有"再到"无"的自在自为过程。万物是一个自在自为的"自然"过程,没有任何目的性。因此,道包容万物而不主宰万物。

例证和说明:道体之自身作为一种自在的存在,它的自在性就体现在它既不受他者的主宰,同时亦不主宰他者的存在。因此,道的自然无为,体现在对待万物的关系上,就是包容万物的差别,而不规定主宰万物的发展方向,这样万物的发展就具有无限丰富的可能性。

1953年,周恩来总理在接见印度代表团时第一次正式提出了"互相尊重领土完整、互不侵犯、互不干涉内政、平等互惠、和平共处"的五项原则,后来修改为"互相尊重主权和领土完整、互不侵犯、互不干涉内政、平等互利、和平共处",成为中国处理国际关系的基本原则。经过中国的倡导,和平共处五项原则在世界上获得越来越多国家的赞同,逐渐成为国际关系中处理分歧与争端的基本原则。1988年,邓小平提出以和平共处五项原则为准则,建立国际政治经济新秩序。这一主张实际上是针对美国在二战后所主导建立的国际政治经济旧秩序所提出的。旧秩序是以意识形态的区分来划定界限,不同意识形态的国家之间是你死我活的对立关系,而且大国与小国在地位上完全不平等,大国凭借其政治、经济、军事实力欺压小国甚至侵略小国。而通过遵守和平共处五项原则来建立国际政治经济新秩序,就是要尊重各国之间的差异,容纳多种多样的发展道路,而不是由大国去主导小国,甚至主宰其命运。由此可见,和平共处五项原则中既渗透着儒家以和为贵的精神，同时也体现了包容而不主宰的道家精神。

T1 －4　道与万物的基本特征是自然

【参见《老子》条目】

人法地，地法天，天法道，道法自然。（第 25 章）

道生之，德畜之，物形之，势成之。是以万物莫不尊道而贵德。道之尊，德之贵，夫莫之命而常自然。（第 51 章）

证明：依据基本假设 2，道可“无”，精微处充满力量；“无”生“有”，恍惚中混成迹象。精微而潜在的力量势在必发，为“天地”之始，却还没有明确的指向。道可“无”意味着道的无限可能性。“有”指万物之母，也就是万物的形成。又依据公理 A1，“自然”是“道”从“无”到“有”再到“无”的自在自为过程。无论是“道”还是“万物”，其过程都是“无”与“有”的转换。所以，道与万物的基本特征是自然。

例证和说明：道作为天地万物共同遵循的最高法则，在它之上没有更高的主宰，即“莫之命而常自然”。而万物的生成变化遵循道的法则，亦是一种自然的过程，没有任何目的论的因素贯彻其中。

在《庄子·应帝王》中讲述了这样一则寓言故事：在南海之域，其帝为倏，在北海之域，其帝为忽，而在两者的中央，其帝为浑沌。倏与忽经常相会于浑沌的地域，浑沌待他们非常友善。倏和忽一起商议要报答浑沌的情谊，曰：“人人都有七窍以用来视、听、吃和呼吸，唯独浑沌没有，我们就试着给他凿开七窍吧。”于是，他们每天为浑沌凿一窍，七天之后，七窍成而浑沌死。倏与忽所犯的错误就是违背了自然而强行作为，结果害死了浑沌。

东汉的著名哲学家王充的“天道自然无为”的思想也渊源于老子,他认为天道是自然无为的,如果有为,那就违背了自然,也就不符合天道了。那么天道自然的根据在哪呢?王充指出,天不像人一样有嘴巴和眼睛,也就不像人一样有欲望。天实质上是一团元气,天地合气,以生万物。在万物生成的过程中,天并不是像上帝那样有意识地去创造人和物,而是没有追求,没有索取,没有任何目的,它只是在元气运转中自然生成万物。正是因为天道是自然无为的,所以万物包括人都不是天故意生出来的,而是元气自然生成的产物。

T1 -5　道不能用言说和命名的方式去把握

【参见《老子》条目】

道可道,非常道;名可名,非常名。(第1章)

道隐无名。(第41章)

有物混成,先天地生。寂兮寥兮,独立不改,周行而不殆,可以为天下母。吾不知其名,强字之曰“道”。(第25章)

证明:依据基本假设1,道是任何“某个(类)”的综合。它无特定含义,有指向但不指向任何“某个(类)”。没有特定含义就不能构成概念。又依据基本假设2,精微而潜在的力量势在必发,为“天地”之始,却还没有明确的指向。道可“无”意味着道的无限可能性。“有”指万物之母,也就是万物的形成。“道”比我们使用的最抽象的名“无”和“有”还抽象。所以,道不能用言说和命名的方式去把握。

例证和说明:老子的道虽然是一个哲学概念,但是它所指称的是贯穿于天地人之间的最高法则。虽然道体流行于万物之中,但它自身却超越于有形有象的万物,不是人类经验所直接面对的对象,也就无法用概念的方式去把握。也就是说,道实际上是语言不能准确表达的。因为语言是在经验生活中形成的,它所能准确表达的,仅限于人们所能经验到的事物。如果语言要超越经验世界,而用来表达一个无形无象的道,那么所表达出的道实际上只是把握了道的某个层面,而不是道的全体,这就如盲人摸象,只能得其一端。在康德的哲学中,有所谓的"超越的本体界",即上帝、灵魂与世界,理性如果超越经验世界而去试图认识这些本体之物,就会产生二律背反。这与老子对道的理解具有类似的特点。

在《庄子·天地》中有这样一则寓言:黄帝巡游到赤水北岸,登上昆仑之巅南望,在归途中不小心遗失了玄珠,便先后派遣"知""离朱""吃诟"去寻找,却都没能找到,最后还是被"象罔"找到了。黄帝惊讶地说:"奇怪呀,象罔这种人居然也能找得到?"在这个故事中,"玄珠"比喻"道",而"知""离朱""吃诟""象罔"比喻四种不同的求道方式。"知"喻指有才智之人;"离朱"喻指视力好的人,能明察秋毫;"吃诟"喻指善于言辩的人;"象罔"则是无思虑、无明目、无言辩的完全自然的符合道的人。思虑、见闻和言辩的方式,都是将道作为对象来追求,结果是背道而驰。而"象罔"不是将道作为对象,它无心于求道,自然而然地合于道,与道是为一的,从而真正地得道。

T1-6　道体虚而用无穷

【参见《老子》条目】

道冲,而用之或不盈。渊兮,似万物之宗;湛兮,似或存。吾不知谁之子,象帝之先。(第4章)

天地之间,其犹橐籥乎?虚而不屈,动而愈出。(第5章)

弱者道之用。(第40章)

证明:依据基本假设1与基本假设2,道是任何"某个(类)"的综合;道可"无",精微处充满力量;"无"生"有",恍惚中混成迹象。精微而潜在的力量势在必发,为"天地"之始,却还没有明确的指向,这表明道的"体"是虚的;进一步,"有"指万物之母,也就是万物的形成。道可"无"也意味着道的无限可能性,这表明了道的"用"是永恒的。所以,道体虚而用无穷。

例证和说明:道体之虚并不是空无一物,而是道体之存在空虚无形,不像具体事物那样具有特定的形象。正因为道体的虚而无形,是以守弱的方式发挥其功用,所以天地造化顺应道的法则,却不会消耗道的力量。也即是道的流行发用持续不断,永远不会穷竭。

在印度的奥修所著的《生命的真意》中,他用数学上0的概念来说明道体的空虚无物及其无穷之用。0的概念是印度人首先发明的,印度人认为每个事物都来自于空无,来自于0,而其消亡实质上又是回归到空无,回归到0。在数学中,0虽然只是一个数字,但却是其他所有数字的基础。也就是说,0虽然意味着空无一物,但具有无限的意义。当我们把0加在非0数字的后面,0的价值就不再是空无,而具有更加丰富的意义。依此,无限个0相加,其结果依然是0,但如果将无限个0加到1之后,那么就会变成一个无限大的数字。0的意义还不仅如此。在计算机语言中,只有0和1这两个数字,所有数据都是以0和1组成的编码存储的,只要将0的位置加以改变,就会产生各种不同的数据。因此,如果用0来比喻"道"的话,0所产生的无限丰富之意义也就彰显了道体的无穷之用。世界发展的永恒的动力在哪里?就在于空虚的道体。因其体虚,所以才能产生无穷无尽的妙用。相比较之下,任何一个有形的事物,其存在都是有限的,其作用也是有限的。

T1 -7 道无所不至,反复不息

【参见《老子》条目】

有物混成,先天地生。寂兮寥兮,独立不改,周行而不殆,可以为天下母。吾不知其名,强字之曰“道”,强为之名曰“大”。大曰逝,逝曰远,远曰反。(第25章)

反者道之动。(第40章)

证明:依据基本假设2,道可“无”,精微处充满力量;“无”生“有”,恍惚中混成迹象。“无”是力量,“有”是万物。再依据公理A1,“自然”是道从“无”到“有”再到“无”的自在自为过程。这里,道是万物的根源。“有”生万物,万物复归于“无”。万物需要“道”的滋养,“道”常在以助万物之生。因此,道无所不至,反复不息。

例证和说明:这里的“反”不是对立的意思,而是“返回”的意思,因此,老子说“反者道之动”的时候,意思是反复不息,而不是仅仅说道在向对立面转化。为此我们不能将老子的“反”简单理解为辩证法,老子也不是一概反对或者否认现实世界和生活领域中的对立现象和对立面的相互转化。

在《庄子·知北游》中有这样一段对话:东郭子问庄子:“你所谓的道,究竟在什么地方呢?”庄子答:“道无处不在。”东郭子追问:“能不能说得具体点呢?”庄子说:“在蝼蚁之中。”东郭子说:“道怎么能在这样低下卑贱的地方呢?”庄子说:“在稊稗之中。”东郭子说:“怎么越来越低下了呢?”庄子又说:“在砖瓦之中。”东郭子说:“怎么又越来越低下呢?”庄子说:“在大小便之中。”至此,无郭子不敢再问了,庄子的回答越来越不堪,完全超出了他的想象。这也表明,东郭子实际上对于宇宙万物做了高贵与低贱的区分,他认为低贱的事物中是没有道的。这种理解实质上扭曲了道家的思想。因为道作为贯穿于天地人之间的根本法则,落实于所有具体的事物,而完全不分高低贵贱。

"道在屎溺"的观点,在清朝末年还被李鸿章拿来幽默了一把。李鸿章因为热心于办理洋务,进而对西方近代的自然科学理论产生了兴趣。一次,他问一个下属什么是抛物线,下属解释一通,李鸿章还是不明白。下属急中生智,问道:"李中堂,你撒不撒尿?撒尿就是一条抛物线呀!"李鸿章一下子就理解了,他幽默地说:"庄子说'道在屎溺',说的就是这个道理啊!"

T1 - 8　道有象,却无定形

【参见《老子》条目】

视之不见,名曰"夷";听之不闻,名曰"希";搏之不得,名曰"微"。此三者,不可致诘,故混而为一。其上不皦,其下不昧,绳绳兮不可名,复归于无物。是谓无状之状,无物之象,是谓恍惚。迎之不见其首;随之不见其后。(第14章)

道之为物,惟恍惟惚。惚兮恍兮,其中有象;恍兮惚兮,其中有物;窈兮冥兮,其中有精;其精甚真,其中有信。(第21章)

大象无形。(第41章)

证明:依据基本假设2,道可"无",精微处充满力量;"无"生"有",恍惚中混成迹象。"无"并非是"空",而是精微,正是这种精微才具有无穷的力量。又依据基本假设1,道是任何"某个(类)"的综合。道不指向任何"个(类)",表明它没有确定的对象,也就是没有"定形"。所以,道有象,却无定形。

例证和说明:老子常用水来喻道,水通常是有形和可观察的,但没有固定不变的形态。唐代思想家刘禹锡曾说:“古所谓无形,盖无常形尔,必因物而后见尔”,并提出“空者,形之希微者也”(《天论》)的命题。这些说法虽是就气论而言,但与老子之道的这种特性亦不谋而合。

《史记·老子韩非列传》记载,孔子向老子问礼后回到鲁国,告诉众弟子道:“我知道鸟能在天上飞,鱼能在水里游,野兽能在地上跑。地上跑的野兽,可以用网来捉住它;水里游的鱼,可以用钩来钓它;天上飞的鸟,可以弓箭射下它。至于龙,我不知道用什么才能捉住它。龙乘风云而直上九天之上。我所见的老子,就像龙一样。他学识渊深而莫测,志趣高远而难以了解,就像蛇能够随着季节屈伸,就像龙能顺应时节而变化。老聃,真是我的老师呀!”孔子这里所描述的老子的形象,实质上正是老子的道之特性的体现。蛇与龙在古代被视为神物,它们都具有形象,但是其形象又不是固定不变的,它们都能顺应时节而变化。而道也是这样,它虽然给人一种恍恍惚惚的印象,但正是因为其恍惚而无定形,使得其能流行于万物之中。

T1－9　道对任何事物都没有偏爱

【参见《老子》条目】

天地不仁,以万物为刍狗。(第5章)

天道无亲,常与善人。(第79章)

证明:依据公理A1可知,“自然”是“道”从“无”到“有”再到“无”的自在自为过程。自在自为就是没有目的性,也无特别的偏爱。又依据基本假设1和命题T1－4,“道”是任何“某个(类)”的综合,它无特定含义,有指向但不指向任何“某个(类)”。而道与万物的基本特征是自然。所以,道对任何事物都没有偏爱。

例证和说明:道作为贯穿于天地人之间的共同法则,万物皆依之而生,故对于任何事物都没有偏私,而具有最大的包容性。《老子》第16章“知常容,容乃公,公乃全,全乃天,天乃道,道乃久,殁身不殆”的说法虽是就人而论,实际上也揭示了道包容万物而无私的品格。《尚书·蔡仲之命》也说:“皇天无亲,惟德是辅。”这里的“皇天”,具有人格神的意味,而老子的道则超越于人格神之上,但是在无私的品格方面,两者又是相通的。

在《史记·伯夷列传》中记载这样一则故事:伯夷和叔齐是殷商时孤竹国君的两个儿子,孤竹国君想立小儿子叔齐为接班人。等老国君死后,叔齐要将君位让给伯夷,伯夷以父命拒绝,并离开孤竹国以示决绝。而叔齐亦不愿违背长子继承君位的通行规矩,也逃位而去。伯夷、叔齐听说西伯侯姬昌尊重老人,老人都得到很好的赡养,就想到西岐去。等到他们到了西岐,正赶上姬昌过世,武王载着文王的牌位,打着文王的旗号,起兵东伐商纣。伯夷、叔齐拦住武王的战马劝阻道:“父亲死了尚未安葬,就动起干戈,这能称得上是孝吗?处于臣下的位置,却去杀害侍奉的君主,这能称得上是仁吗?”左右的将领非常愤怒,准备将他们俩拉出去杀了。姜太公赶忙加以阻止,告诉他们:“这两人是义士呀!”哥俩互相搀扶着离去。等到武王平定殷商之乱后,天下的诸侯纷纷归顺,而伯夷、叔齐却以之为耻,坚持大义,不食周粟,隐居于首阳山,采薇为食,最后饿死。临死前,他们作了一首《采薇》歌,指斥武王伐纣为“以暴易暴”。司马迁为此感慨:“常言道,天道无亲,常与善人。可是像伯夷、叔齐这样的人,难道不是善人吗?他们品行如此高洁,却不免于饿死。在孔门的七十弟子中,颜渊最好学,却家徒四壁,连糟糠也吃不饱,终至早死。上天怎么能这样报答善人呢?盗跖每天杀害无辜之人,以人的心肝为食,凶狠残暴,并且聚集同类数千人横行为祸于天下,竟然活到高寿而死。如果这是符合所谓的天道,那么这天道是合理还是不合理呢?”这里善恶之结局相反的例子,恰恰说明了老子之道的包容性。因为道并不会主宰天地万物的命运,道对天地万物包括人都没有偏爱,所以即使一个人做出恶行,道不会对他施加惩罚,一个人做出善行,道也不会奖励给他福报。

T1-10 符合“自然”就是善

【参见《老子》条目】

上善若水。水善利万物而不争,处众人之所恶,故几于道。居善地,心善渊,与善仁,言善信,政善治,事善能,动善时。夫唯不争,故无尤。(第8章)

证明:从定义1可知,“德”是万物从“无”到“有”再到“无”的自在自为过程的总称;也指人对此过程的认识以及顺应此过程的品质,包括善言善行。依据公理A1和基本假设4,“自然”是“道”从“无”到“有”再到“无”的自在自为过程,而这时人类社会出现的矛盾通常处于稳定状态。在这种状态下,人类社会整体崇德向善,不会产生尖锐的外部冲突与内部动荡,因此,符合“自然”就是善。

例证和说明:自然是道的本质要求,符合自然的行为就是合于道的行为,也就具有善的价值。这可以说是老子的价值观。这种价值观反对人的强力妄作,要求把生命安顿在自然的状态中,即使生命终结,也是符合自然之道,而不应有过度的悲哀。

《庄子·至乐》有这样一则对话:庄子妻死,惠施去吊丧,却看到庄子蹲在地上,鼓盆而歌。惠施说:“你不哭也就罢了,又鼓盆而歌,不是太过分了吗?”庄子说:“不是这样的。她刚死的时候,我怎么能不伤心难过呢？不过，静下心来一想，她最初是无生命的，不仅无生命，而且连形体也没有，不仅没有形体，甚至连气也没有。恍惚之间，变化而有了气，气变化而生出形体，形体变化而有了生命。如今又变化而死去。这种变化与春夏秋冬四时的运行是一样的。现在她安静地躺在天地之间，而我却还哭哭啼啼，这不太不通达生命之道了吗？想到这一层，我就停止了哭泣。”庄子自己将死时嘱托弟子把尸体扔到野外算了。他认为埋地下让蝼蚁吃掉与弃于野外让飞禽走兽吃掉都一样，而野葬是以天地为棺椁、以日月星辰为陪葬的最好方式。可见，庄子将人的生命看成气之聚，而死亡则是气之散，也就是生死都是自然的，就像四季的运行一样。庄子这种崇尚自然的思想就源于老子。

《庄子·养生主》还记载了类似的一个故事：老子死了，好友秦失前去吊唁，他哭了几声就出来了。老子的弟子非常不满地问，你不是我们老师的朋友吗？秦失说，是呀。老子弟子责备说，那你吊唁怎么能这样呢？秦失回答说，当然可以呀。开始时我认为你们都是得道之人，现在看来事实并不是这样。刚才我进去吊唁的时候，有老者哭他，像哭其子，有年少者哭他，像哭其母。大家聚集到这里，肯定有不想说的话却说了，不想哭却哭了。这样做是违背人的自然性情的。你们老师来到这个世间，是应时而生，而他的离去，也是顺应自然。既然如此，那么又有什么可以悲哀的呢？这则故事反映庄子对生死的看法是一以贯之的，始终强调顺应自然。

T1－11　人如果将“智”用于追求过分欲望，则会导致善恶不分

【参见《老子》条目】

天下皆知美之为美，斯恶已。皆知善之为善，斯不善已。有无相生，难易相成，长短相形，高下相盈，音声相和，前后相随。是以圣人处无为之事，行不言之教；万物作而不为始，生而不有，为而不恃，功成而弗居。夫唯弗居，是以不去。（第2章）

证明：从定义2可知，“欲”指人对财富、名声和权力的追求，这种追求可能导致违背“自然”的后果。又从定义3，“智”一般意义指人对对象的认识能力和对个人行为的抉择能力；也特指人为了满足“欲”的过分追求所产生的那种机巧智慧，后者往往对统治者而言。依据命题T1－10，符合“自然”就是善。而人如果过分追求欲望的满足，其机巧智慧就会偏离“自然”。因此，人如果将“智”用于追求过分欲望，则会导致善恶不分。

例证和说明：智是指向外物的，人类的生活实践需要认识外物，所以智是必不可少的。但是，随着人们对外物的认识，控制、占有外物的欲望往往也随之增长，这就会打破人们生活的自然状态，而导致争夺，社会秩序也会陷于混乱。老子对于智怀有深深的警惕，其原因即在于此。西方社会所出现的现代性危机，其根源即在于工具理性这种竞争性的智的过度膨胀。理性一方面使人摆脱了神学愚昧，促进了人类社会的发展，但是，另一方面，以理性为尺度对人与社会进行重新设计，从而导致理性的片面发展，使工具理性逐渐膨胀，于是人们以科学作为理性的工具开始对自然进行全面的征服，对社会进行全面控制，对人进行全面的管理，从而造成人与自然、人

与人之间的对立，导致了现代性危机的产生。

在《列子·黄帝》中有这样一个的故事：宋国有一个养猴的老人，人称狙公，家里养了一大群猴子，狙公能够了解猴子的想法，猴子也能够理解狙公的心意。为了满足猴群的需求，狙公宁可自己一家人节衣缩食。不久，狙公家里的粮食不足了，狙公只能限定猴子的食物数量，但又怕猴子们不服从自己的决定，就先对猴子们说，早晨给你们三颗橡实，晚上再给你们四颗橡实，够吃吗？猴子们一个个都站了起来，非常恼怒。他又说，早晨给你们四颗橡实，晚上再给你们三颗橡实，够吃吗？猴子们听了都非常高兴，一个个趴在了地上。这个故事实际上是《庄子·齐物论》中"朝三暮四"故事的扩展版。猴子们的问题就在于以"朝四"为是，而以"朝三"为非，而没有看到一天的食物总量是一样的。如果人执着于所谓的智，可能就会像故事中的猴子一样无法把握事物的本来面貌。

T1－12　节制"欲"、超越"智"则心自"明"

【参见《老子》条目】

不尚贤，使民不争；不贵难得之货，使民不为盗；不见可欲，使民心不乱。是以圣人之治，虚其心，实其腹，弱其志，强其骨。常使民无知无欲。使夫智者不敢为也。为无为，则无不治。（第3章）

专气致柔，能如婴儿乎？涤除玄览，能无疵乎？爱国治民，能无为乎？天门开阖，能为雌乎？明白四达，能无知乎？（第10章）

证明：从定义4可知，"观"是人悟"道"的途径；"明"是人的内在生命力的自我观照能力。又依据公理A2与命题T1－11，由"智"

人“明”就能知“道”。由于过度对“欲”的追求及其产生的“智”，都可能违背自然，与“道”背离，因此需要加以控制。而“观”才是知“道”的途径。所以，节制“欲”、超越“智”则心自“明”。

例证和说明：老子对正常的欲望是肯定的，但是，欲望的泛滥会使人迷失淳朴自然的本性，成为欲望的奴隶，所以，要对欲望有所节制，使其控制在一定的范围之内，即满足最基本的物质生活欲望。而智也容易把人的视野局限在外物上，引起物欲的膨胀，使人成为物化的人，所以要超越智的片面的单向度的认识。只有这样，人的认识能力才能实现飞跃，达到灵明的境地。

西汉文帝刘恒生性节俭，他即位以后，一件长袍穿了二十多年，皇宫里的日常用品也大都是前任皇帝留下的。有一次，他打算建造一个露台，找来工匠一算费用，大约要一百两黄金，而一百两黄金相当于当时十户中等人家的年收入，考虑到国库空虚，百姓的生活又十分艰难，建设露台的想法就作罢了。不仅如此，汉文帝还虚心纳谏，闻过则改。一次，汉文帝出行，行至中渭桥，有一人突然从桥下走出，惊扰了汉文帝的御马，因此将此人逮捕，交给廷尉张释之处理。张释之仅仅判了挡马罪，交四两罚金。汉文帝很生气，认为判罚过轻。张释之则据理力争，强调法律是天下人共同遵守的，不能因为冲撞了皇帝的御马就要加重判罚。汉文帝思量良久，最终接受了这一判决。正是因为汉文帝能够节制自己的欲望，而且不私智自用，使其有通明之德。在他的统治下，汉朝的社会经济获得长足的发展，为后来汉景帝时期的经济繁荣奠定了坚实的基础，而他自己也作为一代名君被载入史册。

T1 －13　有观照之“明”方能悟“道”

【参见《老子》条目】

知常曰明。(第16章)

复命曰常。(第16章)

知和曰常。(第55章)

证明：从定义4可知，“明”是人的内在生命力的自我观照能力。依据命题T1－4，道和万物的基本特征是自然，也就是说，人对万物的内在观照本身和悟道是一致的。又依据公理A2，由“智”人“明”就能知“道”。“明”是与“道”相对应的认知境界。所以，有观照之“明”方能悟“道”。

例证和说明：人的认识能力达到灵明之境，所关注的不再是外物的存在对于人的意义，而是天地万物包括人在内的整个世界的和谐发展，其依据就在于万物依之而生并向其复归的常道。因此，“明”就是超越单个的外物的局限而实现对整个世界本质的根本认识。因此，只有具备“明”，才能彻底唤醒自己的淳朴自然本性，自觉地将自己的行为实践符合于常道。只有在“明”的观照下，人的生命实践才会脱去因小智而形成的小我，升华到与道为一的境界。

越王勾践是春秋时期的最后一位霸主，而他之所以能灭掉吴国成为霸主，既与他卧薪尝胆的坚强意志与坚定信念有关，同时也离不开范蠡与文种两位大臣的辅佐。正是在他们的辅佐下，勾践带领越国军民励精图治，“十年生聚”，终于积聚了强大的国力。于是，趁吴国主力北上争霸，国内空虚，而出兵灭掉吴国，一雪前耻。勾践灭吴之后，出兵北上，与齐、晋等国诸侯在徐州会盟，被各诸侯尊为霸王。就在越国势力达到顶峰之时，范蠡突然离开越国，到了齐国。

他从齐国写了一封信给文种，劝他说，飞鸟被打尽了，良弓就被藏起来了，野兔被打完了，猎狗也就被烹着吃了。越王人长得脖子长，嘴巴像鸟嘴一样尖，这种人可以一起共患难，不可以一起共享乐。你为什么还不离开呢？文种读了范蠡的书信之后，并没有听从他的警告，而是称病不上朝。于是有人向勾践进谗言，说文种有不臣之心，想叛乱。勾践就把当年吴王夫差赐给伍子胥让其自杀的剑赐给文种，告诉他，你教给我七种讨伐吴国的策略，我只用三种就打败了吴国，其他的四种还在你那里，就请你到阴间去帮我的先王谋划谋划，看看能不能打败吴国的先王？至此，文种悔之已晚，只得伏剑自杀。

在这则故事中，可以看出，范蠡显然有识人之明，也明白功成身退的道理，故在大功告成之日，不图加官晋爵，而是选择了悄悄离开，最后保全了自己。而文种虽然擅于谋略，但没有看透勾践，更不懂"功遂身退"的道家智慧，终致惨死。

T1－14　人达到"明"境，才能没有私心

【参见《老子》条目】

知常容，容乃公，公乃全，全乃天，天乃道，道乃久，没身不殆。（第16章）

证明：由定义7可知，"无私"指消除过分的"欲"和机巧性"智"之后而达到的能包容万物的心理状态。依据命题T1－12和T1－13，通过节制"欲"，超越"智"就能达到"明"，从而去除私心杂念，达到悟道。所以，人达到"明"境，才能没有私心。

例证和说明："知常"就是"明"，"明"人才能包容一切。人的"言说"和"命名"的智慧，实际上是"人为"的界限。一旦我们去命名，就会把对象标示为相互异化、分类，区分出远近亲疏，人就有私

心,就会偏离常道。比如,当我们用“无”来名天地之始,用“有”来名万物之母的时候,我们可能只看到“有”,而忽视“无”,更难看到“无”和“有”原来是“同出而异名”的。“同”才是根本,才是那“玄之又玄”的“众妙之门”。所以,老子在开篇就告诫道:“故常无,欲以观其妙;常有,欲以观其徼。”老子的深意在于不要被“人为”的界限所限制,一定要超越这种限制。只有看到根本才具有真正的胸怀和眼界,以这种眼界去看万物,才能真正成就自身于万物之中。

李泌是唐德宗时期的宰相,德宗怀疑太子有不臣之心,欲废太子而改立其继子舒王李谊(实为其侄)。李泌力言废子立侄之非,惹怒了德宗,德宗威胁他:“卿爱你的家族吗?”李泌正色曰:“正因为我爱我的家族,所以不敢不尽言。如果畏惧陛下发怒而委曲顺从,一旦陛下明日后悔了,必然会埋怨臣说:我独任你为宰相,你却不谏言,导致这种局面。必定会杀臣的儿子。臣已经老了,死不足惜。如果冤杀了臣的儿子,臣只能以侄为嗣了,臣不知能够得到他的祭祀吗?”德宗被感动了,哭着问道:“事已至此,该怎么办呢?”李泌说:“这是大事情,陛下要考虑清楚。自古父子互相猜忌,没有不亡国覆家者。”德宗问道:“这是我的家事,为什么你要这样力争呢?”李泌答曰:“天子以四海为家,臣现单独承担宰相这一重任,四海之内,一物不得其所,都是臣的责任。况且坐视太子遭受冤屈而不言,这样臣的罪责就大了!”最后总算解开了德宗的心结。隔了一天,德宗在延英殿独自召见李泌,哭着告诉他:“如果没有卿直言相谏,我今天后悔都来不及了。太子仁孝,并无他心。今后军国大事及我的家事,都与卿商量谋划。”古训曰:“疏不间亲。”正是因为李泌明白通达,所以才能不避忌讳地调解德宗父子之间的误会。

T1 – 15 “明”者不自我夸耀和表现

【参见《老子》条目】

不自见，故明。（第22章）

自见者不明。（第24章）

证明：从定义4可知，“明”是人的内在生命力的自我观照能力。“明”之境界的重点在于自我观照，其目标不是外部对象，也就不需要夸耀和表现。又依据命题T1 – 13，有观照之“明”方能悟“道”。“明”的对象是“道”，而“道”的特征就是“自然”，这也是没有外在目的性。所以，“明”者不自我夸耀和表现。

例证和说明：爱炫耀并尽量表现自己的智慧的人，是没有达到“明”境的。这种炫耀和表现中所显示的自信，往往是对某种片面的东西的盲目自信。欧阳修的《归田录》中有一篇《卖油翁》，写的是一个卖油翁观看陈尧咨射箭的故事：康肃公陈尧咨是北宋著名的神箭手，当时没有第二人能与他相比，他也因此而自夸。有一次，他在自家的园子里练习射箭，有一个卖油的老人放下担子，斜着眼睛看他射箭，很久都没有离开。卖油的老人见陈尧咨命中率是十之八九，只是微微点点头。陈尧咨问老人，你也懂得射箭吗？我的箭法很高明吗？老人回答说，没有什么特别的，只不过手法熟练罢了。陈尧咨气愤地说，你怎么敢轻视我的射箭本领呢？老人说，根据我倒油的经验就可以知道。于是他取了一个葫芦放在地上，将一枚铜钱放在葫芦口上，慢慢地用油杓舀油往葫芦里倒，油从钱孔注入葫芦，而钱上却没有沾上一滴油。老人告诉陈尧咨，我也没有什么奥妙，不过长期倒油，手法熟练罢了。最后，陈尧咨笑着让老人离开了。

在这个故事中，陈尧咨作为北宋时期的一位官员，仅仅因为擅长射箭就变得飘飘然,缺乏自知之明。而卖油翁向他展示了熟练的倒油技巧,并指出这不过是经验的积累。在此方面,项羽则是一个反面典型。司马迁在《史记》中对他的评价是:居功自傲,师心自用而不效法古代,妄图靠武力征服天下以建立霸业,结果五年后国破身死,即使到最后,仍然用“天亡我,非用兵之罪也”来作为自己失败的借口,真是荒谬。

T1 – 16 “明”者追求自我内在生命力的澄清

【参见《老子》条目】

知人者智,自知者明。(第 33 章)

知者不言,言者不知。(第 56 章)

知者不博,博者不知。(第 81 章)

证明:从定义 4 可知,“明”是人的内在生命力的自我观照能力。这揭示了“明”的对象是内在自我。依据命题 T1 – 12 和命题 T1 – 14,节制“欲”,超越“智”则心自“明”;人达到“明”境,才能没有私心,人的内在自我就达到了“自然”,获得了一种通达和静谧,抛弃不必要的扰动和杂念。所以,“明”者追求自我内在生命力的澄清。

例证和说明:老子说:“知人者智,自知者明。”如果追求去了解别人和对象,其内在动机是想去控制对象,而且越是追求知识广博,说明控制欲望越强。当人回看自我,让自我内在生命力不断地自然伸张,那才是“明”。内在生命力的澄明是不要“言说”的,“言说”是私心和欲望的孪生兄弟,所以真正的智者“不言”,“知者不言,言者不知”;也不一定需要广博的知识,内在的澄明足以照亮一切,“知者不博,博者不知”。

《庄子·知北游》中有这样一则故事:一个叫“知”的人向北游

历到玄水的岸边，登上了一座名叫“隐弅”的山丘，碰巧遇到了一个叫“无为谓”的人，“知”向“无为谓”请教了三个问题：如何思索、考虑才能懂得道？如何居处、行事才能符合道？通过什么途径、采用什么方法才能获得道？对于这三个问题，“无为谓”一个都没有回答，不是他不愿回答，而是他不知道怎样来回答。“知”不得所问，就返回到白水的南面，登上了一座名叫“狐阕”的山丘，见到了一位名叫“狂屈”的人。“知”问了他同样的三个问题。狂屈说，我知道这些道理，一会儿就告诉你。等到他想说的时候，又忘记了想讲的话。“知”又不得所问，于是就返回帝宫，拜见黄帝，向他请教这三个问题。黄帝告诉他，没有思索、没有考虑才能够懂得道，没有居处、没有行事才能符合道，没有依从的途径、没有方法才能掌握道。“知”问黄帝，我和你都知道了这些道理，而“无为谓”与“狂屈”却不知道，那么他们俩哪一个是对的呢？黄帝说，“无为谓”的做法是对的，而“狂屈”则接近于对，我们俩则未能接近于道啊。“知”听了黄帝所说的一番道理，对黄帝说，我问“无为谓”，他不问答我，不是不愿回答我，而是不知如何回答我；我问“狂屈”，“狂屈”想告诉我而又没有告诉我，不是不愿意告诉我，是他想说的时候又忘记了。现在我来问你，你也知道如何回答，为什么你没有接近于道呢？黄帝回答道，“无为谓”是真的对，因为他完全不知晓如何言说道；狂屈接近于对，因为他忘记了对道的言说；而我们未能接近于道，因为我们已经言说道。

这番对话虽然集中在言说与道的关系上，但可以看出，道对于人而言，是一个体验的问题，而不是言说的问题，当你把注意力集中在言说上，那么你实际上远离了道。

T1－17　观“道”是对“智”的超越

【参见《老子》条目】

天下有始，以为天下母。既得其母，以知其子，复守其母，没身不殆。塞其兑，闭其门，终身不勤。开其兑，济其事，终身不救。见小曰明，守柔曰强。用其光，复归其明，无遗身殃；是为袭常。（第52章）

道常无名、朴。虽小，天下莫能臣。侯王若能守之，万物将自宾。天地相合，以降甘露，民莫之令而自均。始制有名，名亦既有，夫亦将知止，知止可以不殆。譬道之在天下，犹川谷之于江海。（第32章）

证明：从定义3和定义4可知，“智”一般意义指人对对象的认识能力和对个人行为的抉择能力，也特指人为满足“欲”的过分追求而产生的那种机巧智慧；“观”是人知“道”的途径。又依据公理A2，由“智”入“明”就能悟“道”。获得“明”必须超越“智”，而“明”的对象就是“道”。所以，观“道”是对“智”的超越。

例证和说明：老子说：“为学日益，为道日损。”（第48章）但是，这两者之间又不是绝对对立的，不是为了获得“明”就要抛弃“智”。“智”的片面发展会导致物欲的膨胀，而只要超越“智”的思维局限，就会获得“明”。老子又说“涤除玄览”，就是将自己心灵的污垢扫除干净，也即是让自己的心灵不受外物的控制，这样，就从“智”而入“明”，天地万物的本相就会呈现于面前，而为人所认识。

在《庄子·逍遥游》中，庄子说：你没有见过野猫和黄鼠狼吗？它们低下身子匍匐于地，等待那些游荡的猎物出现；为了抓住猎物，它们东窜西跳，不避高下；正是由此，它们往往就会踩中猎人所设下的捕兽机关，或者死于猎人布下的捕兽网中。庄子所表达的意思是，当你用智的眼光去看一个物时，你所看到的是这个物对你而言的利害关系。也就是说，智是出于人们趋利避害的竞争意识，所以庄子说“知出于争”(《庄子·人间世》)。而用这种竞争性的智来看物或人，当你做出对自己有利的选择时，最终的结果可能恰恰对你是不利的。因此，要想观道，必须超越这种竞争性的智。而这里的超越，是要在智的基础上超越对外在事物的利与害的划分，而去认识事物的本来的自然状态。

T1－18　从最抽象的“无”与“有”处可以观“道”

【参见《老子》条目】

故常无，欲以观其妙；常有，欲以观其徼。此两者，同出而异名，同谓之玄。玄之又玄，众妙之门。(第1章)

证明：依据基本假设2，道可“无”，精微处充满力量；“无”生“有”，恍惚中混成迹象；“有”生万物，万物复归于“无”。道本身无法用概念来表达，但最抽象的概念“无”和“有”的转化能体现“道”的过程。又依据公理A2，由“智”入“明”就能悟“道”。最抽象概念的背后隐含着“道”，而“明”不是凭空而来的境界，是超越“智”的悟“道”境界。所以，从最抽象的“无”与“有”处可以观“道”。

例证和说明：道具有“无”“有”之两面，“无”指称的是天地的本始，“有”指称的则是万物的根源。在天地未生之前，道是“无”的方式存在，而在万物生成的过程中及生成之后，道又以“有”的方式存在。因此，“无”与“有”是一体两面的关系，从两个不同的方式来揭示道的存在。正因为道体具有这两面，所以可以通过两种不同的方面来观道：一种是“常无”，即观道体的“无”的状态，这时虽然天地未生,但其神妙莫测的生机已现;另一种是“常有”,即道体的“有”的状态,这时虽万物纷纭,但其必归终于道。“无”与“有”作为道体之两面,都出于道,所以是同出而异名。“无”与“有”之两面都是幽昧难知的,而作为“无”与“有”所从出的道体自身更是幽昧,所以是“玄之又玄”。道体虽极其幽昧,却是一切神妙莫测之用所产生的根源。

唐代李公佐有一部著名的传奇小说《南柯太守传》,小说的主人公是唐朝的东平郡人淳于棼。他是位游侠之士,讲义气,爱喝酒;曾凭着武艺做过淮南军的副将,因为酒后触犯主帅,被撤了官职。自此,他行为放纵,终日以饮酒为事。有一次,他喝醉了酒,被人送回了家,躺在堂屋东面的走廊里小憩,一会儿他就进入了梦乡。他梦见大槐安国的国王派人来接他,把二公主许配给他,还派他担任南柯郡的太守。淳于棼到了南柯郡,勤政爱民,将南柯郡治理得井井有条。他守郡二十年,教化广被,老百姓歌谣赞之,并为其建功德碑,立生祠。国王非常看重他,赐给他食邑和爵位,使其居于台辅之位。他生有五男二女,儿子们都通过恩荫而被授予官职,两个女儿也嫁给了王侯。荣耀显赫之盛,无人能及。后来,檀萝国出兵攻打南柯郡,淳于棼的军队打了败仗,接下来,他的妻子也染病去世了。于是,淳于棼扶柩回到了京城。回京之后,他爱交游的本色又显现出来,整日结交宾客,结果遭到了国王的猜忌,被禁止结交宾客,并被软禁于私第之中。淳于棼过得非常郁闷。国王知道他不开心,就让他回乡省亲。等他被送回到广陵郡的老家,他就醒了,才知道曾经的荣耀显赫以及不幸俱是一场梦。淳于棼由此看透了人世的无常,就出家做了道士。

在这个故事中,淳于棼从富贵与落魄的两极对比看透了人世的无常,在一定意义上,也可以说是从“有“与“无”之两端理解了道。

T1－19　从感觉的细微之处可以观"道"

【参见《老子》条目】

视之不见，名曰"夷"；听之不闻，名曰"希"；搏之不得，名曰"微"。此三者，不可致诘，故混而为一。其上不皦，其下不昧，绳绳兮不可名，复归于无物。是谓无状之状，无物之象，是谓恍惚。迎之不见其首；随之不见其后。(第14章)

证明：依据基本假设2，道可"无"，精微处充满力量；"无"生"有"，恍惚中混成迹象；"有"生万物，万物复归于"无"。精微之处、恍惚之中，"无"与"有"的转化，既是"道"的表现特征，也是感觉的细微之处，这需要提升人的内在生命力的自我观照能力，后者即"明"(从定义4)。再依据公理A2，由"智"入"明"就能悟道。所以，从感觉的细微之处可以观"道"。

例证和说明：道作为形而上的实存，其本身是无形无象的，故人的感官是无法捕捉到它的，即"视之不见"，"听之不闻"，"搏之不得"，"迎之不见其首；随之不见其后"。对于这个虚无缥缈、惚兮恍兮的道体，虽然无法直接名状，但可以通过与具体事物的比较，用反显的方法揭示道体的实存，即"无状之状，无物之象"。即道体的存在是恍恍惚惚若有若无的，你不能像感知具体事物那样感觉到它的形象，但又不是什么都感觉不到。也即是说，恍惚是一种细微的感觉，在这种感觉中，你能够体会到道的存在。

在中国禅宗史上有一则著名的"香岩击竹"的公案：香岩智闲禅师本是百丈怀海门下的弟子，他虽聪明伶俐，问一答十，但总是不能顿悟。百丈怀海圆寂之后，香岩跟随沩山灵祐禅师继续参禅。灵祐禅师知道香岩聪明伶俐，且擅于辩论，就问了他一个问题，即在父母未生你之前,你是怎样的?香岩一脸茫然,不知该如何回答。回房后,他将平日看过的书从头到尾翻了个遍,也没有找到一句适合做答案的话。他感叹道,真是画饼不可充饥呀!香岩请求沩山灵祐为他解答。灵祐禅师告诉他,我如果现在为你解答,你以后会骂我的。而且,我告诉你的终究是我的见解,并不关你的事,对你又有何益呢?香岩一气之下,把平时看的书全烧了,长叹道:我这辈子再也不学佛法了,就做一个到处化缘乞食的和尚吧。他哭着辞别了灵祐禅师,到处云游。一天,香岩在除草,见地上有一块瓦砾,就捡起来向竹林里丢去,瓦砾砸到了竹子,发出一声脆响。听此声音,香岩突然省悟。他对空拜道,师父大恩,如若当初为我说破,哪会有今天的顿悟呢?

听闻声音是一种感觉,香岩智闲禅师正是由此而悟到禅法的真谛。这虽是一个禅宗故事,但其中蕴含的观"道"方式与老子是相通的。在老子的思想中,通过一种细微而又不是那么具体的感觉,可以体会到道家之"道"的存在。

T1－20 消除妄为的欲望并放弃对"智"的迷信,是观"道"的前提

【参见《老子》条目】

涤除玄览,能无疵乎?(第10章)

知不知,尚矣;不知知,病也。圣人不病,以其病病。夫唯病病,是以不病。(第71章)

证明:依据基本假设1,道是任何"某个(类)"的综合。又依据公理A2,由"智"入"明"就能悟"道"。又依据命题12,节制"欲",超越"智"则心自"明"。可见,观"道"的基础是节制"欲",超越

“智”。因此，消除妄为的欲望并放弃对“智”的迷信，是观“道”的前提。

例证和说明：对道的认识需要具备一定的主体条件，首先要对欲望加以节制，使欲望的满足符合人的自然本性的需要；其次，要认识到“智”的局限，“智”是一种单向度的思维，很容易导致物欲的膨胀，因而不能陷入对“智”的迷信，以为凭借“智”就可以控制一切。达到了这两个条件，认识主体才能将注意力由外在的事物而转向自己内在的生命实践，也才能具备对道的认识能力，即具备“明”。欲望归于自然，“智”的局限也得到克服，外物之来，物各付物，心灵就会归于虚静。在虚静的心灵的观照下，所呈现的不是万物纷纭复杂的差异性，而是其整体的归根复命的历程。这种观照，实质上就是对道的认识。

《庄子·秋水》有一则寓言说：秋雨绵绵，百川之水注入黄河，河水流量增大，河面变宽。于是河伯欣然自喜，以为天下最壮观的景色在自己这里。河伯顺着水流向东而行，到了北海边，向东一望，不见北海的尽头。于是河伯改变了之前洋洋自得的面目，对着北海之神慨叹：“俗语说，‘听了很多道理，便以为没有谁比得上自己。’说的就是我这样的人呀！开始时我还不相信你的浩瀚无边，现在我亲眼看到了，才真的服气了，要不然我肯定会受到嘲笑。”北海之神说：“井底之蛙，不能跟它们谈论大海，因为它们受到空间的限制；夏天的虫子，不能跟它们谈论寒冷，因为受到生活时间的限制；而乡曲之士，不能跟他们谈论大道，因为受到平时教养的限制。现在你从河岸的束缚中出来，看到了大海，而知道了自己的鄙陋，这样你就可以参与谈论大道了。”

在这则故事中，河伯的自我认识由最初的傲慢自大，到见北海之大而知其鄙陋，也即放弃了对其“智”的盲目自信。而这也就具备了认识道的条件,所以北海之神说他可以参与谈论大道了。

T1-21 观“道”的最高境界是“虚”和“静”

【参见《老子》条目】

致虚极;守静笃。万物并作,吾以观复。夫物芸芸,各复归其根。归根曰静,静曰复命。复命曰常,知常曰明。(第16章)

证明:从定义5可知,“静”是涤除了过分的“欲”与机巧性“智”的干扰而达到的内心澄明状态。“虚”就是“无”,意指人的内在状态就是空空如也,就是“静”。人的内在的“静”是一种内心澄明状态,也就是在认识和体悟上达到了“明”。依据公理A2,由“智”入“明”就能悟“道”。因此,观“道”的最高境界是“虚”和“静”。

例证和说明:观道虽然是主体对道的认识,但是在这一过程中主体内部存在着两股张力:一股是随波逐流,顺从智与欲的要求;另一股则是截断众流,返归于道。只有涤除了过度的欲望与机巧性的智,主体才能在虚静的状态中去直接把握道。在这种境界中,主体的心灵就像一块没有被染污的镜子,空虚而宁静,万物在它面前呈现出自己的本来面目。

在《庄子·齐物论》开篇有这样一段对话:南郭子綦倚几案而坐,仰天而嘘气,那种忘我的样子,好像精神离开了身体。他的学生颜成子游陪在他跟前,问道:“承载生命的身体,哪能使它像枯槁的木头?充满活力的心灵,哪能使它像死灰一样?您今天倚几案而坐,跟往常倚几案而坐的情形不大一样,让人惊讶啊。”南郭子綦回答道:你这个问题问得很好!今天,我达到了忘我的境界。你听到过“人籁”,但没有听过“地籁”,即使你听过“地籁”,你没有听过“天籁”啊!颜成子游问:那我怎么才能听到“天籁”呢?南郭子綦说:

大地吐出的气,其名为风。风不刮则已,一刮起来,则大地上的孔窍都随之而怒吼。你没有听过那呼呼的风声吗?陡峭的山陵上,百围大树上的窍孔,似鼻,似口,似耳,似圆柱上插入横木的方孔,似圈围的栅栏,似舂米的臼窝,似深池,似浅坑;风吹过所发出的声音,像湍急的激流声,像迅疾的箭镞声,像呵斥声,像呼吸声,像叫喊声,像嚎哭声,像幽怨声,像哀叹声。前者唱而随者和,小风则小和,大风则大和。烈风突然停了,万窍也就寂然无声了。颜成子游问:那么什么是天籁呢?南郭子綦答道:天籁虽然也有万般不同,但其发作与停止都是其自己主宰,没有一个外在的主宰来控制它。

庄子这里通过南郭子綦与颜成子游的对话,强调只要进入物我两忘的虚静境界,就能听到天地万物的自然声音,即天籁,因为在这种境界中,人已经没有主宰万物的欲望,而万物都顺应其自然的本性,自做主宰。在这种境界中,与其说是观“道”,不如说是与道为一,因为此时道已经不是认识的对象,主体的心灵与道完全融合在了一起。

第四章..........
贵德篇

《贵德篇》的主旨是阐述顺应自然之德以及修德之方、修德之用。其中T2－1至T2－3指出顺应自然方为德以及如何做到这种德;T2－4至T2－10重点阐述贪欲、智巧为修德之害,而淡化两者的方法为知足、处下、柔弱、不争等;T2－11至T2－13阐述圣人之表象与心智状态;T2－14至T2－21阐述践“德”之行;T2－22至T2－23阐述“德”与“道”之关系。

T2－1　顺应自在自为的生命常态是德之体现

【参见《老子》条目】

含德之厚,比于赤子。蜂虿虺蛇不螫,攫鸟猛兽不搏,骨弱筋柔而握固。未知牝牡之合而朘作,精之至也。终日号而不嗄,和之至也。

知和曰常,知常曰明。益生曰祥。心使气曰强。物壮则老,谓之不道,不道早已。(第55章)

证明:依据公理A1,自然是道从“无”到“有”再到“无”的自在自为过程,由此可知,自在自为乃生命之常态。从定义1可知,人对这个自在自为过程的认识以及顺应此过程的品质称为德。又依据基本假设5,人的认知和行为的理想状态是“守中”,从而促成人与人之间、人与外部世界之间的均衡。因此,顺应自在自为的生命常态是德之体现。

例证和说明:德是"道"在具体事物中的体现,是事物所以如此的内在根据。换言之,德是存在于万事万物之中的"道",就万物的生成来讲是"道",就万物的存在来讲则是"德"。"德是一物所得于道者。德是分,道是全。一物所得于道以成其体者为德。德实即是一物之本性。"①"道"与"德"是须臾不可离的二位一体。顺应自在自为生命常态就是顺应生命之自然。顺应生命之自然,能使生命处于最为和谐、平衡的状态。达到这种状态,正是德在人类社会的体现。《庄子·在宥》中说:"君子如果不得已而君临天下,最好是顺任自然。顺任自然才能使大家安定性命的真情。因此老子说:'以尊重生命的态度去为天下,才可以把天下寄付给他;以珍爱生命的态度去为天下,才可以把天下托交给他。'所以君子如果不放纵情欲,不显耀聪明;安居不动而神采奕奕,沉静缄默而感人深切,精神活动都合于自然,从容无为,而万物的繁殖就会像炊气般积累上升。"②

T2-2 顺应自在自为的生命常态,在于把握"无"与"有"的统一

【参见《老子》条目】

三十辐共一毂,当其无,有车之用。埏埴以为器,当其无,有器之用。凿户牖以为室,当其无,有室之用。故有之以为利,

---

① 张二平:《论老子哲学的体用观》,《商丘学院学报》2007年第8期。

② 陈鼓应:《庄子今注今译》,商务印书馆2007年版,第322页。

无之以为用。(第11章)

上德不德,是以有德;下德不失德,是以无德。上德无为而无以为;上仁为之而无以为;上义为之而有以为。上礼为之而莫之应,则攘臂而扔之。故失道而后德,失德而后仁,失仁而后义,失义而后礼。夫礼者,忠信之薄,而乱之首。前识者,道之华,而愚之始。是以大丈夫处其厚,不居其薄;处其实,不居其华。故去彼取此。(第38章)

证明:据命题T2-1,顺应自在自为生命常态是德之体现,而"德"是万物自在自为过程的总称,也指人对此过程的认识以及顺应此过程的品行(定义1)。又据基本假设3与基本假设5,"无"的无限可能性与"有"的有限现实性构成矛盾,"无"与"有"的统一才是"道"的圆满状态,人的认知和行为的理想状态是"守中",既看到"有"又坚守"无"。因此,顺应自在自为生命之常态,在于把握"无"与"有"的统一。

例证和说明:道是有无的统一体。"无"具有超越和形而上的性质。对其把握,应从现实的在具体时空中存在的"有"入手。顺应自在自为生命常态其实就是遵循"道"。因此,要循道、要做到顺应生命之自然,其关键在于从"有"中把握"无"。在人生实践中,我们应当持之以恒地做到"有功"不居、"有才"不傲、"富贵"不骄等,这样才算是做到顺应自在自为的生命常态。关键在于我们能从"有"中把握"无",知道这一切皆如昼夜更替四季转换一般,不必过于执着与分别,这样就不会被自私和贪欲所奴役,也就使得自己的身心达到顺应自然的状态。如唐懿宗时,官场黑暗。杨牧贪鄙成性,为相期间,贪银百万。杨牧有女嫁给尚书裴坦为儿媳,嫁妆豪奢。裴坦素性廉洁,令销毁嫁妆。不久杨牧获罪,先贬为端州司马,再流放欢州,继赐死。裴坦不追逐奢靡之风,不贪图非分之财。杨牧则没有做到在有中把握无顺应自在自为生命常态，贪赃枉法，结局凄惨。

T2－3　守静是践行“有中把握无”的根本

【参见《老子》条目】

重为轻根，静为躁君。是以君子终日行不离辎重。虽有荣观，燕处超然。奈何万乘之主，而以身轻天下？轻则失根，躁则失君。（第26章）

躁胜寒，静胜热。清静为天下正。（第45章）

大邦者下流，天下之牝，天下之交也。牝常以静胜牡，以静为下。（第61章）

证明：根据命题T2－2，顺应自在自为生命之常态要在“无”中把握“有”。又由定义5可知，“静”是涤除了过分的“欲”与机巧性“智”的干扰而达到的内心澄明状态。人达到静的状态才能从“有”通于“无”，感悟到道的无限可能性。因此，守静是践行“有中把握无”的根本。

例证和说明：静是心灵不受外物扰动的状态，指的是心灵的自然状态。正如南宋范应元所言：“致虚、守静，非谓绝物离人也。万物无足以扰吾本心者，此真所谓虚极、静笃。”庄子在《骈拇》中说：“小人牺牲自己来求利，士人牺牲自己来求名，大夫牺牲自己来为家，圣人则牺牲自己来为天下。这几种人，事业不同，名号各异，但是伤害本性，牺牲自己，却是一样的。”“天下人都在牺牲自己啊！有的为仁义而牺牲，而世俗却称他为君子；有的为货财而牺牲，而世俗却称他为小人。"①可见,世俗所谓"君子""小人"皆为外物所役所累,失去了生命和心灵之自然。通过守静,可从有中把握无,从而得以体认大道。

T2-4 贪欲、智巧会使人类与自在自为的生命状态背道而驰

【参见《老子》条目】

不尚贤,使民不争;不贵难得之货,使民不为盗;不见可欲,使民不乱。是以圣人之治也,虚其心,实其腹,弱其志,强其骨。常使民无知无欲。使夫智者不敢为也。为无为,则无不治。(第3章)

五色令人目盲;五音令人耳聋;五味令人口爽;驰骋畋猎,令人心发狂;难得之货,令人行妨;是以圣人为腹不为目,故去彼取此。(第12章)

天之道,其犹张弓与?高者抑之,下者举之;有余者损之,不足者补之。天之道,损有余而补不足;人之道,则不然,损不足以奉有余。孰能有余以奉天下,唯有道者。是以圣人为而不恃,功成而不处,其不欲见贤。(第77章)

证明:依据公理A1与基本假设2,自然是道从"无"到"有"再到"无"的自在自为过程;万物需要"道"的滋养。由此可知,自在自为乃生命之常态。又由定义2和3可知,对欲望的过分追求而产生的机巧智慧,往往是违背自然的。因此,贪欲、智巧会使人类与自在自为的生命状态背道而驰。

---

① 陈鼓应:《庄子今注今译》,商务印书馆2007年版,第280页。

例证和说明：贪欲、智巧及其交互作用而招致的纷争背离了“道”的精神，造成对人心自然状态的破坏。老子认为，通过致虚守静、涤除玄览的努力，在人物交接之时，就可以做到贪念不起，从而使心灵不受外界的惑乱，保持无私无欲的自然状态。世俗之人热衷于玩弄心机和诈伪，他们的心灵不再保有纯真朴实的自然状态。他们自以为聪明，实际上堵塞了体认“大道”的途径。贪欲、智巧及其交互作用而招致的纷争必然会导致与自然状态背道而驰。《庄子·马蹄》说：“在充满盛德的世代，人们和鸟兽同居，和万物并聚，又何必区分什么君子小人！大家都不用智巧，本性就不会丧失；人人都不贪求，所以都纯真朴实；纯真朴实便能保持人的本性。可到了所谓的圣人出现之后，执着于求仁为义，天下人便开始迷惑了；制定了繁琐的礼乐，便出现人以群分的现象了。”①在这种状况下，社会变得错综复杂，难以治理，其关键也就在于过多地杂糅了贪欲和智巧。

T2－5　少私寡欲、见素抱朴是达到自在自为生命状态的必由之路

【参见《老子》条目】

载营魄抱一，能无离乎？专气致柔，能如婴儿乎？……天门开阖，能为雌乎？（第10章）

绝智弃辩，民利百倍；绝伪弃诈，民复孝慈；绝巧弃利，盗贼无有。此三者以为文，不足。故令有所属：见素抱朴，少私寡欲。（第19章）

是以大丈夫处其厚，不居其薄；处其实，不居其华。故去彼

① 陈鼓应：《庄子今注今译》，商务印书馆2007年版，第293页。

取此。(第38章)

是故不欲琭琭如玉,珞珞如石。(第39章)

古之善为道者……敦兮其若朴。(第15章)

为天下谷,常德乃足,复归于朴。(第28章)

道常无名、朴。(第32章)

化而欲作,吾将镇之以无名之朴。(第37章)

证明:据命题T2-4,贪欲、智巧使人类社会与自在自为的生命状态背道而驰。由定义7可知,“无私”指消除过分的“欲”和机巧性“智”之后而达到的能包容万物的心理状态。少私寡欲和见素抱朴都是消除过分的“欲”和机巧性“智”所需要的行为。因此,少私寡欲、见素抱朴是达到自在自为生命状态的必由之路。

例证和说明:欲望、智巧及其纷争是不符合大道精神的,也与自在自为生命状态背道而驰。通过少私寡欲、见素抱朴的修身功夫根除它们,可以恢复人心之自然。“少私寡欲”“见素抱朴”是老子针对当时社会的道德状况提出来的,是一种矫正时弊的自我修养方法。老子看到,仁义等道德观念本来是用以劝导人的善行的,却流于矫揉造作、弄虚作假,有人更假借仁义之名窃取名利。老子认为不如抛弃这些被人利用的外壳,而恢复人们天性自然的道德。《庄子·胠箧》中说:“人们都内藏明慧,天下就不会迷乱了;人们都内敛聪敏,天下就没有忧患了;人们都内含智巧,天下就不会眩惑了;人们都内聚德性,天下就不会邪僻了。”①

① 陈鼓应:《庄子今注今译》,商务印书馆2007年版,第308页。

T2－6　知足知止带来长久，贪得无厌招致祸咎

【参见《老子》条目】

知足者富。（第33章）

甚爱必大费；多藏必厚亡。故知足不辱，知止不殆，可以长久。（第44章）

咎莫大于欲得；祸莫大于不知足。故知足之足，常足矣。（第46章）

证明：据命题T2－5，少私寡欲、见素抱朴是达到自在自为生命状态的必然选择。知止知足是少私寡欲、见素抱朴的表现，而贪得无厌则与其背道而驰。又据公理A5，摄生的基本方法是消除过分的“欲”和机巧性“智”，否则将对自身生活乃至生命带来伤害。因此，知足知止带来长久，贪得无厌招致祸咎。

例证和说明：老子倡导的“少私寡欲”并不是要灭绝私欲，而是主张恬淡为上，把私欲控制在一定的限度之内，使心灵保持相对的“虚静”状态。不使私欲超过一定的限度，凡事都要适可而止，便是“知足知止”。在历史上，这样的教训很多。例如唐朝的长孙无忌，家世显赫，其妹妹即唐太宗的长孙皇后，长孙无忌在太宗、高宗二朝为相，永徽年间又以元舅之亲辅政。然而，这位权倾一时的显赫人物却被武则天指使人诬告谋反，发配黔州，不久被逼自杀。长孙无忌下场惨淡，是他过分贪恋权势的结果。在封建社会，外戚当权，很容易成众矢之的。其妹文德皇后曾多次要其兄逊职，但长孙无忌没能真正理解胞妹的良苦用心。出于私利，拥立庸才为帝。手握重权时，排除异己，打击同僚。到头来，自己也遭迫害。他因过分迷恋权势，极力维护和巩固自己的地位，其结果反而不得善终。胡惟庸早

年随朱元璋起兵,颇受宠信。洪武十年任丞相,位居百官之首。随着权势的不断增大,胡惟庸日益骄横跋扈,擅自决定官员人等的生杀升降。他得知大将军徐达对他不满,曾在朱元璋处奏其奸行时,竟诱使徐达家的守门人福寿谋害徐达,但因福寿揭发,未能得逞。胡惟庸还千方百计地拉拢因犯法而受朱元璋谴责的吉安侯陆仲亨、平凉侯费聚,令其在外收集军马,以图谋反。洪武十三年正月,朱元璋将胡惟庸处死。

T2－7　以柔弱处世是保全自在自为生命状态的方法

【参见《老子》条目】

反者道之动;弱者道之用。(第 40 章)

含德之厚,比于赤子。蜂虿虺蛇不螫,攫鸟猛兽不搏。骨弱筋柔而握固。(第 55 章)

证明:从定义 14 可知,“柔弱”是不刻意展露自身强势的态度或行为,是一种高级的守中方式。依据基本假设 5 与命题 T2－4,“守中”可以促成人与人之间、人与外部世界之间的均衡,而贪欲、智巧使人类社会与自在自为的生命状态背道而驰。因此,以柔弱处世是保全自在自为生命状态的方法。

例证和说明:以柔弱方式处世,实际上就是要摒弃个人的贪欲、智巧诈伪和成心成见。朱元璋诛杀功臣可以说达到了极点,其中只有汤和一人得以幸免,为什么呢?因为他委曲求全,低调处世;而其他人之所以获罪被杀,多是因为他们飞扬跋扈,或者恃功自傲,或者直言谏争,等等。徐达虽谦逊不自傲,但是他智勇过人,功高震主,朱元璋对他不放心,趁他得毒痈期间赏赐蒸鹅致死。因为常食鹅会得痈,如果已经得痈再食鹅,将毒发身死。

T2-8　柔弱方能生生不息,刚强导致枯槁易折

【参见《老子》条目】

天下之至柔,驰骋天下之至坚。无有入无间,吾是以知无为之有益。不言之教,无为之益,天下希及之。(第43章)

人之生也柔弱,其死也坚强。草木之生也柔脆,其死也枯槁。故坚强者死之徒,柔弱者生之徒。是以兵强则灭,木强则折。强大处下,柔弱处上。(第76章)

天下莫柔弱于水,而攻坚强者莫之能胜,以其无以易之。弱之胜强,柔之胜刚,天下莫不知,莫能行。(第78章)

证明:依据命题T2-7,以柔弱处世是保全自在自为生命状态的方法。柔弱能够顺应自然,延年益寿;而刚强则往往耗竭生命,引发纷争。又据基本假设5与公理A5,"守中"可以促成人与人之间、人与外部世界之间的均衡,而摄生的基本方法是消除过分的"欲"和机巧性"智"。因此,柔弱才能生生不息,刚强必然枯槁易折。

例证和说明:子产临终时,在病榻之前,他把后事托付给心腹,并忠告他:"我认为施政的方式不外柔与刚两者。刚与柔两者譬如水与火一般。火的性质激烈,故人民见之畏之不敢接近它,所以因火丧生的人极少;反观水,因为水是温和的,故而不易使人生畏,但因为水而丧命的却不在少数。施行温和的政治看起来虽然容易,但实际上实行起来却极为困难。"其实,子产因为掌握了刚与柔的平衡,才做到刚柔并济治国有道。①

---

① 常桦:《老子智慧书》,石油工业出版社2007年版,第255页。

T2－9 “处下不争”是以柔弱处世的体现

【参见《老子》条目】

上善若水。水善利万物而不争，处众人之所恶，故几于道。居善地，心善渊，与善仁，言善信，政善治，事善能，动善时。夫唯不争，故无尤。（第8章）

证明：从定义11可知，“不争”指消除了过分的“欲”和机巧性“智”后而形成的处世态度。据命题T2－7与基本假设5，以柔弱处世是保全自在自为生命状态的方法，而“守中”可以促成人与人之间、人与外部世界之间的均衡，这里“守中”将引导“处下不争”的行为。再据公理A4，圣人知“道”并“不争”。因此，“处下不争”是以柔弱处世的体现。

例证和说明：老子有感于世人一味逞强好胜、不肯谦让而引起无数的纷争，于是提出处下不争的处世之道。《庄子·天下》篇说老子“以懦弱谦下为表”。谦下即谦恭处下，这不仅是避免祸患、保全自己的手段，而且是消解社会纷争的有效方法。谦下的具体要求是：不自我表现，不自以为是，不自我夸耀，不自我骄矜。“不争”即不与人争，不争先，是老子崇尚的一种生活态度，也是老子全生避害、化解社会纷争的重要方法。“处下不争”是效法天道而来的。

T2－10 坚守柔弱处世才是真正的自强不息

【参见《老子》条目】

绝学无忧。唯之与阿，相去几何？美之与恶，相去若何？人之所畏，不可不畏。荒兮，其未央哉！众人熙熙，如享太牢，如春登台。我独泊兮，其未兆，如婴儿之未孩。累累兮，若无所归。众人皆有余，而我独若遗。我愚人之心也哉！沌沌兮！俗人昭昭，我独昏昏。俗人察察，我独闷闷。澹兮其若海，飂兮若无止。众人皆有以，而我独顽且鄙。我独异于人，而贵食母。(第20章)

见小曰明，守柔曰强。(第52章)

慈故能勇；俭故能广；不敢为天下先，故能成器长。今舍慈且勇；舍俭且广；舍后且先；死矣。(第67章)

证明：据命题T2－7，以柔弱处世是保全自在自为生命状态的方法。又据基本假设3与基本假设5，“无”与“有”的统一才是“道”的圆满状态；而人的认知和行为的理想状态是“守中”，既看到“有”又坚守“无”。以柔弱处世正是“守中”的体现，从而促成人与人之间、人与外部世界之间的均衡。因此，坚守柔弱处世才是真正的自强不息。

例证和说明：老子从经验世界中观察到：貌似柔弱的东西可能是充满生机的和具有发展前途的，貌似刚强的东西可能是快要走下坡路的。天下没有比水更柔弱的，但是任何坚强的东西都不能改变水的本性；水是至柔的，又是至刚的。在人类社会，亦是如此。中国历史上深谙黄老之术、无论处于何种境况均能应对自如的是汉朝的陈平。当时刘邦身边谋士将才不少，能征善战者很多，但陈平能受到高祖刘邦的重用。当初投靠高祖刘邦，陈平的出身不如张良。张良是韩国贵族，陈平家里很穷。一个出身平民、家徒四壁的人如何获得一代英雄的垂青呢？只因为陈平性格如水，能吸纳知识，好读书，治黄帝、老子之术。陈平经常拜访请教一些前辈、社会上的名流，“读万卷书，行万里路”，以扩展见闻、增加阅历和丰富经验，从而匡扶汉室，消灭诸吕，历高祖、惠帝、文帝三朝而善终。

T2－11　贵德之士会表现出“守中”的人格

【参见《老子》条目】

古之善为士者，微妙玄通，深不可识。夫唯不可识，故强为之容：豫兮若冬涉川；犹兮若畏四邻；俨兮其若客；涣兮其若释；敦兮其若朴；旷兮其若谷；混兮其若浊；孰能浊以静之徐清；孰能安以动之徐生。保此道者，不欲盈。夫唯不盈，故能蔽而新成。（第15章）

证明：由定义1可知，“德”是万物从“无”到“有”再到“无”的自在自为过程的总称，也指人对此过程的认识以及顺应此过程的人格品质。贵德之士即为尊道之士。依据基本假设5，人的认知和行为的理想状态是“守中”，这与顺应自在自为过程是一致的。因此，贵德之士会表现出“守中”的人格。

例证和说明：贵德之士有较好的人格修养和心理素质，他们表面上清静无为，实际上蕴藏着很大的潜能，富有创造力，却不显山露水。在历史上，比较著名的是鬼谷子。鬼谷子姓王名诩，春秋时人。他常入云梦山采药修道，因隐居清溪之鬼谷，故被称鬼谷先生。他是孙膑和庞涓的老师，也是苏秦和张仪的老师，可谓声名赫赫。但是他除了有著作问世外，关于个人的生活记载非常少，可以说神龙见首不见尾。

T2－12 贵德之士能够通过观的方式达到澄明从而悟道

【参见《老子》条目】

不出户，知天下；不窥牖，见天道。其出弥远，其知弥少。是以圣人不行而知，不见而明，不为而成。（第47章）

为学日益，为道日损。损之又损，以至于无为。（第48章）

证明：由定义4可知，“观”是人知“道”的途径；“明”是人的内在生命力的自我观照能力。“观”是达到“明”的途径。依据公理A2与命题T2－11，由“智”入“明”就能知“道”；贵德之士会表现出“守中”的人格，从而由“智”入“明”，正确认识“道”。因此，贵德之士能够通过观的方式达到澄明从而悟道。

例证和说明：妨碍人们“悟道”的原因主要有三种：贪欲、智巧诈伪、成心成见。只有摒除以上三大障碍，使心灵从狭隘、封闭的局限性中提升出来，以广大的、超脱的、开放的心灵来观照万物和宇宙的真谛，才能悟道。心灵如一面镜子，宇宙万象都在镜中，镜面需经常抚拭、去其污垢才能明察世间百态。治理国家也是如此，要顺应自然本性及其规律，安定民心，才能收到较好的治理效果。①

T2－13 虚怀若谷是贵德之士应有之品行

【参见《老子》条目】

古之善为士者……旷兮其若谷。（第15章）

① 常桦：《老子智慧书》，石油工业出版社2007年版，第38页。

知其雄，守其雌，为天下溪……知其白，守其辱，为天下谷。（第28章）

上德若谷。（第41章）

江海之所以能为百谷王者，以其善下之，故能为百谷王。（第66章）

知不知，尚矣；不知知，病也。圣人不病，以其病病。夫唯病病，是以不病。（第71章）

证明：据命题T2－9，“处下不争”是以柔弱方式处世的体现，而虚怀若谷就是宽容大度、心胸豁达、处下不争的表现。又据命题T2－1，顺应自在自为的生命常态是德之体现，从而贵德之士需要有虚怀若谷的品行。因此，虚怀若谷是贵德之士应有之品行。

例证和说明：大道有“虚”“藏”的特性，能够包容万物，“善为道者”待人处世，也应如空旷的山谷一样，胸怀广阔豁达，能够包容一切。《庄子·天下》篇说老子“常宽容于物，不削于人”。贵德之士应虚怀若谷，容天下难容之事，不苛求于人，使分歧与恩怨化解在自己宏大的度量之中，方能为众望之所归。① 西汉末年，王莽篡位，很快失去了人心，各地纷纷起义。人们思念汉室，所以在起义军中有好几位都自称汉代的宗室。刘秀起兵，也打出匡扶汉室的旗号，拥刘玄为帝。王郎原在邯郸城以占卜为生，现在也说自己是汉成帝的儿子，自立为汉帝，起兵攻取州郡，一时很有声势。刘秀这时正好以大司马的身份前往河北各州县巡抚，王郎就下令悬赏捉拿刘秀，刘秀仓皇逃走。一时河北各郡纷纷望风归顺，尽属王郎。刘秀集结兵力，经过数番激战，最后一举攻取了邯郸，王郎战败被杀。刘秀搜查他的往来文件书信，发现里面有手下官员们写给王郎的上千封书

---

① 陈鼓应：《老子评传》，南京大学出版社2001年版，第266页。

信，内容很多是诋毁和诽谤刘秀的。左右劝他严加追查，好一网打尽。刘秀未置可否。一天，刘秀把大家召集在大殿，点起炉火，叫手下人烧掉那些书信，并且说："现在大家可以安心了！"大家拜伏在地上，庆幸自己逃过了一劫，也很感激刘秀放过他们。①

T2－14　实现家、国、天下的德治，需要顺应自在自为的生命常态

【参见《老子》条目】

修之于身，其德乃真；修之于家，其德乃余；修之于乡，其德乃长；修之于邦，其德乃丰；修之于天下，其德乃普。故以身观身，以家观家，以乡观乡，以邦观邦，以天下观天下。吾何以知天下然哉？以此。（第54章）

证明：由定义1可知，"德"是万物从"无"到"有"再到"无"的自在自为过程的总称，也指人对此过程的认识以及顺应此过程的品行。家、国、天下都有各自的运行规律，呈现各自的生存状态。依据命题T2－1，顺应自在自为生命常态是德之体现。因此，实现家、国、天下的德治，需要顺应自在自为的生命常态。

例证和说明：王弼对"以身观身，以家观家，以乡观乡，以邦观邦，以天下观天下"的注解是"彼皆然也"，即是说我之身与他人之身之间存在着共性，就"身"而言，我之身如此这般，他人之身也是同样道理，因而由我之身出发，则可观照推知他人之身。同理，我之家与他人之家，我之乡与他人之家，我之邦与他人之邦，皆应作如是观。这种"以物观物"的类比推理方法，使我们懂得家、国、天下的

① 萧龙：《老子为人处世智慧全集》，地震出版社2007年版，第121—122页。

治理需要顺应自在自为生命常态，帮助我们破除小我、超越自我，从更大范围看待万物、处理万事。

T2-15 圣人之功在于辅助民众回归自在自为之生命常态

【参见《老子》条目】

圣人常无心，以百姓心为心。善者，吾善之；不善者，吾亦善之；德善。信者，吾信之；不信者，吾亦信之；德信。圣人在天下，歙歙焉，为天下浑其心，百姓皆注其耳目，圣人皆孩之。（第49章）

是以圣人欲不欲，不贵难得之货；学不学，复众人之所过，以辅万物之自然而不敢为。（第64章）

证明：由定义8和定义9可知，作为有“德”的治国者，圣人之功表现为自觉维护符合“自然”的社会秩序的活动。又据公理A1与命题T2-4，“自然”是道从“无”到“有”再到“无”的自在自为过程，而圣人所致力的家、国、天下的德治，需要顺应自在自为生命常态。因此，圣人之功在于辅助民众回归自在自为之生命常态。

例证和说明：“圣人”，是老子理想中的得道之人，他想百姓之所想，行百姓之所需。《老子》所倡导的“圣人常无心，以百姓心为心”是一种伟大的公仆意识，是光明正大的奉献精神。圣人仿效天地运行的自然规律，鄙弃一切束缚和影响人类身心自由活动的名教规范，以“无为”的态度和原则来处理世事，实行“不言”的教导，听任人们按照自己的自然本性去生活，从不横加干涉。圣人以这样的态度和原则治理社会，就不会给人们带来危害，人们也不会感觉到权势的压迫，因而能够更好地自我发展自我化育，因而能收到最好的效果，使社会得到最好的治理。《庄子·天地》叙述，伯成子高对大禹说："从前尧治理天下，不必行赏而人民却能勉励，不必刑罚而人民却能有所敬畏。现在你行使赏罚而人民却不仁爱，德行从此衰落，刑罚从此兴起，后世的祸乱从此开始了。"①

T2－16　圣人以无为成就其功

【参见《老子》条目】

将欲取天下而为之，吾见其不得已。天下神器，不可为也，为者败之，执者失之。故物或行或随；或觑或吹；或强或羸；或载或隳。是以圣人去甚，去奢，去泰。（第29章）

道常无为而无不为。侯王若能守之，万物将自化。化而欲作，吾将镇之以无名之朴。无名之朴，夫亦将不欲。不欲以静，天下将自正。（第37章）

不出户，知天下；不窥牖，见天道。其出弥远，其知弥少。是以圣人不行而知，不见而明，不为而成。（第47章）

证明：由定义10可知，"无为"指顺应"自然"不刻意作为更不妄为的行动原则。依据命题T2－15与公理A3，圣人之功在于辅助民众回归自在自为之生命常态，而其基本理念是从"无为"达有为，也是善为道者的境界。因此，圣人以无为成就其功。

例证和说明：天道对于万物，既有创生的功能又有养育的功能，但这些都是在自然而然中进行的，既不是有意的作为，也没有任何功利的目的。这种无为是一种美德，也是圣人治理天下的手段。在原始氏族社会，生产资料归集体所有，氏族成员共同劳动，平均分配

① 陈鼓应：《庄子今注今译》，商务印书馆2007年版，第362页。

生活资料。远古的圣人管理生产和公共事务，却从不占有大家的劳动成果，他虽然有权做出决定，但代表着公众的意识。这与道的“生而不有，为而不恃，长而不宰”精神相吻合。

T2－17　无私是圣人成就其功的必然要求

【参见《老子》条目】

天地不仁，以万物为刍狗，圣人不仁，以百姓为刍狗。天地之间，其犹橐籥乎？虚而不屈，动而愈出。多言数穷，不如守中。（第5章）

天长地久。天地所以能长且久者，以其不自生，故能长生。是以圣人后其身而身先；外其身而身存。非以其无私邪？故能成其私。（第7章）

证明：据命题T2－16与公理A3，圣人以无为来成就其功，从“无为”达有为。这里的“无为”，指顺应自然，不刻意作为，更不妄为。又由定义7可知，“无私”指消除过分的“欲”和机巧性“智”之后而达到的能包容万物的心理状态。在这种心理状态下，才能真正做到不刻意作为，更不妄为。因此，无私是圣人成就其功的必然要求。

例证和说明：圣人的无私来源于其博大的慈爱之心。圣人将这种慈爱之心推及天下万物，形之于外就是“无私”。圣人无私，体现到道的基本精神，即辅助万物使其自我化育，而不居功不据为己有。这种无条件的付出，不求任何回报，可以称为“给予的道德”。只有真正的有道之人即圣人才能具有这种“给予的道德”，才能倾其所有以奉天下。圣人“无执”“无誉”甚至“无身”，从不把自己放在心上，唯以天下为怀，“以百姓心为心”。虽然不求任何回报，但却得到了众人的爱戴。心存无私,才能真正地拥有自己,才能得到他人的敬重。自私自利尽管能得到一时之小利,但会失去许多成就大事的机会。圣人的心中没有“自私”的概念,所以成就其功。春秋时,晋平公有一次问祁黄羊说:“南阳县需要一位长官,你看,应该派谁去当比较合适呢?”祁黄羊毫不迟疑地回答说:“叫解狐去,最合适了。他一定能够胜任!”平公惊奇地又问他:“解狐不是你的仇人吗?你为什么还要推荐他呢!”祁黄羊说:“你只问我什么人能够胜任,谁最合适,你并没有问我解狐是不是我的仇人呀!”①可以说,祁黄羊的行为体现了一种“公而忘私”或者“无私”的精神。

T2－18　慈、俭、不为天下先,是圣人成就其功的日常践行

【参见《老子》条目】

是以圣人欲上民,必以言下之;欲先民,必以身后之。是以圣人处上而民不重,处前而民不害。是以天下乐推而不厌。以其不争,故天下莫能与之争。(第66章)

我有三宝,持而保之。一曰慈,二曰俭,三曰不敢为天下先。慈故能勇;俭故能广;不敢为天下先,故能成器长。今舍慈且勇;舍俭且广;舍后且先;死矣! 夫慈,以战则胜,以守则固。天将救之,以慈卫之。(第67章)

天下莫柔弱于水,而攻坚强者莫之能胜,以其无以易之。弱之胜强,柔之胜刚,天下莫不知,莫能行。是以圣人云:“受国之垢,是谓社稷主;受国不祥,是为天下王。”正言若反。(第78

① 常桦:《老子智慧书》,石油工业出版社2007年版,第18—19页。

章)

证明:从定义13可知,“慈”指柔和而不激烈的博爱品质;“俭”指坚韧而不孤傲的节制品质;而“不为天下先”是处下不争。慈、俭、不为天下先都是自在自为之生命常态,也是无私的表现。依据命题T2-15以及T2-17,圣人之功在于辅助民众回归自在自为之生命常态,而无私是圣人成就其功的必然要求。因此,慈、俭、不为天下先是圣人成就其功的日常践行。

例证和说明:“慈”“俭”和“不敢为天下先”组成了老子的“三宝”,成为圣人行为的信条、为人处事的智慧。一次,晏子刚开始吃饭,齐景公派遣的使者就到了。于是晏子就将自己的饭食分给使者吃,结果使者没有吃饱,晏子也没有吃饱。使者回到宫里后,便把这事告诉了景公。景公说:“唉!晏子的生活竟然这么清贫,我怎么一点也不知道,这是我的过失啊!”于是派官吏送给晏子千镒(古代重量单位,一镒合二十两)黄金和市井的税收,让他用来款待宾客,晏子辞谢不受。景公又再三派人给他送去,晏子依然推辞,说:“我的家并不贫困啊!君王您的赏赐、恩泽覆盖了我父、母、妻三族,延及我朋友,我还可以用它来赈济百姓。君王给我的赏赐已很优厚了!我听说,从君王那里得到过多的财物,而又施惠给百姓,那就是代替君王统治百姓,忠臣是不能这样做的。从君王那里得到过多的财物,而又不施惠于百姓,那就成了储藏钱财的竹箱子了,仁慈的人是不会做这种事的。先从君王那里接受财物,然后又得罪于士人,自己死后钱财又转移到别人手里,这就是为他人收藏钱财,聪明的人是不会做这种事的。粗疏的布衣,一豆(古代的计量单位,四升为一豆)的粮食,够我安家度日就可以了。”景公对晏子说:“我的先君桓公将五百社(古代一种居民组织,二十五家为一社)封赏管仲,他一点儿不推辞便接受了。您为什么辞谢我的赏赐呢?”晏子说:“我听说，圣人千虑，必有一失；愚人千虑，必有一得。我想管仲失误的地方，或许正是我做得正确的地方吧，所以我再次拜谢您的恩典而不敢接受您的赏赐。”①

T2－19　一视同仁地善待事物，是圣人成就其功的关键

【参见《老子》条目】

善行无辙迹；善言无瑕谪；善数不用筹策；善闭无关楗而不可开；善结无绳约而不可解。是以圣人常善救人，故无弃人；常善救物，故无弃物。是谓袭明。故善人者，不善人之师；不善人者，善人之资。不贵其师，不爱其资，虽智大迷，是谓要妙。（第27章）

圣人常无心，以百姓心为心。善者，吾善之；不善者，吾亦善之；德善。信者，吾信之；不信者，吾亦信之；德信。（第49章）

和大怨，必有余怨；安可以为善？（第79章）

人之不善，何弃之有？（第62章）

大小多少，报怨以德。（第63章）

是以圣人执左契，而不责于人。有德司契，无德司彻。天道无亲，常与善人。（第79章）

圣人不积，既以为人己愈有，既以与人己愈多。（第81章）

证明：依据命题T2－18可知，慈、俭、不为天下先是圣人成就其功的日常践行，其中排在首位的慈便是博爱，它意味着泛爱众是圣

---

① 萧龙：《老子为人处世智慧全集》，地震出版社2007年版，第73—74页。

人的日常践行的首要之义。又据命题 T2 - 15,圣人之功在于辅助民众回归自在自为之生命常态,不必对各种事物有偏爱之心。因此,一视同仁地善待事物,是圣人成就其功的关键。

例证和说明:以“慈”为宝,表明老子对人类充满爱心,对社会有着高度的责任感。“慈”的基本要求就是与人为善。与人为善,难在善待不善之人。假如对不善之人也能以善待之,往往会化解矛盾。刘向《新序》中有这样一个故事:梁、楚两国相邻,都在边亭种了瓜。梁人勤于灌溉,瓜长得好。楚人懒惰,瓜长得不好。楚人心生妒忌,半夜里把梁人的瓜弄死了很多。梁人的长官不但不许部下报复,反而让他们每天夜里偷着去浇灌楚人的瓜。楚人的瓜越长越好。他们发现是梁人所为,便把这事报告楚王。楚王自感惭愧,派人前往梁国谢罪,从此两国修好,边境相安无事。①

T2 - 20 把握“无”与“有”的统一,是圣人成就其功的法门

【参见《老子》条目】

将欲歙之,必故张之;将欲弱之,必故强之;将欲废之,必故兴之;将欲取之,必故与之,是谓微明。柔弱胜刚强。鱼不可脱于渊,国之利器不可以示人。(第 36 章)

为无为,事无事,味无味。大小多少,图难于其易,为大于其细;天下难事,必作于易,天下大事,必作于细。是以圣人终不为大,故能成其大。夫轻诺必寡信,多易必多难。是以圣人犹难之,故终无难矣。(第 63 章)

---

① 陈鼓应:《老子评传》,南京大学出版社 2001 年版,第 270 页。

其安易持，其未兆易谋。其脆易泮，其微易散。为之于未有，治之于未乱。合抱之木，生于毫末；九层之台，起于累土；千里之行，始于足下。为者败之，执者失之。是以圣人无为故无败；无执故无失。民之从事，常于几成而败之。慎终如始，则无败事。是以圣人欲不欲，不贵难得之货；学不学，复众人之所过，以辅万物之自然而不敢为。（第64章）

证明：依据命题T2－15，圣人之功在于辅助民众回归自在自为之生命常态。又据命题T2－2与基本假设3，顺应自在自为生命之常态，在于把握“无”与“有”的统一；虽然“无”的无限可能性与“有”的有限现实性构成矛盾，但“无”与“有”的统一才是“道”的圆满状态。因此，把握“无”与“有”的统一，是圣人成就其功的法门。

例证和说明：任何事物都有它的对立面，同时又都因着它的对立面而形成，如有无、美丑、善恶、成败、是非等。吴澄《道德真经注》曰：“美恶之名，相因而有。”在老子五千言中，这种相反相成的概念多达80余对。从表面上看，对反的双方是相持不下、互不相容的，但老子经过深入的观察和思考后发现它们之间又是互相包含、互相渗透的。正是由于这种彼此相通关系，它们转化的必然趋势是向对立面转化，而不是转化为其他事物。① 正因如此，我们应当从事物的精微处入手，抓住对立转换的契机，从而走向成功。事物总是向对立面转化，由有而无，由存而亡，由治而乱。老子正是从这一认识出发，提出未雨绸缪、防微杜渐、防患未然的问题；强调安而不忘危，存而不忘亡，治而不忘乱，要人们从难处着眼，易处入手，及时动手，“为之于未有，治之于未乱”。这样，问题就比较容易解决，否则，等到问题拖到燃眉之急再动手解决，就十分困难了。我国历史

① 陈鼓应：《老子评传》，南京大学出版社2001年版，第176—177页。

上的著名政治家贾谊著《论积贮疏》《治安策》《过秦论》，充分体现了老子提倡的居安思危的忧患意识。贾谊认为，当时的西汉虽然在汉文帝的统治下，国情已经比较乐观，但是统治者应该看得更长远，居安思危，削诸侯，贮粮库，以安备不安，还应该从一些小事做起，如懂礼仪、知廉耻、爱民众，才能长治久安。汉文帝看了《论积贮疏》后，认为贾谊说得很有道理，便采纳了他的建议，接连两次发出通令，提倡发展农业，并且还制定了一些发展农业生产的措施，使西汉王朝逐渐富强起来。①

T2－21　功遂身退是圣人遵道而行的体现

【参见《老子》条目】

持而盈之，不如其已；揣而锐之，不可长保；金玉满堂，莫之能守；富贵而骄，自遗其咎。功遂身退，天之道也。（第9章）

不自见，故明；不自是，故彰；不自伐，故有功；不自矜，故能长。（第22章）

企者不立；跨者不行；自见者不明；自是者不彰；自伐者无功；自矜者不长。其在道也，曰：余食赘行。物或恶之，故有道者不处。（第24章）

证明：依据命题T2－15，圣人之功在于辅助民众回归自在自为之生命常态。又据公理A1，“自然”是道从“无”到“有”再到“无”的自在自为过程。功遂即功业告成，意味着人类社会回归到了道的自在自为过程，不再需要辅助之力，这时圣人可以适可而止，引身而退。因此，功遂身退是圣人遵道而行的体现。

---

① 常桦：《老子智慧书》，石油工业出版社2007年版，第205—206页。

例证和说明:一般人在名利当头时,往往趋之若骛。贪恋名利,富贵而骄,常常自取其祸,就像李斯做秦朝宰相时候,显赫不可一世,然而终不免沦为阶下囚。《史记·范雎蔡泽列传》记载,蔡泽见应侯范雎,劝其归还相印,退出政治舞台,对他大讲物盛则衰、功成身退的道理,又旁征博引,引用了"日中则移,月满则亏"以及"鉴于水者,见面之容,鉴于人者,知吉与凶""成功之下,不可久处"等名言警句来告诫范雎①。而老子则把历史上从事政治的经验之谈又提高了一步,上升到"功遂身退,天之道"的哲学高度。功遂身退体现了道的基本精神,也是圣人践行德的行为。

T2-22 呵护人的生命常态并与万物同一,是德之本质

【参见《老子》条目】

上德不德,是以有德;下德不失德,是以无德。上德无为而无以为。(第38章)

生而不有,为而不恃,长而不宰,是谓"玄德"。(第51章)

玄德深矣,远矣,与物反矣,然后乃至大顺。(第65章)

证明:从定义1可知,"德"是万物从"无"到"有"再到"无"的自在自为过程的总称,也指人对此过程的认识以及顺应此过程的品行。依据公理A1与命题T2-1,"自然"是道从"无"到"有"再到"无"的自在自为过程,而顺应自在自为的生命常态是德之体现,这里蕴含着把人的生命常态融入万物。因此,呵护自在自为生命常态并与万物同一,是德之本质。

---

① 司马迁:《史记》,岳麓书社2001年版,第478页。

例证和说明:呵护人的自在自为生命常态,与天地万物息息相通,是道在人类社会的体现,这就是德。春秋时期,孙武和伍子胥辅助吴王阖闾夺得国君之位后,孙武归隐,著成《孙子兵法》,但伍子胥不能及时隐退而自在自为,继续辅佐吴王夫差,导致结局悲惨。范蠡和文种共同辅佐越王勾践复国之后,范蠡及时引退,得以保全身家性命;文种贪恋权位,遭到身死名灭的结局。始终保有自在自为的生命常态,秉持平常心,不执着于名誉、地位、财富等外在事物,就能做到与万物同一,全生避害,这就与德的本质相吻合。

T2 - 23 “道”是万物的由来,“德”是万物的本性

【参见《老子》条目】

孔德之容,惟道是从。(第 21 章)

故从事于道者,同于道;德者,同于德;失者,同于失。同于德者,道亦德之;同于失者,道亦失之。(第 23 章)

道生之,德畜之,物形之,势成之。是以万物莫不尊道而贵德。道之尊,德之贵,夫莫之命而常自然。故道生之,德畜之;长之育之;亭之毒之;养之覆之。生而不有,为而不恃,长而不宰,是谓“玄”德。(第 51 章)

证明:依据基本假设 2,“道”可“无”,精微处充满力量;“无”生“有”,恍惚中混成迹象。“无”意味着道的无限可能性,“有”指万物之母,也就是万物的形成。万物需要“道”的滋养,“道”常在以助万物之生。而从定义 1 可知,“德”是万物自在自为过程的总称,也指人对此过程的认识以及顺应此过程的品行。这里,德虽无道之创造力,却是道从“无”生“有”之后的具体落成。在万物之中的“道”就

是“德”，它可以解释为万物本有的品质，也可以解释为在人伦关系中的德行。因此，“道”是万物的由来，“德”是万物的本性。

例证和说明：道具有形上性，但又真实存在；具有形下性，但又无法用感官来把握。道创生万物，又存在万物之中；道是万物的根源，又是万物的归宿。万物在创生之前，潜存在混沌未分的“道”中，与“道”为一体；万物创生后，内在地包含着“道”，体现着“道”。“道”与万物仍然是一体。道是永恒的，万物的存在则是暂时的，都有生灭变化，万物消失后不是化为乌有，而是复归于道，“道”中又凝聚着新的生命力，集结着新的创造力，孕育着新的事物，酝酿着另一轮循环。返本是为了从本根处更生，获得新的生命。

德是道在自然界和人类社会中的体现，是万物本性的依据。如果将火比如为道，那火的光和热就是的；如果将水比如为道，那流淌的溪水、飘洒的雨露和浩瀚的大海就是德。道就像母亲，德就像母亲的乳汁。世间万物在道和德的生养和抚育下成形、成长、成熟、衰老直至死亡，然后再形成新的生命，万物就是在这种自然规律中循环往复。①

① 夏维纪：《老夏说道》，中国金邦教育出版社 2012 年版，第 14 页。

第五章..........
治国篇

《治国篇》论述遵循自然的治国之道。其中,T3－1至T3－2论述合乎自然、圣人引领的社会是理想社会;T3－3至T3－5阐述有道社会的特征是和谐自然,百姓安居乐业,无需礼法;T3－6至T3－16指出治国方式是循道、循古,不可崇尚智慧、贤能、仁义、礼法、功德、奇货等;T3－17至T3－24指出在用兵、外交、为君、行政、治民等方面均要遵循"守柔"之道;T3－25至T3－28指出君主的修养在于教民守柔、修德修信、防微杜渐。

T3－1　合乎道的社会是理想社会

【参见《老子》条目】

人法地,地法天,天法道,道法自然。(第25章)

道常无名,朴。虽小,天下莫能臣。侯王若能守之,万物将自宾。天地相合,以降甘露,民莫之令而自均。始制有名,名亦既有,夫亦将知止,知止可以不殆。譬道之在天下,犹川谷之于江海。(第32章)

道常无为而无不为。侯王若能守之,万物将自化。(第37章)

道生之,德畜之,物形之,势成之。是以万物莫不尊道而贵

德。(第51章)

治大国,若烹小鲜。以道莅天下,其鬼不神;非其鬼不神,其神不伤人;非其神不伤人,圣人亦不伤人。夫两不相伤,故德交归焉。(第60章)

证明:根据基本假设1与基本假设2,道是任何“某个(类)”的综合;道可无,精微处充满力量;无生有,恍惚中混成迹象。“道”总是常在,总在“周行”。再根据公理A1与命题T1-2,“自然”是道从“无”到“有”再到“无”的自在自为过程,合乎“自然”的社会就是理想社会;而道是万物自在的根源。因此,合乎道的社会是理想社会。

例证和说明:儒家也有他们的理想社会,如《礼记·礼运》篇所说“天下为公”的大同思想,即孔子所谓的“天下有道”的社会。但儒家的有道社会是以人类社会为中心,以社会教化为手段,以社会伦理来维系整个社会,体现了人的主观意志和政治功利。与儒家的大同思想相比,老子从天人一体出发,理想的人类社会是回归到“道”的状态,既然万物是一种自然而然的状态,那么人类社会应像自然万物一样,这样的社会才是理想的社会。老子的理想社会也不同于古希腊柏拉图的理想国。柏拉图认为一个理想的国家,是一个依靠民主和正义的原则建立起来的,只有统治者、护卫者和生产者三种公民阶级组成的政体。

T3-2 圣人“无为而治”的社会应是理想社会

【参见《老子》条目】

是以圣人处无为之事,行不言之教;万物作而不为始,生而不有,为而不恃,功成而弗居。夫唯弗居,是以不去。(第2章)

是以圣人之治，虚其心，实其腹，弱其志，强其骨。常使民无知无欲。使夫智者不敢为也。为无为，则无不治。（第3章）

是以圣人抱一为天下式。不自见，故明；不自是，故彰；不自伐，故有功；不自矜，故能长。夫唯不争，故天下莫能与之争。（第22章）

故圣人云："我无为，而民自化；我好静，而民自正；我无事，而民自富；我无欲，而民自朴。"（第57章）

是以圣人方而不割，廉而不刿，直而不肆，光而不耀。（第58章）

非其神不伤人，圣人亦不伤人。夫两不相伤，故德交归焉。（第60章）

是以圣人终不为大，故能成其大。（第63章）

是以圣人自知不自见；自爱不自贵。故去彼取此。（第72章）

圣人不积，既以为人己愈有，既以与人己愈多。天之道，利而不害；圣人之道，为而不争。（第81章）

证明：从定义10可知，"圣人"指有"德"的治国者，这样的统治者能够认识到自然之过程，并努力地、自觉地在治国中顺应"自然"。根据公理A3和命题T2-15，治国的基本理念是"上善若水"、从"无为"达有为；而圣人之功在于辅助民众回归自在自为之生命常态。因此，圣人"无为而治"的社会应是理想社会。

例证和说明：古代圣人是有"德"的领导者，他们治理国家的原则是通过"无为而治"而达到国泰民安。三代时，黄帝、尧、舜垂衣而治，一直被后人称道。老子认为古代圣人"无为而治"的社会往往是"小国寡民"，"甘其食，美其服，安其居，乐其俗"，当然应是理想社会。

圣人"无为而治"的理想社会不同于空想社会主义者的"乌托邦"社会。托马斯·莫尔(1478—1535)在《乌托邦》一书中虚构了一位航海家到南半球时见到的一个岛屿国家。这个国家以公有制作为社会财产的基础,废除公民私有财产,人们在政治、经济、文化等领域一律平等,实行按需分配的原则,没有剥削,没有压迫,没有贫富差异,人人平等。

虽然老子的理想社会与"乌托邦"社会有一定程度相似,都是追求自在自为的小国、追求平等与自由。但是,他们提出的历史背景并不相同,批判的对象不同。莫尔处在西方殖民主义和圈地运动时期,批判的是资本主义扩张和资本的贪婪;老子处在礼崩乐坏的春秋末期,批判的是统治者的妄为乃至违背了人的自然本性。

T3-3 有道社会的根本特征是和谐自然

【参见《老子》条目】

太上,不知有之;其次,亲而誉之;其次,畏之;其次,侮之。信不足焉,有不信焉。悠兮其贵言。功成事遂,百姓皆谓"我自然"。(第17章)

人法地,地法天,天法道,道法自然。(第25章)

是以圣人欲不欲,不贵难得之货;学不学,复众人之所过,以辅万物自然而不敢为。(第64章)

小国寡民。使有什伯人之器而不用;使民重死而不远徙。虽有舟舆,无所乘之;虽有甲兵,无所陈之。使民复结绳而用之。甘其食,美其服,安其居,乐其俗。邻国相望,鸡犬之声相闻,民至老死,不相往来。(第80章)

证明:从定义D11可知,"无为"指顺应"自然"不刻意作为更不妄为的行动原则。根据公理 A1 和公理 A3,“自然”是“道”从“无”到“有”再到“无”的自在自为过程,而治国的基本理念是“上善若水”、从“无为”达有为。这里,和谐自然的社会状态才是符合社会自身发展规律的一种自在自为状态。因此,有道社会的根本特征是和谐自然。

例证和说明:陶渊明的《桃花源记》讲述了东晋太元年间,一个以捕鱼为生的人途经桃花林时奇遇一个世外桃源的故事:那里土地平坦宽阔,房屋整整齐齐,有肥沃的土地,美好的池塘,桑树竹林之类。田间小路交错相通,村落间能互相听到鸡鸣狗叫的声音。村里面行人往来不绝,耕田种地的人劳作不止,男男女女的衣着装束完全不像桃花源外的世人,老人和小孩都高高兴兴,自得其乐。他们为了躲避战乱,来此绝境,以至不知外面的世界了。

这是一个与世隔绝、顺应自然、自由自在、共同劳作、共同生活、没有教化、没有等级区分的群体,也就是老子所谓的“小国寡民”。这样一个人与万物的自在自为、和谐自然的社会,就是一个有道的社会。《桃花源记》是陶渊明儒道思想交融的结晶。

T3-4 人民安居乐业是理想社会的根本表现

【参见《老子》条目】

朝甚除,田甚芜,仓甚虚;服文綵,带利剑,厌饮食,财货有余,是谓盗夸。非道也哉!(第 53 章)

小国寡民。使有什伯人之器而不用;使民重死而不远徙。虽有舟舆,无所乘之;虽有甲兵,无所陈之。使民复结绳而用之。甘其食,美其服,安其居,乐其俗。邻国相望,鸡犬之声相闻,民至老死,不相往来。(第 80 章)

证明:根据公理 A1,“自然”是“道”从“无”到“有”再到“无”的自在自为过程。再根据命题 T3-3,和谐自然是有道社会状态的根本特征。安居乐业是人民自在自为过程的必要基础,只有基本生活条件得到满足,百姓才能实现自在自为,社会才能达到和谐自然,由此才可能出现理想的社会状态。因此,人民安居乐业是理想社会的根本表现。

例证和说明:安居乐业虽是儒、道两家共同的政治目标,但存在着一些差别。老子认为,有道的社会应是和谐自然的状态,其表现民众自在自为的安居乐业,而在儒家大同社会中的安居乐业,则是建立在“道之以德”“天下为公”“选贤与能”“讲信修睦”等有为的政治实践基础之上,并且确立了一套伦理体系来规范人们的思想和行为。

在西汉初期,儒术未尊,黄老思想盛行,国家与民众得以休养生息。司马迁在《史记·平准书》中对此赞叹道:“自汉朝建国七十多年之间,国家无大事,除非遇到水旱灾害,老百姓家给人足,天下粮食堆得满满的,官府仓库还有许多布帛等货材。京城积聚的钱币千千万万,以致穿钱的绳子朽烂了,无法计数。太仓中的粮食大囤小囤如兵阵相连,有的露在外面,以至腐烂不能食用。”汉初七十余年,“国家无事”,统治者政治上实行“无为而治”,百姓生活富足、安居乐业,在某种程度上实现了老子理想社会的目标。

T3-5　合乎“道”的社会无须刻意倡导仁义礼法

【参见《老子》条目】

大道废,有仁义。(第18章)

上德不德，是以有德；下德不失德，是以无德。上德无为而无以为；下德无为而有以为。上仁为之而无以为；上义为之而有以为。上礼为之而莫之应，则攘臂而扔之。故失道而后德，失德而后仁，失仁而后义，失义而后礼。夫礼者，忠信之薄，而乱之首。（第38章）

其政闷闷，其民淳淳；其政察察，其民缺缺。（第58章）

证明：依据基本假设1，道是任何某个（类）的综合，道是天地万物的根源，具有无限的创造力。再依据命题T3－1与命题T3－3，合乎道的社会是理想的社会，其根本特征是和谐自然，从而不需以“仁义礼法”等思想及制度解决严重的社会不公及纷争等问题。因此，合乎道的社会状态无须刻意倡导仁义礼法。

例证和说明：春秋之际，礼崩乐坏，社会处在急剧变革时期。在老子看来，正是由于社会“失道”，才会出现仁义礼法一类的教化。所以《老子》说：“大道废，有仁义。”“夫礼者忠信之薄而乱之首。”“法令滋彰盗贼多有。”其原因有三：首先，老子认为在理想的社会中，人们本性纯朴，彼此友好，互不伤害，因此，没有必要去提倡仁义礼法。仁义礼法这些概念的出现，就是社会无道的标志，恰恰说明了人类道德已在堕落。其次，老子反对仁义礼法是因为提倡仁义礼法时是带有功利目的。儒家并不是从“百姓皆曰我自然”这一角度，提倡民本思想，宣扬仁义，实则是保民而王。更有甚者，一些统治者假仁假义，把仁义当作玩弄阴谋、实现自己利益的工具。第三，老子认为公开提倡仁义会破坏人的仁义本性，从而进一步破坏人类的美好生活。老子没有直接、明确地讨论人性的善恶问题，但根据其整个思想可以看出，他与孟子一样，都是性善论者。他认为人性本来就是纯朴厚道、相爱而不相害的。①

T3－6 顺应自然、无为而治是良治的基本原则

【参见《老子》条目】

上善若水。水善利万物而不争，处众人之所恶，故几于道。（第8章）

人法地，地法天，天法道，道法自然。（第25章）

道常无为而无不为。侯王若能守之，万物将自化。化而欲作，吾将镇之以无名之朴。无名之朴，夫亦将不欲。不欲以静，天下将自正。（第37章）

治大国，若烹小鲜。（第60章）

民之难治，以其上之有为，是以难治。（第75章）

证明：根据公理A3，治国的基本理念是“上善若水”、从“无为”达有为。在一定程度上，“无为”虽有退让的表象，但这种退让本身不是目的，而真正回到“道”的不可言说的精微处才是力量之源。再根据命题T3－3，有道社会最根本的特征是和谐自然。因此，顺应自然、无为而治是良治的基本原则。

例证和说明：无为而治，是顺应天道自然，在老子看来，是社会良治的基本模式。这一模式在西汉初期得到了初步的实现。汉代初期，黄老思想成为国家的政治思想，休养生息成为汉初的治国方略。文帝在位二十三年，宫殿御苑车骑服御无所增加。对内，当百姓感到不便时，他常放开禁令以利百姓。自己只穿黑色绨衣，所宠爱的慎夫人衣长不拖地，帷帐不绣花，以表示自己的敦朴。他修造

① 张松辉：《老子研究》，人民出版社2006年版，第194—197页。

霸陵陵墓，都用瓦器，不准以金银铜锡装饰，因山起陵，不另选坟。对外，南越赵佗自立为帝，文帝嘉封赵佗兄弟，以德义感召，赵氏兄弟又重新称臣。汉朝与匈奴结为友好，不久匈奴背约侵扰，文帝只令边兵加强防守，却不发兵反攻，唯恐增加百姓负担。

文帝对内对外的无为、守柔政策，在景帝时继续实行。文景之治为汉代国力恢复奠定了基础。因此，司马迁、班固对此高度称赞。太史公说："汉兴以来，孝文皇帝广施大德，天下百姓怀恩而安。"班固赞叹道："孔子说过，'今时的人，也能像夏、商、周三代在政化淳一的情况下，直道而行。'这一看法是十分正确的。周、秦的弊端是因法网严密而律令苛峻，但违法犯罪的仍不可胜数。汉朝兴起，扫除繁苛，与民休息。至于汉文帝，加之以恭俭，景帝遵循前业，五六十年之间，至于移风易俗，黎民淳厚。周朝赞美成康，汉代称道文景，都认为那是美好的盛世啊。"

T3－7　良治的表现是社会公平、经济繁荣和民富国强

【参见《老子》条目】

天地不仁，以万物为刍狗，圣人不仁，以百姓为刍狗。（第5章）

执大象，天下往。往而不害，安平泰。（第35章）

小国寡民。使有什伯人之器而不用；使民重死而不远徙。虽有舟舆，无所乘之；虽有甲兵，无所陈之。使民复结绳而用之。甘其食，美其服，安其居，乐其俗。邻国相望，鸡犬之声相闻，民至老死，不相往来。（第80章）

证明：根据命题T2－1与T2－14，顺应自在自为生命常态是德

在人类社会之体现,而家、国、天下的治理与顺应自在自为生命常态的道理是一贯的。再根据命题 T2 - 15,圣人之功在于辅助民众回归自在自为之生命常态。根据命题 T3 - 4,人民安居乐业是理想社会的根本表现。因此,良治必然表现为社会公平、经济繁荣和民富国强。

例证和说明:在老子看来,理想的社会是老百姓过着自为自足的生活。这一思想在庄子那里得到进一步发挥。《庄子·胠箧》篇中也对古代良治社会进行了追溯。他说:“你不知道至德的时代吗?从前容成氏、大庭氏、伯皇氏、中央氏、栗陆氏、骊畜氏、轩辕氏、赫胥氏、尊卢氏、祝融氏、伏牺氏、神农氏,在那个时代,人民结绳来记事,吃的饭菜很香甜,穿的衣服很美观,生活的习俗很顺意,休息的居室很安适,相邻的国家能互相看得见,鸡鸣狗叫的声音能互相听得着,人民之间直到老死也不互相往来。像这样的时代,就是高度的太平了。”

庄子认为,高居上位的人喜好智巧而摒弃大道,天下就会大乱。运用诳骗欺诈、同异之辩的权变多了,世俗之人就会被诡辩所迷惑,所以天下昏昏大乱,罪过便在于喜好智巧。舍弃淳朴的百姓而喜好奸猾的佞民,丢弃恬淡无为而喜好烦琐的说教,烦琐的说教已经扰乱天下了。庄子的论断也在《史记》中得到验证。《史记·殷本纪》中记载:在夏朝时,成汤还是一个方伯,有权征讨邻近的诸侯。葛伯不祭祀鬼神,成汤首先征讨他。成汤说:“我说过这样的话:人照一照水就能看出自己的形貌,看一看民众就可以知道国家治理得好与不好。”伊尹说:“英明啊!善言听得进去,道德才会进步。治理国家,抚育万民,凡是有德行做好事的人都要任用为朝廷之官。努力吧!”成汤对葛伯说:“你们不能敬顺天命,我就要重重地惩罚你们。”由此可见,老庄对于垂裳而治、民风淳朴、百姓安居乐业的三代十分向往。司马迁所描绘的成汤治下的社会,就是一个良治的社会。

T3-8 文化认同、道义合法是良治的实施基础

【参见《老子》条目】

天得一以清;地得一以宁;神得一以灵;谷得一以盈;万物得一以生;侯王得一以为天下正。(第39章)

圣人常无心,以百姓心为心。(第49章)

大道甚夷,而人好径。朝甚除,田甚芜,仓甚虚;服文綵,带利剑,厌饮食,财货有余,是谓盗夸。非道也哉!(第53章)

以正治国。(第57章)

夫两不相伤,故德交归焉。(第60章)

证明:根据命题T3-1和命题T3-6,合乎道的社会自然是最理想的社会,循道是理想的治国方式。再根据T3-7,良治的表现是社会公平、经济繁荣和民富国强。在良治社会,人们必然趋同于相同的文化价值,并将道义置于合理合法的地位,因此,文化认同、道义合法是良治的实施基础。

例证和说明:老子一再强调无为之道,才是治理天下的法宝,圣人只有以无为之治,才能化天下有为之民,其中贵柔、守慈、不争而有天下的思想。《史记·周本纪》中记载:西伯姬昌暗自行善,诸侯都来请他裁决是非。当时虞、芮两国的人有讼事不能裁决,故而前往周地。他们进入周的境域,看到种田的人都互让田界,人民都以谦让长者为美德。虞、芮两国的人还没见到西伯,已觉惭愧,相互说:"我们所争的,正是周人所耻,还去干什么,去了只是自取羞辱罢了。"于是返回,互相谦让而去。诸侯听说,都说:"西伯是受有上天

之命的君主。”虞、芮两国人民目睹了周文王治下社会，人民相互谦退自守，并以谦让为美德，以至于他们受到感染，自觉认同了周文王的治国理念。周文王也因此受到诸侯们的拥戴，赢得他们国家的民心，为周代的建立奠定了基础。

这种思想在今天仍然具有重要的现实意义，在企业国际化进程中，跨国企业都会面临来自企业内部和外部的挑战。对于外在的挑战，老子主张“以无事而取天下”。跨国企业如何应对市场的竞争，以老子思想观之，不仅仅是企业间的产品竞争，而是企业如何顺应当地市场规律、消费习惯、社会生活方式，只有这样文化认同的企业，才可以做到不争而胜。对于企业内在的挑战，即如何管理一个庞大的跨国企业，在老子看来，就是“无为而无不为”。著名的企业家松下幸之助认为“所谓的无为就是人力本身的无所作为，但制度本身仍运行不违，这才是领导的真义，任何一个领导者不能不加留意。”①可见，老子思想有助于现代企业发展。

T3－9　循道而为是理想的治国方式

【参见《老子》条目】

以道佐人主者，不以兵强天下。其事好还。（第30章）

道常无名、朴。虽小，天下莫能臣。侯王若能守之，万物将自宾。天地相合，以降甘露，民莫之令而自均。（第32章）

道常无为而无不为。侯王若能守之，万物将自化。（第37章）

上士闻道，勤而行之；中士闻道，若存若亡；下士闻道，大笑

① 袁剑峰主编：《松下经营管理学全书》，地震出版社2006年版，第93页。

之。不笑不足以为道。故建言有之:明道若昧;进道若退;夷道若类;上德若谷;大白若辱;广德若不足;建德若偷;质真若渝;大方无隅;大器晚成;大音希声;大象无形;道隐无名,夫唯道,善贷且成。(第41章)

道生之,德畜之,物形之,势成之。是以万物莫不尊道而贵德。道之尊,德之贵,夫莫之命而常自然。故道生之,德畜之,长之育之,亭之毒之,养之覆之。生而不有,为而不恃,长而不宰,是谓玄德。(第51章)

道者万物之奥。善人之宝,不善人之所保。美言可以市,尊行可以加人。人之不善,何弃之有?故立天子,置三公,虽有拱璧以先驷马,不如坐进此道。古之所以贵此道者何?不曰:求以得,有罪以免邪?故为天下贵。(第62章)

证明:根据基本假设1与根据基本假设2,道是任何"某个(类)"的综合。道既可以大到包容一切,又可以小到无法感觉到它的存在。道可无,精微处充满力量;无生有,恍惚中混成迹象。根据T3-1,合乎道的社会才是最理想的社会。因此,只有遵循于道而为之,才是理想的治国方式。

例证和说明:老子认为,天道是自然无为的,人道是天道在社会政治领域的落实,是对天道的效法,因而也应是自然无为的,才能无为而无不为。老子说:"我无为,百姓们就自我化育,我好静,老百姓就自然上正道",是要求统治者在政治上能够做到清静无为,不去谋求功利,自然收到民自化、民自静的效果。他提出的"治大国如烹小鲜",是要求治理国家必须爱护民众,就像在烹调时谨慎地对待小鱼一样,如果不断翻腾,小鱼就会破碎不堪。老子以此强调:在治国的过程中,尽量不要繁杂的苛政,不要过分扰民,以简约自然的手段达到国治民安的效果。

然而历史上大部分统治者们却违背了循道而为的方式。春秋时期,天下大乱。面对社会现实,百家各持异见,主张不一。其中,不乏有人肆意地扩张一己的私欲和野心,导致了社会的危机和人民的苦难。老子的"无为而治"的主张就是对这种违背天道的"有为"政治的反思和纠正。在《史记·老子列传》中,司马迁指出:"老子所推崇的道,本是虚无,以无为来应对变化。"

T3-10　宗圣循古有利于循道治国

【参见《老子》条目】

执古之道,以御今之有。能知古始,是谓道纪。(第14章)

善为士者,不武;善战者,不怒;善胜敌者,不与;善用人者,为之下。是谓不争之德,是谓用人,是谓配天,古之极也。(第68章)

是以圣人自知不自见;自爱不自贵。故去彼取此。(第72章)

证明:从定义D10可知,"圣人"指有"德"的治国者,这样的统治者能够认识到自然之过程,并努力地、自觉地在治国中顺应"自然"。根据公理A4与命题T2-15,圣人知"道"并不争,圣人之功在于辅助民众回归自在自为之生命常态。崇尚圣人,学习古代圣人的治国方式,就能更容易地顺应自然,趋向理想的社会状态。因此,宗圣循古有利于循道治国。

例证和说明:在先秦有关著述中,儒、道两家都崇尚古代的圣人之治。他们推崇上古传说时代的帝王品德,对早期人类的纯朴自然十分向往。陈鼓应认为,面对春秋时的世道衰微,儒家用现行的一套已经流于形式和工具化了的仁、义、礼、忠、信等等道德观念和规范来矫治社会顽疾、挽救政治危局，这在老子看来不但无济于事，反而会越治越乱。因为，“古之真人”浑沌蒙昧，无知无为，其心淳朴未散而合于自然，这是人类最美好的时代。后经伏羲、神农、黄帝乃至于唐尧虞舜，不断动用心智和增加人为的作用，渐渐背离大道，渐失淳朴之心。道德上的每况愈下，人心不古，致使社会步步陷入不可解救的危机，人民遭受越来越深重的苦难。所以老子认为因循古代圣人的无为而治，是治理国家的最好方式。

老子虽然认为世道衰落，但却不悲观。他认为，社会陷入危机的最终根源，是人心质朴纯真的自然状态的破坏。因而在老子看来，返璞归真、返本复初，使人心恢复自然状态，既是人类的终极道德目标，又是解救社会危机的关键所在。①

T3－11　过度崇尚智慧，会使民心狡诈

【参见《老子》条目】

不尚贤，使民不争；不贵难得之货，使民不为盗；不见可欲，使民心不乱。是以圣人之治，虚其心，实其腹，弱其志，强其骨。常使民无知无欲。使夫智者不敢为也。（第3章）

五色令人目盲；五音令人耳聋；五味令人口爽；驰骋畋猎，令人心发狂；难得之货，令人行妨。是以圣人为腹不为目，故去彼取此。（第12章）

绝智弃辩，民利百倍；绝伪弃诈，民复孝慈；绝巧弃利，盗贼无有。（第19章）

古之善为道者，非以明民，将以愚之。民之难治，以其智

① 陈鼓应、白奚：《老子评传》，南京大学出版社2001年版，第219—220页。

多。故以智治国,国之贼;不以智治国,国之福。知此两者亦稽式。常知稽式,是谓"玄德"。玄德深矣,远矣,与物反矣,然后乃至大顺。(第65章)

证明:从定义D3可知,"智"一般意义指人对对象的认识能力和对个人行为的抉择能力,也特指人为满足"欲"的过分追求而丧失了回归"无"的能力的那种机巧智慧。根据公理A1,"自然"是"道"从"无"到"有"再到"无"的自在自为过程。如果过分崇尚智慧,就会使百姓步入非自在自为的过程,从而令人"不自然",逐渐形成狡诈之心。因此,过度崇尚智慧,会使民心狡诈。

例证和说明:老子并不反对人们对知识与智慧的掌握。其一,"知常曰明"在《老子》中出现了两次,他告诉人们:理性思维能够获得"道"的认识,并能指导人类的行为:无为、守中、抱一等等。其二,老子又认为"为学日益,为道日损"。一方面,经验知识的积累并不能使人获得对大道的体悟,亦不能使人的精神境界提高,相反,如果拘泥于生活的经验,局限于日常的知识,是不可能获得"大道"的,甚至有碍于"为道";另一方面,老子指出了"为学"与"为道"的不同,"为学"靠的是"日益",是生存经验的积累,"为道"却要"日损",是对生活中经验机巧的抛弃。其三,老子明确反对是人们在生活中用智使巧,以谋求个人的名利。所以他说"常使百姓没有欺诈之智,没有争夺之欲","百姓之所以难以统治,是因为他们心智太多"。为政者如果过度崇尚机智,就会使百姓处于"不自然"的境地。

《庄子·天地》篇中有这样一个故事:子贡从楚国返回晋国,路过汉阴,见一个老人正在整治菜园,用瓦罐取水浇园,用力很多而功效很低。子贡说:"有种机械叫桔槔,一天可浇百畦,用力很少而功效很高。先生不想用它吗?"浇园老人冷笑着说:"我听我老师说,使用机械的人一定会做投机取巧的事,做投机取巧事的人一定会有投机取巧的心。投机取巧的心藏在胸中,心灵就不纯洁。心灵不纯洁,精神就摇摆不定,没有操守。精神没有操守,就不能得道。我不是不知道桔槔,而是感到羞耻而不用它。”当然,能够使用机械时而固执不用,是阻碍社会进步的。而如果对于“机巧”的过度推崇,会使百姓心生伪诈,在老子看来,这是害“道”的。

T3-12 过度崇尚贤能,会使民趋争斗

【参见《老子》条目】

不尚贤,使民不争;不贵难得之货,使民不为盗;不见可欲,使民心不乱。是以圣人之治,虚其心,实其腹,弱其志,强其骨。常使民无知无欲。使夫智者不敢为也。(第3章)

证明:贤能泛指为人推崇的具有很高智慧和很强能力的人。根据命题T2-8,过度崇尚智慧,就会使民心狡诈。根据公理A3,治国的基本理念是“无为”。从定义D11可知,“无为”指顺应“自然”不刻意作为更不妄为的行动原则。过度崇尚贤能,必然导致人们膜拜智慧,强行“有为”,使得民众争强好胜。因此,过度崇尚贤能,会使民趋争斗。

例证和说明:春秋时期,诸侯纷争,为了使国家强盛,各国积极延揽贤能,并给予他们丰厚的俸禄显赫的身份。因此,一些人为了博取名利,用尽心机,如苏秦、张仪等舌辩之士纵横列国,一时声名鹊起。在老子看来,这种治国方式违背了“无为”的原则,也使民众为了名利而用尽心机,失去了他们的自然本性,引起不必要的纷争。

民间典故“头悬梁,锥刺股”讲述了苏秦发奋读书以出人头地故事:苏秦外出游仕几年,潦倒而归。一家人暗地里都讥笑他不务

正业。苏秦听到后,十分惭愧,头悬梁,锥刺股,埋头苦读。他说:“读书人既然已经从师受教,埋头读书,可又不能凭借它获得荣华富贵,即使读书再多,又有什么用呢?”追逐名利,使苏秦失去了人的自然本性。

典故“负荆请罪”也是因崇尚贤能产生的。秦国、赵国举行渑池之会后,赵国蔺相如因功大被拜为上卿,位在廉颇之上。廉颇不高兴了,说:“我是赵国的大将,有攻城野战的功劳,而蔺相如只凭口舌之辩,却位居我上,而且他出身贫贱,真是让我感到羞耻,不能忍受地位比他低。”他又扬言:“我见相如,必辱之。”蔺相如听说后,处处回避,不想与廉颇争夺名位。后来,廉颇领悟到相如的良苦用心,负荆登门请罪,创造了“将相和”的佳话。

T3 - 13　过度崇尚仁义,会使民众虚伪

【参见《老子》条目】

大道废,有仁义。(第 18 章)

上德不德,是以有德;下德不失德,是以无德。上德无为而无以为;下德无为而有以为。上仁为之而无以为;上义为之而有以为。上礼为之而莫之应,则攘臂而扔之。故失道而后德,失德而后仁,失仁而后义,失义而后礼。夫礼者,忠信之薄,而乱之首。(第 38 章)

其政闷闷,其民淳淳;其政察察,其民缺缺。(第 58 章)

证明:仁义是社会无道状态下倡导人们遵守的一种道德素质。根据命题 T3 - 5,理想的社会状态下无需仁义礼法。根据公理 A3 与定义 D11,治国的基本理念是“无为”,而“无为”是指顺应“自然”不刻意作为更不妄为的行动原则。如果过度崇尚仁义,就会使得人

们掩饰不德的行为,刻意表现有德的行为,从而难免虚伪。因此,过度崇尚仁义,会使民众虚伪。

例证和说明:春秋时期,大道不行,世风日下,为了化解社会危机,矫正人们的错误行为,于是出现了仁、义、忠、信等伦理道德观念和社会规范。老子认为,仁义忠信违背自然之道。因为"道"不仅是自然界运行的普遍规律,而且是人类的行为准则。

《淮南子·齐俗训》说:"遵循天性而行叫作道,得到这种天性叫作德。天性丧失以后才崇尚仁,道丧失以后才崇尚义。所以仁义树立起来也就说明道德蜕化,礼乐制定施行也就说明纯朴散逸,是非显示反而使百姓迷惑,珠玉尊贵起来致使人们为之互相争夺。所以说,仁义、礼乐、是非、珠玉这四者的产生,说明世道衰落,是末世所利用的东西。"在老子看来,你不指出什么是仁义,人们也不知道什么是不仁不义,你一旦提倡仁义,人们反而会干出一些不仁不义的事情来①。例如,在儒家思想中,讲孝道是好的,但过分提倡孝道,甚至用许多名利来诱导,就很容易走极端,以至于出现"卧冰求鲤""郭巨埋儿"之类的荒诞现象(他们也可能是一些不接地气的"腐儒"编造的),反而成了对人性的摧残。

T3-14　过度崇尚礼法,会使民不聊生

【参见《老子》条目】

上德不德,是以有德;下德不失德,是以无德。上德无为而无以为;下德无为而有以为。上仁为之而无以为;上义为之而有以为。上礼为之而莫之应,则攘臂而扔之。故失道而后德,

---

① 张松辉:《老子研究》,人民出版社2006年版,第197—198页。

失德而后仁，失仁而后义，失义而后礼。夫礼者，忠信之薄，而乱之首。（第38章）

其政闷闷，其民淳淳；其政察察，其民缺缺。（第58章）

证明：礼法是社会无道状态下要求人们遵守的社会规范。根据公理A3和公理A1，治国的基本理念是“无为”，而“自然”是“道”从“无”到“有”再到“无”的自在自为过程。如果过度崇尚礼法，就会强行推行一些社会规范，伤害“无为”而强行“有为”，使百姓步入非自在自为的过程，从而令人处于“不自然”的境地。特别地，如果这些社会规范更多为统治者所利用，就会出现民不聊生的局面。因此，过度崇尚礼法，会使民不聊生。

例证和说明：老子提倡无为而治，“无为”是顺应“自然”而不刻意作为。在老子看来，推行礼法，就是“有为”而治，因为礼法是一种社会约束性规范，一旦强加给百姓，必然使其丧失自然的本性，无法处于自在自为的状态，所以，老子说：“礼是忠信不足的产物，是祸乱开始的根源”，“法令越是显著周密，盗贼就越多。”

《淮南子·道应训》里讲了这样一个故事：惠施为魏惠王制定国家法令，制定出来后，拿给诸位德高望重的人看看，大家都称赞法令制定得好。于是惠施把法令上呈给魏惠王，惠王十分高兴，拿去给墨煎看。墨煎说：“很好。”惠王说：“既然法令制定得好，那么就拿出去颁布实行了吧？”墨煎说：“不行。”惠王说：“好却不能颁布实行，这是为什么？”墨煎说：“你见过那些扛大木头的人吗？前面的呼喊‘嗨哎’，后面的也同声应和。这是人们在扛举重物时为鼓劲而唱喊的歌声。他们难道不知道郑国、卫国那样的高亢激越的乐曲？知道的，但就是不用它，这是因为它不如那种号子歌声来得适用。同样，治理国家有原则，而不在于这法令的文辞修饰如何。”墨煎认为“举重劝力之歌”是劳动生活中自然产生的，而“郑卫之音”

乃是礼乐，如果在劳动中演奏它就不合时宜了。

T3－15 过度崇尚奇货，会使民心惑乱

【参见《老子》条目】

不尚贤，使民不争；不贵难得之货，使民不为盗；不见可欲，使民心不乱。是以圣人之治，虚其心，实其腹，弱其志，强其骨。常使民无知无欲。使夫智者不敢为也。（第3章）

五色令人目盲；五音令人耳聋；五味令人口爽；驰骋畋猎，令人心发狂；难得之货，令人行妨。是以圣人为腹不为目，故去彼取此。（第12章）

证明：从定义D2可知，“欲”一般意义指人对财富、名声和权力的追求，也特指人违背“自然”的过分追求。根据公理A1，“自然”是“道”从“无”到“有”再到“无”的自在自为过程。崇尚奇货表现为人对财富的追求，会使人违背“自然”，产生欲望，形成私心，造成困惑。因此，过度崇尚奇货，会使民心惑乱。

例证和说明：《淮南子·道应训》所说：饰伪品行的人互相吹捧抬高身价，施行礼义的人互相虚伪造作；车辆极力雕琢，器物竞相刻镂；求取财物的人争抢难得之物，并把它们当作宝贝；以文辞互相诋毁的人纠缠于冗长烦琐的事中而自以为聪明。官吏们互相争吵诡辩，将政务工作久拖而不处理，这些对治理国家毫无益处；工匠们处心积虑要制作奇异的器具，累月经年才完成，却不适合于使用。凡此种种，在老子看来，都是乱世的表现。

又如《史记·吕不韦列传》记载了吕不韦的经营之道。战国时，卫国商人吕不韦在邯郸做生意，知道秦国公子子楚在赵国做人质，认为他是“奇货可居”之人，决定做一次政治投机。他于是拿出

五百金送给子楚,作为日常生活和结交宾客之用;又拿出五百金买珍奇玩物,自己带着西去秦国游说。他先拜见华阳夫人的姐弟,后把带来的东西统统献给华阳夫人,顺便谈及子楚聪明贤能,所结交的诸侯宾客遍及天下,还把华阳夫人看成母亲一般,日夜哭泣思念。华阳夫人听后很感动,就收子楚为养子。后来,秦昭襄王去世,太子安国君继位成了孝文王,华阳夫人为王后,子楚为太子。一年后孝文王突然暴薨,子楚即位,是为秦庄襄王。秦庄襄王任命吕不韦为丞相,封其为文信侯,把河南洛阳十万户作为他的食邑。吕不韦虽然得到了位极人臣的地位和富甲天下的财富,却引发秦廷内部的争权夺利。

T3－16　过度崇尚功利,会使民不自在

【参见《老子》条目】

是以圣人处无为之事,行不言之教;万物作而不为始,生而不有,为而不恃,功成而弗居。夫唯弗居,是以不去。(第2章)

不尚贤,使民不争;不贵难得之货,使民不为盗;不见可欲,使民心不乱。是以圣人之治,虚其心,实其腹,弱其志,强其骨。常使民无知无欲。使夫智者不敢为也。为无为,则无不治。(第3章)

证明:根据公理A1,"自然"是"道"从"无"到"有"再到"无"的自在自为过程。功利与人们的欲望相关,过度崇尚功德表现为人对功名和权力的刻意追求,是一种违背"自然"的行为,不仅自身表现为"不自然",更会对民众造成伤害。因此,过度崇尚功德,会使民不自在。

例证和说明:钱穆说:"老子之政治理想,夫亦曰如何以善尽吾

使民无知无欲之法术而已。然老子亦知必先以实民之腹为为政之首务,此则老子之智也。虚其心则无知,弱其志则无欲。而尚复有智者出其间,又必使之有所不敢为,夫而后乃得成其圣人之治。”①

一旦为政者崇尚功利,有人就会以此私心用智争名逐利。汉武帝本是好大喜功的人,上有所好,下必甚焉。据《汉书·汲黯传》记载,一次汉武帝招揽文学之士和儒生,对他们说,他想要做一些大事。汲黯便答道:“陛下心里欲望很多,只在表面上施行仁义,怎么能真正仿效唐尧虞舜的无为而治呢!”虽然武帝推崇儒术,公孙弘等人推行仁义教化,却导致国内事端纷起、官吏和百姓弄巧逞志的局面。汲黯认为他们是心怀智诈,目的是取悦人主;酷吏张汤之流专门深究法律条文,巧言诋毁,陷人于罪,以此作为邀功的政治资本。在汲黯看来,他们的所作所为,只为私利,对上不能继承先帝无为而治的传统,对下不能遏止天下人的邪恶欲念。

T3－17 用兵守柔而不轻敌,方能常胜不败

【参见《老子》条目】

以道佐人主者,不以兵强天下。其事好还。师之所处,荆棘生焉。大军之后,必有凶年。(第30章)

夫兵者,不祥之器,物或恶之,故有道者不处。君子居则贵左,用兵则贵右。兵者不祥之器,非君子之器,不得已而用之,恬淡为上。胜而不美,而美之者,是乐杀人。夫乐杀人者,则不可得志于天下矣。吉事尚左,凶事尚右。偏将军居左,上将军居右,言以丧礼处之。杀人之众,以悲哀泣之,战胜以丧礼处

---

① 钱穆:《老庄通辨》,三联书店2002年版,第119页。

之。(第31章)

用兵有言:“吾不敢为主,而为客;不敢进寸,而退尺。”是谓行无行;攘无臂;扔无敌;执无兵。祸莫大于轻敌,轻敌几丧吾宝。故抗兵相若,哀者胜矣。(第69章)

人之生也柔弱,其死也坚强。草木之生也柔脆,其死也枯槁。故坚强者死之徒,柔弱者生之徒。是以兵强则灭,木强则折。强大处下,柔弱处上。(第76章)

虽有舟舆,无所乘之;虽有甲兵,无所陈之。(第80章)

证明:根据基本假设5,人的认知和行为的最高状态是“守中”。从定义D14可知,柔弱是指不刻意展露自身强势的态度或行为,是一种高级的守中方式。根据公理A3,治国的基本理念是“上善若水”,从“无为”达有为。这里,水意象蕴含“守弱”的特质。用兵时保持守柔之势,同时刚柔并济,不轻视敌方,充分备战才能保持常胜不败。因此,用兵守柔而不轻敌,方能常胜不败。

例证和说明:春秋末期征伐频仍,杀戮惨重。老子对战争造成社会生产的破坏有着深切的忧虑,期望百姓能过上安然自适的生活,所以他对战争持基本否定态度。面对不可避免的战争现实,他主张不要轻易进行战争,更不能“以军事逞强天下”。

《孙子兵法·火攻篇》主张:“没有利益不要行动,没有取胜的把握不要用兵,不到危急关头不要开战。不要因为自己的愤怒轻易开战,对自己有利就行动,不利于自己就停止。”孙子以此告诫明主和良将,因为人的愤怒是一时的,总可以转怒为喜,化愠为悦,但国家灭亡不可以复存,因战而死者不可以复生。所以,有道之君要慎之又慎,贤良之将要小心细察,这样的话,国家的安全才能得到保障,士兵的生命才能保全。《孙子兵法·军争篇》强调:“战争是国家的大事,事关百姓生死、国家的存亡,不能不慎重!”

T3－18　辅君守柔而不耀武，方能常获威信

【参见《老子》条目】

以道佐人主者，不以兵强天下。其事好还。师之所处，荆棘生焉。大军之后，必有凶年。(第30章)

夫兵者，不祥之器，物或恶之，故有道者不处。君子居则贵左，用兵则贵右。兵者不祥之器，非君子之器，不得已而用之，恬淡为上。胜而不美，而美之者，是乐杀人。夫乐杀人者，则不可得志于天下矣。吉事尚左，凶事尚右。偏将军居左，上将军居右，言以丧礼处之。杀人之众，以悲哀泣之，战胜以丧礼处之。(第31章)

用兵有言："吾不敢为主，而为客；不敢进寸，而退尺。"是谓行无行；攘无臂；扔无敌；执无兵。祸莫大于轻敌，轻敌几丧吾宝。故抗兵相若，哀者胜矣。(第69章)

人之生也柔弱，其死也坚强。草木之生也柔脆，其死也枯槁。故坚强者死之徒，柔弱者生之徒。是以兵强则灭，木强则折。强大处下，柔弱处上。(第76章)

虽有舟舆，无所乘之；虽有甲兵，无所陈之。(第80章)

证明：从定义D14可知，柔弱是指不刻意展露自身强势的态度或行为，是一种高级的守中方式。根据命题T3－17，用兵守柔而不轻敌，方能常胜不败。同理，辅佐君王时，不夸耀武力，不恃强凌弱；"守中"不仅体现在和平时期的国家治理上，而且体现在战争时期的取胜对策上，这样才能获得人们的信赖。因此，辅君守柔而不耀武，方能常获威信。

例证和说明：循道是处理一切事务的原则，人臣也要顺应自然，

不能以战争逞强天下。一旦通过战争解决争端，就会产生严重的后果。就如《韩非子·喻老》所说：“天下不太平，战争频繁，相互防备着，几年都不能停止，将士的盔甲上都长出了虱子，燕雀在军帐上都筑起了窝，而军队仍不能返回。”老子认为，真正懂得战争危害的人，达到目的就会停止军事行动，适可而止，决不以军事实力来逞强称霸；取得了作战的胜利，达到了目的，也不会自大，不会夸耀，不会骄傲；那些侵略战争，得不到百姓的支持。

《淮南子·道应训》中有这样一个故事：魏武侯问李克：“吴国灭亡的原因是什么？”李克说：“屡战屡胜。”武侯问：“屡战屡胜，这是国家的福气，吴国偏偏为此而灭亡，这又是什么原因呢？”李克解释说：“经常打仗，百姓必然感到疲惫不堪；而屡战屡胜必然导致君主骄傲；让骄横的君主去指挥、役使疲惫的百姓，不亡国这样的事情是很少见的。君主骄傲就会放肆，放肆纵欲就会穷奢极欲；百姓疲惫就会产生怨恨，怨恨多了就会动足脑筋谋求摆脱疲惫痛苦，以致会用到谋反的手段。”从道的层面来看，事物过于壮盛就会走向衰老，这是自然规律。用战争逞强称霸天下，必然会加速自身的衰败。从治的层面来看，频繁的战争，给百姓带来的无尽的灾难，自然得不到百姓的拥护和支持。

T3－19　外交守柔而不凌弱，方能为人所服

【参见《老子》条目】

柔弱胜刚强。（第36章）

反者道之动；弱者道之用。（第40章）

大邦者下流，天下之牝，天下之交也。牝常以静胜牡，以静为下。故大邦以下小邦，则取小邦；小邦以下大邦，则取大邦。

故或下以取,或下而取。大邦不过欲兼畜人,小邦不过欲入事人。夫两者各得所欲,大者宜为下。(第61章)

江海之所以能为百谷王者,以其善下之,故能为百谷王。是以圣人欲上民,必以言下之;欲先民,必以身后之。是以圣人处上而民不重,处前而民不害。是以天下乐推而不厌。以其不争,故天下莫能与之争。(第66章)

天下莫柔弱于水,而攻坚强者莫之能胜,以其无以易之。弱之胜强,柔之胜刚,天下莫不知,莫能行。是以圣人云:"受国之垢,是谓社稷主;受国不祥,是为天下王。"正言若反。(第78章)

证明:从定义D14可知,柔弱是指不刻意展露自身强势的态度或行为,是一种高级的守中方式。根据命题T3-14和命题T3-18,用兵守柔而不轻敌,方能常胜不败;而辅君守柔而不耀兵,方能常获威信。从而,大国在外交上如能保持守柔之势,刚柔相济,又不恃强凌弱,才能为他国所敬服。因此,外交守柔而不凌弱,方能为人所服。

例证和说明:老子认为有无相生,强弱可以相互转化,任何事物一旦呈现出强势的一面,就意味着必将走向衰亡,因此,守柔的实质是维持一种持久的向强转化的趋势,在处理国与国之的关系中,做到不刻意展示自身强大的一面,既避免加速自身的衰落,同时也能赢得人心,让人信服。

汉文帝在处理南越和匈奴外交上就采取了守柔政策。《汉书·文帝纪》说:"文帝时,南越赵佗自立为南越王,文帝没有采用军事手段,没有兵临城下,来展示大汉的国威,而是采用怀柔的策略,以德怀之,感化了赵佗兄弟,使之臣服;对待匈奴采用和亲政策,当匈奴背弃汉朝、频频骚扰边境时,文帝舍攻取守,没有派兵深入匈奴,不愿意惊扰双方的百姓。”

经过文、景两帝的无为而治,汉代国势日隆。武帝时,在外交关系上采取强硬的方式,多次派遣卫青、霍去病、李广利等征讨匈奴。故司马迁对此批评说:“兵祸不断,无法和解,天下人为此烦劳,叫苦不迭,而战争还是日甚一日。行走的为战事运载物资,居住的则忙于送行,到处扰攘骚动,都在为战争而忙碌。”

T3 - 20 为君守柔而不滥用权力,方能长治久安

【参见《老子》条目】

古之善为士者,微妙玄通,深不可识。(第15章)

鱼不可脱于渊,国之利器不可以示人。(第36章)

证明:从定义D14可知,柔弱是指不刻意展露自身强势的态度或行为,是一种高级的守中方式。根据命题T2 - 14,家、国、天下的治理与顺应自在自为的生命常态的道理是一贯的。这里的“君”指君王,他既要具有不刻意展露自身强势的一面,又必须把握“守中”,韬光养晦,不随意滥用权力,才能国泰民安。因此,为君守柔而不滥用权力,方能长治久安。

例证和说明:《左传·郑伯克段于鄢》讲述了郑庄公韬光养晦的故事:隐公元年(前772),郑国国君的弟弟共叔段在其母亲武姜庇护下,谋划夺取哥哥郑庄公的君位。郑庄公发现后,处处示弱,来满足共叔段的要求。共叔段则得寸进尺,愈加骄横,修治城郭,聚集百姓,修整盔甲武器,备好兵马战车,将要偷袭郑国。庄公获悉共叔段的叛乱后,才率兵讨伐。由于共叔段的行为不得人心,百姓都离开了他,最后在鄢地被打败。郑庄公在与段叔的对抗中,守柔而不逞强,以退为进,最终守住了自己的政治权力。

《淮南子·齐俗训》说:“古代的君王能持守道体本性,因此能做到有令即行,有禁即止,名声留传后世,德泽遍及四海……所以圣人君主是抓着这一‘道体’根本而不丧失,于是万事万物的情理均在他掌握之中,四夷九州也就归顺降服。这说明‘道体’这一根本是何等的珍贵啊!掌握它就能无敌于天下。”

宋太祖在取得天下的第二年问宰相赵普巩固统治之道。赵普回答“削诸将兵权”。宋太祖深表赞同,采取了一个以柔克刚的办法。他宴请石守信等有功之将,饮食谈笑间,宋太祖说:“带兵真是一件辛苦的事,还容易引起君臣之间的猜忌。如果不必带兵,多买些良田美宅,颐养天年,才是人生最快乐的事啊!”石守信等人立即领会了其用意,便说“皇上顾念我们的辛劳,又为我们设想周到”。第二天,诸将纷纷称病请辞,交出兵权。历史上把这次以和平手段解决权利分配、以柔性智慧解决人性贪婪欲望的重大事件称为“杯酒释兵权”。

T3-21 行政守柔而不争功,方能长保平安

【参见《老子》条目】

自见者不明;自是者不彰;自伐者无功;自矜者不长。(第24章)

证明:从定义D14和定义D12可知,柔弱是指不刻意展露自身强势的态度或行为,而“不争”指消除了过分的“欲”和机巧性“智”后而形成的处世态度。“不争”不是退却、懦弱和胆小,反而是更有内在的力量。根据公理A3,治国的基本理念是“上善若水”,从“无为”达“有为”,亦是不争。再根据命题T2-21,功遂身退是圣人尊道之行。因此,行政守柔而不争功,方能长保平安。

例证和说明:在政治上,守柔是为了保持处下的姿态,不居功自傲,消除自身好大喜功的欲望,即老子所说的"是以圣人为而不恃,功成而不处"。守柔也是"不争",能打消政治对手的不满与猜忌,这样才能使自己不处于危险的处境。

《史记·越王勾践世家》里说:春秋时期,范蠡戮力辅佐越王勾践,终于使得越国复兴。功成名就后,他不留恋功名,还劝诫大夫文种说:"飞鸟尽,良弓藏;狡兔死,走狗烹。越王是长颈鸟嘴,只可以与之共患难,不可以与之共享乐,你为何不离去呢?"但大夫文种没有放弃高官厚禄,后被勾践杀死。范蠡急流勇退,却得以全身而退。

《史记·留侯世家》记载:汉初张良不居功自恃,婉拒高祖丰厚的赏赐。他说:"现在凭三寸舌头做帝王的老师,封邑万户,位在列侯,这是平民的极致,对我来说已经足够了,希望放弃人间之事,跟赤松子云游。"张良以谦卑退守的态度,放弃应得官俸,真正做到了老子的"不自矜,故长"。相反,其同僚韩信没有做到功成身退,结果落个夷灭宗族的下场。在《史记·淮阴侯列传》里,司马迁对韩信评论道:"假使韩信能够谦恭退让,不夸耀自己的功劳,不自恃自己的才能,那才差不多。"韩信的悲剧在于其"伐己功""矜其能",没有采用道家的谦让、守柔的态度,故而不得善终。

T3-22　与民守柔而不争财,方能长期获益

【参见《老子》条目】

上善若水。水善利万物而不争,处众人之所恶,故几于道。(第8章)

夫唯不争,故天下莫能与之争。(第22章)

江海之所以能为百谷王者,以其善下之,故能为百谷王。

是以圣人欲上民，必以言下之；欲先民，必以身后之。是以圣人处上而民不重，处前而民不害。是以天下乐推而不厌。以其不争，故天下莫能与之争。（第66章）

天之道，不争而善胜，不言而善应，不召而自来，婵然而善谋。（第73章）

民不畏死，奈何以死惧之？若使民常畏死，而为奇者，吾将得而杀之，孰敢？常有司杀者杀。（第74章）

天之道，利而不害；圣人之道，为而不争。（第81章）

证明：从定义D14和定义D12可知，“柔弱”指不刻意展露自身强势的态度或行为，而“不争”指消除了过分的“欲”和机巧性“智”后而形成的处世态度。根据命题T3－4，人民安居乐业是理想社会的根本表现。安居乐业是人民自在自为过程的必要基础，只有基本生活条件得到满足，百姓才能实现自在自为。而君王不与民争财，社会才能达到和谐自然，民富国强。因此，与民守柔而不争财，方能长期获益。

例证和说明：老子认为安居乐业是百姓自在自为的生活，是一种理想的社会状态。这种理想社会之所以没有出现，就在于行政者不能做到与民守柔，却与民争利。老子说：“百姓遭受饥馑，是因为统治者收税太多，所以他们才陷于饥饿。人民之所以难于统治，是由于统治者任意妄为。”

《韩非子·解老》说：“君主对内不用刑罚，对外不贪求民众的财物，这样的话，老百姓就安居乐业了。百姓安居乐业了，积蓄自然就会多，这就叫作有德。所谓作怪，就是丧魂落魄而精神错乱。精神错乱就是无德，反之，精神不乱就是有德。君主使民众安居乐业，鬼也不来扰乱民众精神，那么德就在民众中了。”《汉书·食货志》记载：“汉初天下平定，生民疾苦，财物匮乏，连皇帝都找不到四匹同色的马拉车,文臣武将只能驾乘牛车。于是高祖颁布法令,禁止浪费,轻徭薄赋,节省开支,减轻百姓负担。”汉初政治上无为而治、经济上休养生息,为西汉奠定了二百多年的统治基业。守柔不与民争利,能使百姓安居乐业,过着安然自适的生活。

T3 - 23　教民守柔而不纵欲,方能长稳人心

【参见《老子》条目】

是以圣人之治,虚其心,实其腹,弱其志,强其骨。常使民无知无欲。使夫智者不敢为也。为无为,则无不治。(第3章)

道常无为而无不为。侯王若能守之,万物将自化。化而欲作,吾将镇之以无名之朴。无名之朴,夫亦将不欲。不欲以静,天下将自正。(第37章)

圣人常无心,以百姓心为心。善者,吾善之;不善者,吾亦善之;德善。信者,吾信之;不信者,吾亦信之;德信。圣人在天下,歙歙焉,为天下浑其心,百姓皆注其耳目,圣人皆孩之。(第49章)

证明:从定义D14与定义D2可知,柔弱是指不刻意展露自身强势的态度或行为,是一种高级的守中方式,而“欲”特指人的违背“自然”的过分追求,也是为了私利而展露自身强势。根据基本假设5,人的认知和行为的最高状态是“守中”。让百姓守柔而没有过多贪欲,就会让人保持自然本色,心态平和,不会出现人心混乱的局面。因此,教民守柔而不纵欲,方能长稳人心。

例证和说明:社会不稳定在于人心混乱,人心混乱是因为人们的欲望太多,欲望太多是因为人们没有做到守柔。《韩非子·解老》说:“治理社会事务致力于根本,过度的奢侈就会被制止。一般

说来,马的大用处是对外满足打仗需要,对内供给淫佚奢华的需要。现在有道的君主,对外很少用兵打仗,对内禁止过度的奢侈。君主不用马进行战争追击败敌,民众不用马到处运输货物,所积蓄起来的力量只用于农耕。”在韩非看来,圣人要做的是对外不征伐,对内禁淫奢。如果这样的话,百姓也就会一心一意去耕田。

T3-24 让百姓抱朴归真,可以使他们回归自然

【参见《老子》条目】

是以圣人之治,虚其心,实其腹,弱其志,强其骨。(第3章)

是以圣人为腹不为目,故去彼取此。(第12章)

圣人常无心,以百姓心为心。善者,吾善之;不善者,吾亦善之;德善。信者,吾信之;不信者,吾亦信之;德信。圣人在天下,歙歙焉,为天下浑其心,百姓皆注其耳目,圣人皆孩之。(第49章)

其政闷闷,其民淳淳;其政察察,其民缺缺。(第58章)

证明:根据T2-4,贪欲、智巧使人类社会与自在自为的生命状态背道而驰。再根据T2-5,从个人修养角度讲,少私寡欲、见素抱朴是根除欲望、智巧及其纷争从而达到自在自为生命状态的必然选择。在治理国家的过程中,让百姓保存真朴,是使其获得和谐自然状态的重要途径。因此,让百姓抱朴归真,可以使他们回归自然。

例证和说明:老子主张天道自然,倡导无为而治,不仅是针对统治者而言,而且期望以此引导民众自在自为,安居乐业。有论者认为,老子主张圣人无为有两层意思:一方面它首先是社会治理者的无为,而不是普通人的行为准则;另一方面,圣人不仅是社会治理者

的楷模，而且是万民仰慕效法的对象，所以无为原则对普通人来说也有指导意义或启发意义。①

《淮南子·齐俗训》说："盛世太平国家的治理方法是，君王没有苛刻的法令，官吏没有烦琐的政务，士人没有虚伪的品行，工匠技艺没有淫巧的成分，事务合乎常规而不混乱，器物完美而不雕饰……所以古代神农的法令这样说：'成年男子如果不从事耕种，那么天下就会有人因此而挨饿；年轻妇女如果不从事纺织，那么天下就会有人因此而挨冻。'因此神农自己亲自耕种，他的妻子亲自纺织，为天下人做出了榜样。所以那时的男子非得努力耕种不可，否则将要饿肚子；女子非得勤奋织布不可，否则将无法遮蔽身体；有余和不足，都直接关系到每个人自身；丰衣足食，邪奸就不会产生，大家安居乐业而天下太平。"

T3－25　行政者必须具有修德养真的心境

【参见《老子》条目】

常使民无知无欲。使夫智者不敢为也。（第3章）

五色令人目盲；五音令人耳聋；五味令人口爽；驰骋畋猎，令人心发狂；难得之货，令人行妨。是以圣人为腹不为目，故去彼取此。（第12章）

绝智弃辩，民利百倍；绝伪弃诈，民复孝慈；绝巧弃利，盗贼无有。此三者以为文，不足。故令有所属：见素抱朴，少思寡欲。（第19章）

是以圣人去甚，去奢，去泰。（第29章）

① 刘笑敢：《老子古今》，中国社会科学出版社2006年版，第738页。

名与身孰亲？身与货孰多？得与亡孰病？甚爱必大费；多藏必厚亡。故知足不辱，知止不殆，可以长久。（第44章）

咎莫大于欲得；祸莫大于不知足。故知足之足，常足矣。（第46章）

是以圣人欲不欲，不贵难得之货；学不学，复众人之所过，以辅万物自然而不敢为。（第64章）

证明：根据命题T2－4，贪欲、智巧使人类社会与自在自为的生命状态背道而驰。又从定义D1和定义D10可知，“德”是万物从“无”到“有”再到“无”的自在自为过程的总称，也指人对此过程的认识以及顺应此过程的品质。根据命题T3－2，古代圣人领导下的社会是理想社会的典范，行政者如能学习古代圣人的治国方式，就能够更容易地顺应自然，使社会趋向理想状态。因此，行政者必须具有修德养真的心境。

例证和说明：相传尧在位七十年后，年纪大了。有人推荐丹朱继位，尧不同意，因为他的儿子丹朱很粗野，好闹事。后来尧又召开部落联盟议事会议，讨论继承人的人选问题。大家都推举虞舜，说他是个德才兼备、很能干的人物。尧考验了三年才将帝位禅让给舜。后来，舜也是如此禅让给禹，没有留给自己的儿子商均。他们无私于民，开创了上古三代的黄金时期。这就是《周易·系辞》所说的“神农氏死后，黄帝、尧、舜氏开始，顺应天地之变，使百姓不怠倦，神妙地化育，使民众相适应……黄帝、尧、舜垂衣拱手之间而天下大治。大概取象于《乾》《坤》二卦。”

只有修德养真才能做到无为而治，才能“使民不倦、使民宜之”。《淮南子·齐俗训》说，“（行政者）如果听觉迷惑于诽谤和赞誉，眼睛沉溺于五颜六色，却还想将事情办好，这是不大可能的。”

T3－26　行政者必须具有讲求诚信的品质

【参见《老子》条目】

居善地，心善渊，与善仁，言善信，政善治，事善能，动善时。（第 8 章）

太上，不知有之；其次，亲而誉之；其次，畏之；其次，侮之。信不足焉，有不信焉。悠兮其贵言。功成事遂，百姓皆谓“我自然”。（第 17 章）

夫轻诺必寡信，多易必多难。（第 63 章）

信言不美，美言不信。（第 81 章）

证明：从定义 D1 可知，“德”是万物从“无”到“有”再到“无”的自在自为过程的总称，也指人对此过程的认识及顺应此过程的品质。根据命题 T2－22，行政者必须具有修德养真的心境，而“修德”的过程必然养成诚信的品质，绝不可以智巧欺骗于人。因此，行政者必须具有讲求诚信的品质。

例证和说明：老子认为，对为政者来说，循道而行，就是要心怀诚信，诚信是为政者必备的品质。《淮南子·道应训》里有一个故事：春秋时期，晋文公征伐原邑，和大夫们约定三天攻克。但打了三天没有攻下，于是文公依约下令撤兵离去。身边的军官们说：“再坚持一二天，原邑人就会投降了。”文公说：“我当初不知道原邑不可能三天内攻克，但我与大夫们约定三天内攻克，现在三天已过，如果继续攻下去，就会失去信用，这样即使得到原邑，我也不会做这样的事的。”原邑的人得知这事后说：“有这样讲信用的君王，还不投降干什么？”于是纷纷投降。

反之，失信于人，就会使为政者付出沉重的代价，在《史记·周本纪》里就有周幽王烽火戏诸侯的故事。幽王宠爱褒姒，见她整天没有笑容，就想方设法以博美人一笑，但都没有效果。一天，幽王点起烽燧敲起战鼓，烽火通常是在敌寇来犯时才点燃，诸侯匆忙赶来后，并没有发现敌寇，褒姒于是露出笑容。幽王对此很高兴，又几次点燃烽火戏耍了诸侯。此后，诸侯不再相信，再也不来勤王了。等到申侯联络缯国、犬戎攻打幽王时，幽王再举烽火征召诸侯，就没有一人来救他了。

T3－27　行政者必须具有无私担当的胸襟

【参见《老子》条目】

天长地久。天地所以能长且久者，以其不自生，故能长生。是以圣人后其身而身先，外其身而身存。非以其无私邪？故能成其私。（第7章）

宠辱若惊，贵大患若身。何谓宠辱若惊？宠为下，得之若惊，失之若惊，是谓宠辱若惊。何谓贵大患若身？吾所以有大患者，为吾有身，及吾无身，吾有何患？故贵以身为天下，若可寄天下；爱以身为天下，若可托天下。（第13章）

是以圣人欲上民，必以言下之；欲先民，必以身后之。是以圣人处上而民不重，处前而民不害。是以天下乐推而不厌。以其不争，故天下莫能与之争。（第66章）

天下莫柔弱于水，而攻坚强者莫之能胜，以其无以易之。弱之胜强，柔之胜刚，天下莫不知，莫能行。是以圣人云："受国之垢，是谓社稷主；受国不祥，是为天下王。"正言若反。（第78章）

证明：从定义D1和D8可知，"德"是万物从"无"到"有"再到

“无”的自在自为过程的总称，而“无私”指消除过分的“欲”和机巧性“智”之后而达到的能包容万物的心理状态。根据 T3－22，行政者必须具有修德养真的心境。于是，行政者必须以无私之心，以天下为己任，方能有效地治国理政。因此，行政者必须具有无私担当的胸襟。

例证和说明：老子倡导为政者要无为而治，其终极的目标仍是以天下苍生为念。在老子看来，百姓所想的就是圣人所思的，圣人对于民众要言辞谦下，要把自己的利益放在他们的后面，这样就可以将天下寄托给他，于是要求统治者必须以天下为己任。

《淮南子·道应训》里有个典故：在宋景公时，荧惑星停留在心宿的位置，景公很害怕。太史子韦告诉他：“荧惑是表示上天惩罚的；心宿是宋国的分野。正因为这样，所以灾祸将要降落到君王身上。虽然如此，但可以将灾祸转嫁到宰相身上的。”宋景公说：“宰相是任命来治理国家的，把死转移到他身上，不吉利。”子韦又说：“那可以转嫁到百姓身上。”景公马上说：“老百姓都死光了，我当谁的君主？我倒情愿我自己一个人死了。”子韦又说：“可以转移到年成上。”景公接着话题说：“年成是百姓的命根子，年成不好闹饥荒，百姓必定没活路，做人君的让百姓的死来换取自己的性命，那还有谁要我做君主？”正如老子所言：“能承受国家灾难的人，才配做天下的君王”，因为他们具有担当天下的胸襟。

T3－28 行政者必须具有防微杜渐的意识

【参见《老子》条目】

祸兮，福之所倚；福兮，祸之所伏。（第58章）

图难于其易，为大于其细；天下难事，必作于易；天下大事，

必作于细。是以圣人终不为大,故能成其大。夫轻诺必寡信,多易必多难。是以圣人犹难之,故终无难矣。(第63章)

其安易持,其未兆易谋。其脆易泮;其微易散。为之于未有,治之于未乱。合抱之木,生于毫末;九层之台,起于累土;千里之行,始于足下。为者败之,执者失之。是以圣人无为故无败;无执故无失。民之从事,常于几成而败之。慎终如始,则无败事。是以圣人欲不欲,不贵难得之货;学不学,复众人之所过,以辅万物自然而不敢为。(第64章)

证明:从定义D4可知,"观"是人知"道"的途径。根据命题T1-19和T2-12,观道的方法是从感觉的极细微处领悟,而贵德之士能够通过观的方式达到澄明从而体道的境界。行政者是"德"的践行者,必须关注细微,特别要注意有无相生之际的各种征兆,才能有效预防"千里之堤,溃于蚁穴"。因此,行政者必须具有防微杜渐的意识。

例证和说明:对于行政者来说,要善于发现事物变化的征兆,在其处于萌芽状态时把问题解决掉。《后汉书·丁鸿列传》记载了一则故事:东汉和帝即位时,年幼无能,由窦太后执政,她的哥哥窦宪官居大将军,国政大权落入外戚之手。他们为所欲为,密谋篡权。大臣司徒丁鸿对窦太后的专权他十分气愤,决心为国除掉这一祸根。几年后发生日食,丁鸿借此事上书和帝:"垂象见戒,以告人君","杜渐防萌,则凶妖可灭。"他建议趁窦氏家族权势尚不大时早加制止,以防后患,这样才能使得国家长治久安。和帝本来就有此心,于是采纳了他的意见,并任命他为太尉兼卫尉,进驻南北二宫,同时罢掉窦宪的官。窦氏兄妹情知罪责难逃,便都自杀了,从而避免了一场可能发生的宫廷政变。和帝、丁鸿及时剪除外戚,得以维护国体。

《韩非子·喻老》讲述了扁鹊见蔡桓公的故事:春秋时,神医扁鹊拜见蔡桓公。他对桓公说:“您有病在腠理,不治将恐恶化。”桓侯不以为然地说:“医生喜欢医治没病之人,并以此当作自己的功劳。”过了些日子,扁鹊又见到桓公说:“您的病已经恶化到肌肤,再不治疗的话,将会更严重。”桓侯不理他。如此这般多次劝说未果,直到桓公病入膏肓。扁鹊再见到桓侯时转头就走。几天过后,桓公病死。

第六章……… 摄生篇

《摄生篇》的主旨是如何关爱自我的生命，实现关爱自我的生命与关爱他人的生命统一，于是必须以“清静自然”为原则。其中命题 T4－1 指出其根本原则是效法自然；命题 T4－2 至 T4－6 指出如何保持虚静、淡薄、淳厚的心境以及淡化自我的嗜欲，以之作为效法自然的基础；命题 T4－7 至 T4－10 指出基于自然原则的财富观，如何正确对待财富与生命的关系；命题 T4－11 至 T4－14 指出基于自然原则的祸福荣辱观，以知足不辱、为而不恃为核心；命题 T4－15 至 T4－19 指出基于自然原则的强弱论、争与不争、巧拙论；命题 T4－20 至 T4－22 指出个体与万物共生的原则。

T4－1 遵循“自然”是养生的总原则

【参见《老子》条目】

人法地，地法天，天法道，道法自然。（第 25 章）

证明：从定义 2 可知，“欲”指人对财富、名声和权力的追求，这种追求会违背“自然”，带来不良后果。根据公理 A1 与公理 A5，“自然”是道从“无”到“有”再到“无”的自在自为过程，而摄生的基本方法是消除过分的“欲”和机巧性“智”，以求做到不违背“自然”，摄生就是一个自在自为过程。因此，遵循“自然”是养生的总原则。

例证和说明：“道法自然”就是“道”效法（或遵循）自然。三国时代王弼对“人法地，地法天，天法道，道法自然”这句话及“法”字作了前后一贯的注解：“法，谓法则也。人不违地，乃得全安，法地也。地不违天，乃得全载，法天也。天不违道，乃得全覆，法道也。道不违自然，乃得其性，法自然也。法自然者，在方而法方，在圆而法圆，于自然无所违也。自然者，无称之言，穷极之辞也……道法自然，天故资焉。天法于道，地故则焉。地法于天，人故象焉。王所以为主，其主之者一也。”①

我国东晋时的著名诗人陶渊明，自号“五柳先生”，他继承了老子的“道法自然”的思想，顺应自己的本性，“不为五斗米折腰”，弃官归田，历来为人们所称颂。他在《归园田居》一诗中写道：“少无适俗韵，性本爱丘山。误落尘网中，一去十三年。羁鸟恋旧林，池鱼思故渊。开荒南野际，抱拙归园田。方宅十余亩，草屋八九间。榆柳荫后檐，桃李罗堂前。暧暧远人村，依依墟里烟。狗吠深巷中，鸡鸣桑树颠。户庭无尘杂，虚室有余闲。久在樊笼里，复得返自然。”陶渊明通过几次做官、归田的反复，终于认识到自己“性本爱丘山”，十几年的从政生涯实际是“误落尘网中”，少年时期就透露出的“少无适俗韵”才是自己的真正本性。他从大自然中“羁鸟恋旧林，池鱼思故渊”的现象悟出养生的道理，只有在辞官之后，他才感受到“复得返自然”的愉悦！陶渊明虽一生贫困，但由于他回归田园，回归自然，仍然获得了安定生活。

① 楼宇烈：《王弼集校释》，中华书局1980年版，第65页。

T4－2　保持虚静之心才能回到生命的根本

【参见《老子》条目】

致虚极，守静笃。万物并作，吾以观复。夫物芸芸，各复归其根。归根曰静，静曰复命。（第16章）

天下有始，以为天下母。既得其母，以知其子；既知其子，复守其母，没身不殆。（第52章）

证明：根据基本假设2，“有”生万物，万物复归于“无”，而万物需要“道”的滋养。所以，复归于“无”才能得到“道”的滋养。从定义5，“静”是涤除了过分的“欲”与机巧性“智”的干扰而达到的内心澄明状态。只有虚静，才能回归于“无”，才能得到“道”的滋养，从而颐养天年。因此，保持虚静之心才能回到生命的根本。

例证和说明：“万物并作，吾以观复”，万事万物的发展变化都有其自身的规律，从生长到死亡、再生长到再死亡，生生不息，循环往复以至无穷，都遵循着这个运动规律。老子主张回归到一切存在的根源，这是完全虚静的状态，也是一切存在的本性。“归根曰静”：归根是一种绝然的静，又是一种超然的“无”。“静曰复命”：陈腐在“死一般”的寂静中消亡，但新生也在静中萌动。

庄子对虚静也很重视，一再讲到虚静的重要性。他在《天道》篇中讲到：“夫虚静恬淡寂漠无为者，天地之平而道德之至，故帝王圣人休焉。无为则俞俞，俞俞者忧患不能处，年寿长矣。夫虚静恬淡寂漠无为者，万物之本也。”这就是说，虚静、恬淡、寂寞、无为，是天地的基准，是道德修养的最高境界，所以古代帝王和圣明的人都停留在这一境界上。虚静便能无为，无为也就从容自得，从容自得的人便不会忧愁与招致祸患，年寿也就长久了。在《刻意》篇中，庄子也谈到类似的思想:“夫恬淡寂漠,虚无无为,此天地之平而道德之质也”,“心不忧乐,德之至也;一而不变,静之至也;无所于忤,虚之至也;不与物交,淡之至也;无所于逆,粹之至也。”

从老子思想而发展起来的道教,倡导“我命在我,不在天”“重人贵生”,将人的生命视作现实的存在,当作有形、有气、有神的统一,构造了一个比较完整的道教养生体系。张道陵追求长生仙寿,但依然遵照道家清静自然原则修行,强调结精自守。随着道教的传播,养生之道潜移默化地渗透进广大民众的生活方式之中。

T4-3 养生的最高境界是保持“赤子之心”

【参见《老子》条目】

载营魄抱一,能无离乎?专气致柔,能如婴儿乎?(第10章)

知其雄,守其雌,为天下溪。为天下溪,常德不离,复归于婴儿。知其白,守其辱,为天下谷。为天下谷,常德乃足,复归于朴。(第28章)

百姓皆注其耳目,圣人皆孩之。(第49章)

含德之厚,比于赤子。蜂虿虺蛇不螫,攫鸟猛兽不抟……终日号而不哑,和之至也。(第55章)

物壮则老,是谓不道,不道早已。(第30章)

天下之至柔,驰骋天下之至强。(第43章)

证明:依据公理A5,摄生的基本方法是消除过分的“欲”和机巧性“智”。由定义7可知,“无私”指消除过分的“欲”和机巧性“智”之后而达到的能包容万物的心理状态,可知“包容万物”的前提是消除过分的“欲”和机巧性“智”(即表现为淳朴)。“包容万物”,也即让万物处于自在自为状态,不施加任何外在的强力作用。而“赤子之心”表现为淳朴、自在自为等。因此,养生的最高境界是保持“赤子之心”。

例证和说明:《庄子·庚桑楚》记载,庚桑楚的弟子南荣趎去请教老子养生的常规方法,老子告诉他:“你想知道养生的基本方法吗?那你要先问问自己,能够使身形与精神和谐浑一吗?能够不丧失本有的天性吗?能够不求助于卜筮而知道吉凶吗?能够满足于自己的本分吗?能够对消逝了的东西不作追求吗?能够舍弃仿效他人的心思而寻求自身的完善吗?能够无拘无束、自由自在吗?能够心神宁寂无所执着吗?能够回归到初生婴儿那样的纯真、朴质吗?婴儿整天啼哭咽喉却不会嘶哑,这是因为声音和谐自然达到了顶点;婴儿整天握着小手而不松开,这是因为在母腹内如此。婴儿整天瞪着小眼睛不眨眼,这是因为内心世界不会滞留于外界事物。行走起来不知道去哪里,平日居处不知道做什么,接触外物随顺应合,如同随波逐流、听其自然。这就是养生的基本方法。”南荣趎听完,迫切地问:“那么这就是至人的最高境界吗?”老子回答:“不是的,这只是所谓冰冻消解那样自然消除心中积滞的本能。道德修养最高尚的人,不因外在的人物或利害而扰乱自己,不参与怪异,不参与图谋,不参与尘俗的事务,无拘无束、自由自在地走了,又心神宁寂、无所执着地到来。这就是所说的养生的常识了。”南荣趎又问道:“那么这就达到了最高的境界吗?”老子说:“没有。我前面不是已经告诉过你要像初生的婴儿那样纯真、朴质吗?婴儿活动不知道干什么,行走不知道去哪里。像这样的人,灾祸不会到来,幸福也不会降临,才是养生真正需要的境界。”

《庄子》中的“婴儿”即是“赤子”。《列子》中亦说:“其在婴孩,气专志一,和之至也。物不伤焉,德莫加也。”可见,道家都将保持淳朴柔弱的“赤子之心”作为养生的最高境界。

T4－4 淡泊是“自然”的特性，也有益于生命

【参见《老子》条目】

乐与饵，过客止。道之出口，淡乎其无味，视之不足见，听之不足闻，用之不足既。（第35章）

证明：依据公理A1，“自然”是道从“无”到“有”再到“无”的自在自为过程；而“无”相对于“有”，其给人的感受，包括“淡泊”“宁静”“空明”等自然特性。据公理A5，摄生的基本方法是消除过分的“欲”和机巧性“智”，它所产生的特点就是“淡泊”等状态。因此，淡泊是自然的特性，也有益于生命。

例证和说明：《老子》一书多次提到“味”，如“道之出口，淡乎其无味”。有人指出，老子所说的“味”，“已经是一个美学范畴”。老子说的“味”，不是吃东西的味道，而“是一种审美的享受”。这种淡而无味又是最高境界的“味”，是“至味”。它强调对人们所易于沉迷的外在的物、财、权等妨碍人的身心健康的对象的摒弃和超越，而突出对精神上淡泊宁静、淳朴自乐的状态的追求①。明代的洪应明在《菜根谭》中指出：“能忍受粗茶淡饭的人，他们的操守多半像冰一样清纯、玉一样洁白；而讲究穿华美衣服的人，多半都甘愿做出卑躬屈膝的奴才面孔。因为一个人的志向要在清新寡欲的状态下才能表现出来，而一个人的节操都是在贪图物质享受中丧失殆尽。”

梁漱溟是我国著名的思想家、教育家和社会活动家。他少年多病，但一生投身社会活动，经历坎坷，并没有影响到他的长寿，活了

① 叶朗：《中国美学史大纲》，上海人民出版社1985年版，第33页。

95 岁，这和他一生淡泊的人生态度有很大的关系。1928 年，梁漱溟在河南进行过短期的村治实验，1931 年又到山东的邹平进行了长达七年的乡村建设运动，后来实验区逐步扩大到全省十几个县，在海内外产生了深远影响。1938 年，他曾与毛泽东在延安彻夜长谈，两人之间有共鸣，也有争论。新中国成立后，梁漱溟因为“过渡时期总路线”与毛泽东又发生了争论。1979 年初，全国第五届政协会议在北京召开，梁漱溟当选为政协常委。无论在什么情况下，梁漱溟都保持了荣辱不惊的淡泊心态。曾有人在他晚年问及他的长寿秘诀，梁漱溟回答道：“要说养生，我的经验可总结为：在生活上少吃多动，持之以恒，在精神上气贵平和，情贵淡泊。”

T4 – 5　无节制地追求感官享受有害于生命

【参见《老子》条目】

五色令人目盲；五音令人耳聋；五味令人口爽；驰骋田猎，令人心发狂；难得之货，令人行妨。是以圣人为腹不为目，故去彼取此。（第 12 章）

服文綵，带利剑，厌饮食，财货有余，是谓盗夸。非道也哉！（第 53 章）

治人事天，莫若啬。夫唯啬，是谓早服；早服谓之重积德；重积德则无不克；无不克则莫知其极；莫知其极，可以有国；有国之母，可以长久；是谓深根固柢，长生久视之道。（第 59 章）

证明：从定义 2 可知，“欲”指人对财富、名声和权力的追求，这种追求可能违背“自然”的后果。根据公理 A5，摄生的基本方法是消除过分的“欲”和机巧性“智”。由于无节制地追求感官享受就是过分的"欲"的表现，它违背了"自然"，违背摄生的基本方法，不利于养生。因此，无节制地追求感官享受有害于生命。

例证和说明：能刺激人感官而产生愉悦的东西对于人来说实无益处，它们只是刺激人的欲望，使人"目盲""耳聋"甚至"心发狂"，因而老子主张抛弃这些东西。老子提出"五色令人目盲，五音令人耳聋"的观点，尖锐地批判了富贵者对于声色之美的过分享受，他们不择手段地过分追求声色之美的享受，其结果只能导致对自身生命的损害。这种情况在当时统治者中不乏其例。如《左传·昭公元年》载晋侯有疾，求医于秦，秦伯派医和去晋，医和告诉晋侯不要"烦手淫声，慆堙心耳而忘平和"。君子虽然亲近琴瑟，但必定以仪节之。若无节制地沉溺于声乐享受，过分地刺激生理感官，结果只是带来各种疾病，有害于人的生命健康。《国语·周语下》中记载单穆公亦说："夫乐不过以听耳，而美不过以观目。若听乐而震，观美而眩，患莫甚焉。"近代魏源在《老子本义》中则指出："视久则眩，听繁则惑。"沉湎于声色之乐会使自己的理智感官受损害，甚至危及自身生命。老子提出"圣人为腹不为目"，王弼《老子注》云："为腹者以物养己，为目者以物役己，故圣人不为目也。"圣人重身养己，保全自我生命，以自身生命价值为第一，使之不为外物所役使和损害；贪图感官享受，迷失了自己，就会让生命受损。

《吕氏春秋·本生》指出，水本来是清澈的，但因为搅进去了泥土，所以水无法保持清澈。人本来是可以长寿的，但因为有外物使他迷乱，所以人才无法达到长寿。外物本来是供养生命的，而不该损耗生命去追求它。可是如今世上糊涂的人多损耗生命去追求外物，这样做是不知轻重。假如有这样一种声音，耳朵听到它肯定感到惬意，但听了就会使耳聋，人们一定不会去听。假如有这样一种颜色，眼睛看到它肯定感到惬意，但看了就会使人眼瞎，人们一定不会去看。假如有这样一种食物，嘴巴吃到它肯定感到惬意，但吃了就会使人声哑，人们一定不会去吃。因此，圣人对于声音、颜色、滋味的态度是，有利于生命的就取用，有害于生命的就舍弃，这是保全生命的方法。世上富贵的人对于声色滋味的态度大多是糊涂的。他们日日夜夜地追求这些东西，得到后就放纵自己不能自禁，如此生命怎么能不受到伤害？在这里，《吕氏春秋》指出外物是用来养性的，性为重，物为轻。凡是声色滋味，有利于养性则可适当获取，有害于养性就必须果断舍弃。

T4－6　大开嗜欲之门等于损害生命

【参见《老子》条目】

塞其兑，闭其门，终身不勤。开其兑，济其事，终身不救。（第52章）

证明：从定义2可知，“欲”指人对财富、名声和权力的追求。根据公理A5和命题T4－5，摄生的基本方法是消除过分的“欲”和机巧性“智”，而无节制地追求感官享受有害于生命。而如果不仅仅在感官上而且在各方面都过度贪婪，更是与摄生方法背道而驰的，等于是损害自己的生命。因此，大开嗜欲之门等于损害生命。

例证和说明：司马承祯曾经发挥《老子》的思想说，道家所讲断缘，是指断绝有为俗事之缘。弃事则形不劳，无为则心自安，一天比一天恬淡，尘累一天比一天减少，行迹逐渐远离世俗，内心更加接近真道，所以《老子》说：“塞其兑，闭其门，终身不勤。”有的人显露才能，保全自己；有的人遗问庆吊，人情往来；有的人隐居在山，却希望能够得到朝廷的征召；有的人请客吃饭，希望以后能派上用场。他们都在行事中蕴藏机心，求取利益。所以《老子》说：“开其兑，济其事，终身不救。"[1]《淮南子》说得更为透彻，指出人要"约其所守，寡其所求，去其诱慕，除其嗜欲，损其思虑"，因为"约其所守则察，寡其所求则得"(《淮南子·原道训》)。它认为"嗜欲"有害于"人性"，"好憎者，心之过也；嗜欲者，性之累也"(《淮南子·原道训》)，"欲与性相害，不可两立"(《淮南子·诠言训》)，"肥肌肤，充肠腹，供嗜欲，养生之末也"(《淮南子·泰族训》)。人们要损欲自养，才能恢复人的本性。

T4－7　物质追求以满足生命正常需求为度

【参见《老子》条目】

名与身孰亲？身与祸孰多？得与亡孰病？甚爱必大费，多藏必厚亡。故知足不辱，知止不殆，可以长久。(第44章)

咎莫大于欲得；祸莫大于不知足。故知足之足，常足矣。(第46章)

证明：由定义1，"德"是万物从"无"到"有"再到"无"的自在自为过程的总称，也指人对此过程的认识以及顺应此过程的品质。根据基本假设5与公理A1，人的认知和行为的理想状态是"守中"，而"自然"是道从"无"到"有"再到"无"的自在自为过程，就是守中的状态。人们对物质如果过度追求，就会破坏"守中"乃至损害生命的根本——"自然"。因此，物质追求以满足生命正常需求为度。

例证和说明：名誉与生命，哪一个重要？生命与财富，哪一个珍贵？得到与失去，哪一个更有害？过分的吝啬必定会付出更大的耗

---

① 司马承祯：《坐忘论·断缘第二》，据文物出版社、上海书店出版社、天津古籍出版社联合影印《道藏》本，1988年。

费;聚财过多而不施以济众,必然会引起众怨,最终会招致更惨重的后患和损失。所以,知足就不会受到屈辱,知道适可而止就不会遭到危险。古往今来,多少人由于贪得无厌,一步步陷入罪恶的泥潭而不能自拔,清朝的和珅就是典型例子。他十九岁世袭三等轻车都尉,由于他办事利落,又能察言观色,深得乾隆帝欢心,升迁很快,曾任户部尚书、兵部尚书,后为军机大臣。他的儿子还娶了公主,与皇帝成了亲家。和珅借乾隆的眷顾作威作福,大肆贪污受贿,而对他有意见的人则设法除去。嘉庆四年(1799)正月,乾隆帝去世,嘉庆帝根据给事中王念孙的揭发,逮捕了和珅,查明他二十余年间结党营私,贪污受贿,所得超过当时朝廷十年收入的总和。嘉庆帝宣布和珅二十大罪状,令其自尽,致使民间流传着"和珅跌倒,嘉庆吃饱"的笑谈。

简单主义正越来越成为一种新兴的生活主张。因为许多所谓的舒适生活,不仅不是必不可少的,而且是人类进步的障碍和悲哀。简单生活不一定是物质的匮乏,但一定是精神的自在。简朴、单纯的生活有利于清除物质与生命之间的樊篱。

T4-8 贪图丰厚的物质享受会伤害生命

【参见《老子》条目】

出生入死。生之徒,十有三;死之徒,十有三;人之生,动之于死地,亦十有三。夫何故?以其生生之厚。盖闻善摄生者,陆行不遇兕虎,入军不被甲兵;兕无所投其角,虎无所用其爪,兵无所容其刃。夫何故?以其无死地。(第50章)

民之轻死,以其上求生之厚,是以轻死。夫虽无以生

为者,是贤于贵生。(第75章)

证明:根据命题T4-4,淡泊是"自然"的特性,也最有益于生命。而丰厚的物质会给人带来强烈的感官享受,也即与"淡泊"完全相反的感受。再根据公理A1和命题T4-1,"自然"是道从"无"到"有"再到"无"的自在自为过程,而遵循"自然"是养生的总原则。贪图丰厚的物质享受,不甘淡泊,就与"自然"背道而驰,破坏了养生的总原则。因此,贪图丰厚的物质享受会伤害生命。

例证和说明:"我姓钱,但是我不爱钱。"这是钱学森的至理名言,也是他的财富观。2001年12月7日,就在钱学森90岁前夕,第二届霍英东奖在广东番禺市举行颁发仪式。钱学森因行动不便,不能亲自去领奖,便委托夫人蒋英和儿子钱永刚前去领奖。临行前,钱学森看着穿戴得体的老伴,笑眯眯地说:"你去领钱?"蒋英说:"是的,我把支票领回来。"钱老又对儿子永刚说:"你去领奖状,回来给我。"钱永刚说:"是的。"钱学森又对蒋英说:"那好,你要钱,我要奖。"秘书们尚未反应过来,钱学森先就乐了。原来,九十高寿的钱学森在拿他和夫人蒋英的姓氏玩幽默呢!他说蒋英要的"钱"可不是金钱的"钱",而是他这个姓"钱"的人,而他要的是姓"蒋"的蒋英,也不是奖状的"奖"。等秘书们回过神来,周围的人全都被逗乐了。其实,钱学森自回国以后,直至晚年,他除了将自己的知识和智慧奉献给了祖国和人民,还将他一生中较大笔的收入统统捐献出去了。

钱学森多年以来始终保持着一种简约朴素、不事张扬的人生态度。航天部大院的钱学森住宅是20世纪50年代的那种红砖老楼,室内陈设朴素大方,家具和地板因为年代久远,显得有些破旧。除了四周的书和一架当年从国外带来的且相伴多年的钢琴外,一切都很简单,和普通老百姓的家几乎没什么两样。钱学森虽然是世界著名的科学家，但他在科技大学校园里只穿土布中山装，戴布帽，穿布鞋，夏天有时还戴着草帽、穿带补丁的短裤。在饮食方面，钱学森更是没什么讲究，一直认为"四菜一汤就挺好"。他从不抽烟，也不喝酒。钱学森于2009年逝世，享年98岁，能够长寿与他个人简约朴素、乐观平淡的人生态度有很大的关系。

T4－9　贪图突然发迹或者暴富会伤害生命

【参见《老子》条目】

希言自然。故飘风不终朝，骤雨不终日。孰为此者？天地。天地尚不能久，而况于人乎？（第23章）

咎莫大于欲得；祸莫大于不知足。（第46章）

证明：从定义10可知，"无为"指顺应"自然"不刻意作为更不妄为的行动原则。又据公理A1，"自然"是道从"无"到"有"再到"无"的自在自为过程，而突然发迹或者暴富，都属于刻意作为或妄为的表现，是因为外在偶然因素产生的结果，不属于自在自为过程，背离了道的根本，不利于养生。因此，贪图突然发迹或者暴富会伤害生命。

例证和说明：中国古代向来有"暴富者不祥"的说法。《世说新语·贤媛十九》记载，陈婴是东阳县人，从小就注意道德品行的修养，在乡里很有名望。秦代末年，天下大乱，东阳人想拥护陈婴做首领，陈母对陈婴说："不行！自从我做了陈家的媳妇后，一直过着贫贱的生活，一旦暴得富贵，不吉利。不如把军队交给别人。事成了，可以稍为得些好处；失败了，灾祸自有他人承担。"①清代吴炽昌在

① （南朝宋）刘义庆：《世说新语》，时代文艺出版社2001年版，第202页。

《客窗闲话》记载了刘智的故事。刘智不事生产而性好施舍，弄得家资荡然，流离失所，成为乞丐。有一次在一个破庙里看见别人开赌局，他不觉心动，乞得数钱，随意押了一宝，没想到赢了，于是又押，也是每局都赢了，一连十来天，赢了金钱数万。有人劝他成家做富人，刘智感叹说："余丐也，而暴富不祥，当思有以禳之。"于是决定将所有的钱拿来修庙，人们便把这座庙叫作"刘智庙"。① 这里的陈母和刘智，都是普通生活中的智者。

T4－10 恃富骄纵，终将丧失财富

【参见《老子》条目】

持而盈之，不如其已；揣而锐之，不可长保。金玉满堂，莫之能守；富贵而骄，自遗其咎。功遂身退，天之道也。（第9章）

证明：根据基本假设3，"无"与"有"的统一才是"道"的圆满状态。人的认知和行为的最高状态是"守中"，既看到"有"又坚守"无"。再依据命题T4－7，物质追求以满足生命正常需求为度。恃富骄纵者，只看到"有"，不能坚守"无"，不能把握满足生命正常需求的度，等于背离了"道"。因此，恃富骄纵者终将丧失财富。

例证和说明：功成名就急流勇退的人，就是顺应天道之人。"飞鸟尽，良弓藏；狡兔死，走狗烹"这句流传千古的名言，是范蠡写给文种的，听起来让天下有识之士非常伤感，但是其中蕴含的哲理却非常发人深省，千百年来一幕幕惨剧浮现于眼前。汉高祖刘邦诛杀异姓王；宋太祖赵匡胤杯酒释兵权；明太祖朱元璋火烧庆功楼等等，不胜枚举。老子在这些事情还没有发生之前就看到了这一点，"功遂

---

① （清）吴炽昌：《客窗闲话·续客窗闲话》，文化艺术出版社1988年版，第126页。

身退,天之道”。范蠡可以说是体现老子精神的典型代表,他辅佐越王勾践“卧薪尝胆”,打败吴国称雄诸侯的故事可谓家喻户晓。但是功成名就以后,他一叶扁舟飘然离去,从此开始经商。今天商人们供奉的“陶朱公”就是范蠡。陶朱公经商成功后,曾经散尽自己的钱财,然后重新白手起家。无论是从政还是经商,范蠡都取得了辉煌的成就,但他不长期恋于成功的巅峰,是功成身退的典范。

T4－11　不知足容易招致祸患

【参见《老子》条目】

故知足不辱,知止不殆,可以长久。(第44章)

咎莫大于欲得;祸莫大于不知足。(第46章)

证明:根据基本假设5,人的认知和行为的最高状态是“守中”,既看到“有”又坚守“无”。“不知足”就表现为不能“守中”,不能顺应“自然”,就会在自然之“道”面前碰壁,因而导致祸患。又据公理A5,摄生的基本方法是消除过分的“欲”和机巧性“智”。不知足表现为过分的“欲”,违背了摄生的原则。因此,不知足容易招致祸患。

例证和说明:有一个青年总是哀叹自己命运不济、生活多舛,既发不了财也求不到一官半职,终日愁眉不展。一天,他在路上偶遇一个老和尚,当他看到老和尚一脸的平静祥和时不由得叹了口气。老和尚问他为何叹气,青年说:“我看到你开心的样子觉得很羡慕。为什么我总有这么多的烦恼?为何我一贫如洗?”老和尚说:“年轻人,你明明很富有啊!”青年问:“富有?我除了烦恼什么也没有。”老和尚并没有急着解释,而是继续问他:“那么,假如有人给你一千两银子,换你十年的寿命,你换吗?”“当然不换!”“给你五千两银子,换你的健康,你换吗?”“不换!”“给你一万两银子,换你的生命,你换吗?”“不换!”老和尚顿时笑了:“年轻人,到现在为止你至少拥有一万六千两银子了,难道还不够富有吗?”这位青年人的烦恼源自未能真正认识到他自己所拥有的财富,他只是看到了自己缺少的东西。若能知足,则一切烦恼自会迎刃而解。

T4－12　知足会使“祸”转化为“福”

【参见《老子》条目】

祸兮,福之所倚;福兮,祸之所伏。(第58章)

名与身孰亲?身与货孰多?得与亡孰病?甚爱必大费,多藏必厚亡。故知足不辱,知止不殆,可以长久。(第44章)

故知足之足,常足矣。(第46章)

证明:根据公理A5,摄生的基本方法是消除过分的“欲”和机巧性“智”,其表现就是知足,从而养生长寿。又据公理A1,“自然”是道从“无”到“有”再到“无”的自在自为过程。“知足”也表现为符合自然的自在自为的行为,就不会由于贪欲招致祸患,而会由于“常足”而感觉幸福。因此,知足会使“祸”转化为“福”。

例证和说明:《淮南子·人间训》记载了塞翁失马的故事。在靠近边塞的人中有一位精通术数的老人。他家的马自己跑到胡人那里去了,丢失了不少,大家都来安慰他。这个老人说:“怎么就知道这不是一件好事呢?”过了几个月,他家的马带领着胡人的骏马回来了,大家都来祝贺他。这个老人说:“怎么就知道这不是一个祸患呢?”因为家里多了不少好马,他的儿子又喜欢骑马,有一次从马上摔下来折断了大腿,大家都来安慰他。这个老人又说:“怎么就知道这不是一件好事呢?”过了一年,胡人大举入侵边塞,青壮年男子都被征兵,拿起弓箭参战。靠近边塞的人绝大部分都因战争而死去,唯独他的儿子因为腿摔断了的缘故免于征战,父子得以保全性命。塞翁失马的故事告诉我们,在生活中,如果满足于已有的成就,不作过分的追求,就能够保持长久的幸福与平和。

庄子指出:“鷦鷯巢于深林,不过一枝;偃鼠饮河,不过满腹。”人的饮食起居所需有限,何必用一生为代价区舍命相求。“功遂身退,天之道”,即使限于各种原因未能功遂名就,也不能执着强为,违背自然之道。正确对待的原则是:知足不辱,知止不殆。

T4-13　守静知足使人免于耻辱

【参见《老子》条目】

名与身孰亲?身与货孰多?得与亡孰病?甚爱必大费,多藏必厚亡。故知足不辱,知止不殆,可以长久。(第44章)

化而欲作,吾将镇之以无名之朴。无名之朴,夫将不欲。不欲以静,天下将自正。(第37章)

证明:由定义2,“欲”指人对财富、名声和权力的追求,这种追求可能违背“自然”,从而带来祸害与耻辱。依据命题T4-5与命题T4-12,无节制地追求感官享受有害于生命,而“静”能够涤除过分欲望干扰带来的感官享受,达到内心澄明的状态;进一步,知足会使“祸”转化为“福”。因此,守静、知足令人免于耻辱。

例证和说明:唐代大诗人白居易在《寄张十八诗》中抒发他的感想:“饥止一箪食,渴止一壶浆,出入止一马,寝兴止一床。此外无长物,于我有若亡。胡然不知足,名利心遑遑。”白居易自从贬官浔阳后,与僧人、道士接触,吟诵陶渊明诗歌,逐渐体会到了守静知足的道理,不再追求高官厚禄,而能够安然于自己的所得,获得了高寿和心理安适。

宋代大文豪苏东坡有一篇脍炙人口的《前赤壁赋》，其中写道："且夫天地之间，物各有主，苟非吾之所有，虽一毫而莫取。惟江上之清风，与山间之明月，耳得之而为声，目遇之而成色，取之无禁，用之不竭。是造物者之无尽藏也，而吾与子之所共适。"苏轼屡遭贬官，但心中坦荡，他以拥有人人都拥有的江上清风、山间明月为知足，守住内心的一分安静，所以虽然人生坎坷，却没能够击倒他。

清代胡澹庵所编《解人颐》一书中有一首《知足歌》，其中写道："人生尽受福，人苦不知足。思量事劳苦，闲着便是福。思量疢厄苦，无病便是福。思量患难苦，平安便是福。思量死来苦，活着便是福。也不必高官厚禄，也不必堆金积玉。看起来一日三餐，有许多自然之福。我劝世人，不可不知足。"这首朴素易懂的诗歌，和白居易、苏轼的例子都告诉我们，人生不可能一帆风顺，只有守静、知足，才能免于祸患耻辱。《菜根谭》中曾有"知足者仙境，不知足者凡境"的语句。进一步，若能守静知足，才会体会到这首诗的意境："春有百花秋有月，夏有凉风冬有雪；如无闲事挂心头，便是人间好时节。"

T4－14　功成名就而不自傲是悟"道"的表现

【参见《老子》条目】

是以圣人为而不恃，功成而不处，其不欲见贤。（第77章）

功成身退，天之道也。（第9章）

是以圣人不行而知，不见而明，不为而成。（第47章）

证明：从定义8可知，"功"指万物的自在自为状态，也指人自觉维护符合"自然"的社会秩序的活动。功成名就的实质就是自觉维护了符合"自然"的社会秩序，维护了万物的自在自为状态。深知是万物的自在自为构成了“功”的主体，而不是自我的作为构成了“功”的主体，当然就不会居功自傲。根据公理A4，圣人知“道”并“不争”，不会争功争名，居功不傲。因此，功成名就而不自傲是悟“道”的表现。

例证和说明：东汉开国名将冯异，字公孙，颍川父城（今河南省宝丰县东）人，协助刘秀建立东汉。冯异为人处事谦虚退让，不自夸。出行与别的将军相遇，就主动把马车驶开避让。他的军队前进停止都有旗帜标明，在各部队中号称最有纪律。每到一个地方停下宿营，跟随刘秀的开国将领们常常聚在一起聊天，话题无非是自述战功，胡吹乱侃。冯异经常一个人默默地躲到大树下面，大家便给他起了个“大树将军”的雅号。攻破邯郸时，要重新安排各将领任务，分配隶属，士兵们都说愿意跟随“大树将军”，为此而得到光武帝的高度赞他。刘秀称帝后，冯异被封为征西大将军、阳夏侯。刘秀特别派冯异回老家祭祀祖先，同时命令二百里以内的地方官和冯异宗族会聚饮宴，以宣扬冯异的荣耀。而冯异则更加谦谨，终其一生都得到光武帝的信任。

T4－15　顺应自然者能以柔克刚，强梁蛮横者必不得善终

【参见《老子》条目】

柔弱胜刚强。（第36章）

勇于敢则杀，勇于不敢则活。（第73章）

人之生也柔弱，其死也坚强。草木之生也柔脆，其死也枯槁。故坚强者死之徒，柔弱者生之徒。（第76章）

强梁者不得其死。（第42章）

证明:从定义10与定义14可知,“无为”指顺应“自然”不刻意作为更不妄为的行动原则,而“柔弱”指不刻意展露自身强势的态度或行为。强梁蛮横是刻意作为、恣意妄为的表现,是违背“自然”的。依据公理T2 -7,以柔弱处世是保全自在自为生命状态的方法。强梁蛮横者乃是过分夸大自己现有的力量,并且过度消耗这种力量,就会很快地走向反面。因此,顺应自然者能以柔克刚,强梁蛮横者必不得善终。

例证和说明:东汉末年的吕布擅长骑射,膂力过人,被称为“飞将”。但他喜好炫耀武力,自恃有功,十分骄恣,因而不断遭受猜忌。他离开袁绍时,曾遭袁绍派兵追杀,但那些士兵都害怕他,即使追上了也没有一人敢逼近。陈留太守张邈派人迎接吕布为兖州牧,占据濮阳。曹操知道后率领军队攻打吕布,双方多次交战,相持一百多天。建安三年(198),吕布再次反叛朝廷依附袁术,派高顺、张辽等攻破沛城,俘虏了刘备妻儿,刘备败投曹操。曹操于是亲自率兵攻打吕布,送了一封信给吕布,向他陈述祸福。吕布想投降,但陈宫等人由于自己对曹操负罪,极力反对,而且对吕布说:“曹公从远道而来,其局势不能持久,将军如果用步兵和骑兵驻守城外,我率领其余人马关上城门把守。曹操如果向将军进攻,我带领部队从后面进攻曹军;要是曹操只是攻城,将军就从外面救援。用不了一个月,曹军粮食全部用尽,我们发起进攻就可以打败曹操。”于是吕布作罢,但暗中派人向袁术求救,又亲自率领一千多骑兵出城,打败后退回城内。袁术也不能援救。曹操围攻三个月,吕布军中上下离心,其部下缚了陈宫投降。吕布见大势已去,于是自己下城投降。吕布被捆到曹操面前,曾要求松绑,曹操笑说:“捆绑老虎不得不紧。”吕布又说:“曹公得到我,由我率领骑兵,曹公率领步兵,可以统一天下了。”曹操颇为心动,但刘备在一旁说:“明公您看见吕布是如何侍奉丁建阳和董太师的吗?”导致吕布被缢杀并枭首示众。

T4－16　善待他人者不会争强好胜

【参见《老子》条目】

上善若水。水善利万物而不争,处众人之所恶,故几于道。居善地,心善渊,与善仁,言善信,政善治,事善能,动善时。夫唯不争,故无尤。(第8章)

证明:从定义11可知,“不争”指消除了过分的“欲”和机巧性“智”后而形成的处世态度。根据公理A4,圣人知“道”并“不争”。悟道之人有包容万物的心理状态,能够善待他人,是形成“不争”品格的主要原因。而“不争”即包括不争强好胜在内。因此,善待他人者不会争强好胜。

例证和说明:廉颇是赵国优秀的将领。赵惠文王十六年(前283),廉颇率领赵军征讨齐国,大败齐军,夺取了阳晋,被封为上卿。他以勇气闻名于诸侯各国。蔺相如是赵国人,因为完璧归赵之功被封为上大夫,又因为渑池之会的功劳被封为上卿,位在廉颇之上。廉颇说:“我是赵国将军,有攻城野战的大功,而蔺相如只不过靠能说会道立了点功,可是他的地位却在我之上,况且相如本来是卑贱之人,我感到羞耻,在他下面我难以忍受。”并且扬言说:“我遇见相如,一定要羞辱他。”相如听到后,不肯和他相会。相如每到上朝时,常常推说有病,不愿和廉颇去争位次的先后。没过多久,相如外出,远远看到廉颇,相如就掉转车子回避。于是相如的门客说:“您与廉颇官位相同,廉老先生口出恶言,而您却害怕躲避他,您怕得也太过分了!我们这些人没出息,请让我们告辞吧!”蔺相如坚决地挽留他们,说:“诸位认为廉将军和秦王相比谁厉害?”回答说:“廉将军比不了秦王。”相如说：“以秦王的威势，而我却敢在朝廷上呵斥他，羞辱他的群臣，我蔺相如虽然无能，难道会怕廉将军吗？但是我想到，强秦所以不敢对赵国用兵，就是因为有我们两人在呀。如今两虎相斗，势必不能共存。我之所以这样忍让，就是为了要把国家的急难摆在前面，而把个人的私怨放在后面。”廉颇听到蔺相如的话后，感到羞愧，就脱去上衣，露出上身，背着荆条，来到蔺相如的门前请罪。他说：“我是个粗野卑贱的人，想不到将军您是如此的宽厚啊！”二人终于相互交欢和好，成为生死与共的好友，保障了赵国的平安。其根本原因在于他们能够从他人角度出发，善待他人，善待国家，才能够做到不争强好胜。

T4－17　意气之争貌似保护自尊，实则伤害生命

【参见《老子》条目】

道冲而用之久不盈。渊兮，似万物之宗；挫其锐，解其纷，和其光，同其尘，湛兮，似或存。吾不知谁之子，象帝之先。（第4章）

证明：据定理T4－16，善待他人者不会争强好胜。意气之争是争强好胜的一种体现，也是不能包容万物、不能善待他人的表现。如果不能包容万物与善待他人，则由于过分的“欲”和机巧性“智”构成了自己的“私”，而“意气之争”争的就是这种“私”，往往导致他人用同样的态度和“欲”“智”来对付自己，导致对自我的伤害。因此，意气之争貌似保护自尊，实则伤害生命。

例证和说明：齐景公时期，齐国有三位著名的勇士：公孙接、田开疆、古冶子。他们武艺高强，勇气盖世，为国家立下了赫赫功劳，但都自恃武艺高，非常骄横。晏子对齐景公说：“这些人不讲究礼仪

伦法,将会成为国家的危险和祸患!”于是晏子请齐景公招来三位猛将,说要赏赐他们两颗桃子。三人听说国君有赏,很高兴地前来。公孙接首先接过桃子,说:“晏子真是聪明人。想当年我曾在密林捕杀野猪,也曾在山中搏杀猛虎,树木和风声都铭记着我的勇猛,我应该得到这颗桃子。”田开疆不甘示弱,抢到了第二个桃子,说:“我曾经两次领兵作战,在纷飞的战火中击败敌军,捍卫齐国的尊严,守护齐国的人民。谁能像我这样勇敢呢?”古冶子看着两人说:“我当年保护国君渡黄河,河水里突然冒出一只大鳖,一口咬住国君的马车,拖入河水中。我跳到水中,与这个庞大的鳖怪缠斗,一番激战才杀了大鳖。最后我浮出水面时,一手握着割下来的鳖头,一手拉着国君的坐骑,大家都吓呆了,以为是河神显圣。像我这样,难道不如你们勇敢吗?”说完,古冶子拔出自己的宝剑,要与二人比拼。公孙接、田开疆两人感叹道:“我们勇猛和功劳都不及古冶子,却先抢了桃子,这是贪财啊。如果不死,那就是贪生,怎么是勇敢呢?”于是,他们两个放下桃子,自杀了。古冶子看到地上的两具尸体:“两个朋友都死了,我独自活着,这就是无仁;做了错事,感到悔恨,却又不敢去死,这是无勇。”于是他也自刎而死。区区两个桃子,顷刻间让三位猛将都倒在血泊之中。这三人的意气之争害了他们自己。

T4－18　顺应“自然”便能不争而强身

【参见《老子》条目】

是以天下乐推而不厌。以其不争,故天下莫能与之争。(第66章)

善用人者,为之下。是谓不争之德。(第68章)

天之道,不争而善胜,不应而善应,不召而自来,繟然而善

谋。(第 73 章)

证明:根据公理 A4,圣人知“道”并“不争”。如果遵从圣人,就能知“道”而“不争”;如果背“道”而驰,与万物的自在自为状态去相“争”,这种“争”是不可能取胜的。再根据命题 T1-4 和命题 T4-1,道与万物的基本特征是自然,而遵循自然是养生的总原则。因此,顺应“自然”就能做到不争而强身。

例证和说明:“我和谁都不争,和谁争我都不屑;我爱大自然,其次就是艺术;我双手烤着生命之火取暖;火萎了,我也准备走了。”这是杨绛先生翻译的英国诗人兰德的一首诗,表达了对生命的自然态度。杨绛先生所说的“不争”是认识“自然”之后的不争,因而并不是盲目的。她面对记者谈到的“含忍”(即不争)也反映了老人的睿智。杨绛先生在百岁访谈《坐在人生的边上》中是这样谈的:“细细想来,我这也忍,那也忍,无非为了保持内心的自由,内心的平静。你骂我,我一笑置之。你打我,我决不还手。若你拿了刀子要杀我,我会说:‘你我有什么深仇大恨,要为我当杀人犯呢?我哪里碍了你的道儿呢?’所以含忍是保自己的盔甲,抵御侵犯的盾牌。我穿了‘隐身衣’,别人看不见我,我却看得见别人,我甘心当个‘零’,人家不把我当个东西,我正好可以把看不起我的人看个透。这样,我就可以追求自由,张扬个性。所以我说,含忍和自由是辩证的统一。含忍是为了自由,要求自由得要学会含忍。”①这里,杨绛先生所阐述的“含忍”与“自由”的道理,正是充分体认到“自然”的背景下,用含忍换得生命自由,以不争带来强身长寿。

---

① 杨绛:《坐在人生的边上》,《文汇报·笔会》,2011 年 7 月 8 日。

T4－19 坚守根本者是大智若愚

【参见《老子》条目】

众人皆有余，我独若遗。我愚人之心也哉！沌沌兮！俗人昭昭，我独昏昏。俗人察察，我独闷闷。澹兮其若海，飂兮若无止。众人皆有以，而我独顽且鄙。我独异于人，而贵食母。（第20章）

不自见，故明；不自是，故彰；不自伐，故有功；不自矜，故长。（第22章）

证明：从定义3可知，“智”也特指人为满足“欲”的过分追求而丧失了回归“无”的能力的那种机巧智慧。依据公理A5，摄生的基本方法是消除过分的“欲”和机巧性“智”，由此回归到“无”，也就是回归到根本——“道”，这是一种最高的智慧，但在表面看来就是“愚”。因此，坚守根本者是大智若愚。

例证和说明：传说一位老翁对老子说：“我今年已经106岁了。我从年少时直到现在，一直是游手好闲地轻松度日。与我同龄的人都纷纷作古，他们开垦百亩沃田却没有一席之地，修了万里长城而未享辚辚华盖，建了无数房屋却落身于荒野郊外的孤坟。而我呢，虽一生不稼不穑，却还吃着五谷；虽没置过片砖只瓦，却仍然居住在避风挡雨的房舍中。是不是我现在可以嘲笑他们忙忙碌碌劳作一生，只是给自己换来一个早逝呢？”

老子听了，微然一笑，吩咐人说：“请帮我找一块砖头和一块石头来。”老子将砖头和石头放在老翁面前，说：“如果只能择其一，您是要砖头还是愿取石头？”老翁得意地将砖头取来放在自己的面前说：“我当然择取砖头。”老子抚须笑着问老翁：“为什么呢？”老翁指着石头说:“这石头没棱没角,取它何用？而砖头却用得着呢。”老子又招呼围观的众人问:“大家要石头还是要砖头?”众人都纷纷说要砖而不取石。老子又回过头来问老翁:“是石头寿命长呢,还是砖头寿命长?”老翁说:“当然石头了。”老子释然而笑说:“石头寿命长人们却不择它,砖头寿命短,人们却择它,不过是有用和没用罢了。天地万物莫不如此。寿虽短,于人于天有益,天人皆择之,皆念之,短亦不短;寿虽长,于人于天无用,天人皆摒弃,倏忽忘之,长亦是短啊。”老翁顿然大惭。

T4－20　漠视自己的身体,也就不会珍惜万物

【参见《老子》条目】

宠辱若惊,贵大患若身。何谓宠辱若惊？宠为下,得之若惊,失之若惊,是谓宠辱若惊。何谓贵大患若身？吾所以有大患者,为吾有身,及吾无身,吾有何患？故贵以身为天下,若可寄天下;爱以身为天下,若可托天下。(第13章)

证明:从定义6和定义1,“身”指人的内在生命力与外在欲望的统一体,而“德”指人对自在自为过程的认识以及顺应此过程的品质。根据公理A5和命题T4－18,摄生的基本方法是消除过分的“欲”和机巧性“智”,而顺应“自然”便能不争而强身。表现为“爱身”的摄生,实质上就是将自我与万物同样纳入被包容的对象,既不因为自我而妨碍万物,也不因为万物而抹杀自我;对自己的“自在自为”的认识和顺应、对万物自在自为过程的认识以及顺应,两者是不可割裂的。因此,漠视自己的身体,也就不会珍惜万物。

例证和说明:《老子》说:“故贵以身为天下,若可寄天下;爱以身为天下,若可托天下。”《庄子·在宥》继承了这种说法:“故贵以

身于为天下，则可以托天下；爱以身于为天下，若可以寄天下。”《庄子·让王》里还记载了这样的几个故事：尧把天下让给许由，许由不接受，又让给子州支父。子州支父说：“让我来做天子，是可以的。不过，我患有很深的病症，正打算认真治一治，没有空闲时间来治天下。”舜曾让天下给子州支伯，子州支伯也说：“我患有很顽固的病症，正打算治疗，没有多余时间来治理天下。”如子州支父、子州支伯这样的人，虽然认为统治天下是地位最高、权力最重的了，却不能因此而妨碍自己的生命，更何况是其他的一般事物呢？

周人的祖先古公亶父居住在邠地的时候，狄人常来侵扰。古公亶父敬献兽皮和布帛给狄人，狄人不愿意接受；敬献猎犬和宝马给狄人，狄人也不愿意接受；敬献珠宝和玉器给狄人，狄人仍不愿意接受，狄人所希望得到的是邠人的土地。古公亶父说：“如果兴起战争，兄长就会失去弟弟，父亲就会失去子女，我不忍心这样做。而且我还听过这样的说法，不要因为争夺赖以养生的土地而伤害到土地上养育的人民。”于是古公亶父拄着拐杖离开了邠地，邠地的百姓则追随他，在岐山之下建立起一个新的都城。古公亶父正是因为看重人的生命，所以选择躲避战争甚至抛弃国王的地位。

T4－21　与万物共生，才能成就人的养生

【参见《老子》条目】

天长地久。天地所以能长且久者，以其不自生，故能长生。是以圣人后其身而身先；外其身而身存。非以其无私邪？故能成其私。（第7章）

证明：从定义7可知，“无私”指消除过分的“欲”和机巧性“智”之后而达到的能包容万物的心理状态。根据公理A5与命题T4－

1,摄生的基本方法是消除过分的“欲”和机巧性“智”,而遵循“自然”是养生的总原则。养生的过程也就是包容万物的过程,需要逐步达到无私的心理状态,需要遵循自然。因此,与万物共生,才能成就人的养生。

例证和说明:侗族是我国南方最大的人工林经营者。600多年来,原木外销一直是侗族获得现金的主要渠道。但是侗族在营林的过程中十分讲究复合型育林,在他们的人工林中,不仅种植经济价值很高的杉树,而且精心维护其他树种并存。豆科、壳斗科、芸香科的乔木,在侗族的人工林中随处可见,并且至少要占15%以上的比例。人工林中还拥有大量的草本植物和附生植物。他们的森林更新和培育往往与旱地农耕相兼容,在育林空地上,只要许可都混种各种旱生农作物,如做粮食用的小米、玉米、黄豆、红苕、荞子、洋芋等,做蔬菜用的黄瓜、南瓜、辣椒、红萝卜、白萝卜等,此外还混种西瓜、地瓜、蓝淀等各种水果、经济作物以及药材,而非追求商品木材生产的极大化。在侗族村寨社区,将河流、鱼塘、稻田整合为一个“连通器”,既种植水稻又养鱼、鸭。除了人工种养的物种外,稻田中还生息着不胜枚举的野生动植物,包括茭白、水芹菜、莲藕等植物,螺、蚌、泥鳅、黄鳝等动物。一块稻田中,并生的动植物多达100多种。这些生物,包括一些被主流文化视为害虫、杂草的生物,都被作为生活、生产资源而培育利用。人类社会发展进程中,会对原有的生态系统造成干扰,使其状态与原生状态发生偏离。侗族文化有意识地限制这种偏离,尽量保留原有的物种构成。这甚至引导了他们的生活习惯和价值标准,这种价值取向保护了原有的物种多样性,而原有的物种构成是上亿年演化形成的,是当地生态系统稳定延续的基础。

与之对比,如果简单地划分资源、废物;益虫、害虫;作物、杂草;

好人、坏人……则长者数百年，短者数十年，原生物种构成就会被彻底改变，而新生的物种构成只能在人工养护下生存。人工养护的主要手段是耕作、灌溉、化肥、农药，它不可避免地造成水土流失、土质变性、病虫害激增，这种人工生态系统已经暴露出高度的脆弱性。而在侗族的潜意识中，各物种都是同一个大系统中的成员，各成员相生相克，人类对生态系统的干预准则，不是消灭一些种群，让另一些种群极大化；相反，要保持各种群的合理数量，如："田里的黄鳝多了，就加强捕捉，少了，则将其他稻田中的黄鳝转放到稀缺的田块中。水蜈蚣对幼年期的鲤鱼有害，他们在放养鱼苗时，发现水蜈蚣太多，就捞捕水蜈蚣食用。但田里没有水蜈蚣时，又得人工放养。"可见人扮演的角色是："作为生物多样性的终极调节和制约力，只是控制其数量，并不会打乱它的生活习性和破坏它的生存空间。"这样的准则显然对生态系统的冲击更小，更有利于保存原有的物种构成，维护物种的多样性。人类社会系统必然对自然系统有所影响，但侗族努力保持自然系统的原状，力求实现共生共存，这样的价值观是人类社会与生态系统和谐共生的前提。①

"天人合一"代表着中华民族追求人与自然和谐统一的人生精神境界。道家把尊重自然规律、与万物共生看作人类世界的最高法则，形成了老子哲学特有的生态智慧，指导人们努力实现"天地与我并生、万物与我为一"的和谐境界，从而真正成就人的养生。

---

① 罗康隆、王秀：《论侗族民间生态智慧对维护区域生态安全的价值》，《广西民族研究》2008 年第 4 期。

T4 – 22　少私寡欲就是善待自我

【参见《老子》条目】

圣人不积，既以为人己愈有，既以与人己愈多。天之道，利而不害。圣人之道，为而不争。（第 81 章）

见素抱朴，少私寡欲。（第 19 章）

证明：从定义 7 可知，“无私”指消除过分的“欲”和机巧性“智”之后而达到的能包容万物的心理状态。根据公理 A5 和命题 T4 – 6，摄生的基本方法是消除过分的“欲”和机巧性“智”，而大开嗜欲之门等于损害生命。“少私寡欲”可以达到的能包容万物的心理状态，也即不损害生命、善待自我的目标，其实质就是让自己的生命在顺应自然、包容万物中得到滋长。因此，少私寡欲就是善待自我。

例证和说明：张学良积极主张抗日，反对内战，曾同杨虎城一起发动震惊中外的西安事变，促成国共第二次合作，结成抗日民族统一战线。西安事变后，他遭到长期软禁，失去人身自由。张学良的人生可以说是坎坷多变，然而他能活到 101 岁，不能不说是个长寿奇迹。张学良早期曾患有严重的神经衰弱，导致睡眠不足。1936 年张学良因发动西安事变失去自由后，失眠情况反而得到了真正的好转。正是在这种困境之中，张学良逐渐获得了内心的安宁。在长期幽禁生活中，他远离了早期公子哥的奢华放纵生活，没有了战乱时期的操劳，没有了官场的权力角逐，也没有了让张学良烦躁不安的焦灼。张学良曾引用晋代道家学者嵇康的话指出：“人的养生有五难，一是名利不去为一难；二是喜怒不除为二难；三是声色不去为三难；四是滋味不绝为四难；五是神虑精散为五难。”排除这五难，就需要内心安静，少私寡欲。

参考文献……

一、专著类

1.(美)安乐哲、(美)郝大维:《道不远人——比较哲学视域中的〈老子〉》,何金刚译,学苑出版社2004年版。

2. 班固:《汉书》,中华书局1962年版。

3. 曹峰编:《出土文献与儒道关系》,漓江出版社2012年版。

4. 陈鼓应:《老子今注今译》,商务印书馆2003年版。

5. 陈鼓应、白奚:《老子评传》,南京大学出版社2001年版。

6. 陈来:《古代宗教与伦理——儒家思想的根源》,三联书店1996年版。

7. 程钢:《老子入门》,中国民主法制出版社2012年版。

8. 杜维明:《二十一世纪的儒学》,中华书局2014年版。

9. 冯家禄:《道德经三解》,东方出版社2013年版。

10. 冯友兰:《中国哲学史新编》(上),人民出版社1998年版。

11. 甘筱青等:《〈论语〉的公理化诠释》(修订版),江西人民出版社2012年版。

12. 甘筱青等:《〈孟子〉的公理化诠释》,江西人民出版社2014

年版。

13. 甘筱青等:《〈荀子〉的公理化诠释》,江西人民出版社 2015 年版。

14. 高明:《帛书老子校注》,中华书局新编诸子集成本,1996 年版。

15. 郭庆藩:《庄子集释》,中华书局新编诸子集成本,2004 年版。

16. 何宁:《淮南子集释》,中华书局新编诸子集成本,1998 年版。

17. 李国旺:《国学与新行为金融学——〈道德经〉行为策略启示录》,中国金融出版社 2012 年版。

18. 李民、王健:《尚书译注》,上海古籍出版社 2004 年版。

19. 刘笑敢:《老子古今》,中国社会科学出版社 2006 年版。

20. 楼宇烈:《王弼集校释》,中华书局 1980 年版。

21. 逯钦立校注:《陶渊明校注》,中华书局 1979 年版。

22. 罗念生、水建馥:《古希腊语汉语词典》,商务印书馆 2010 年版。

23. 钱穆:《老庄通辨》,三联书店 2002 年版。

24. 阮元校刻:《十三经注疏》,上海古籍出版社 1997 年版。

25. (荷)斯宾诺莎:《伦理学》,商务印书馆 1983 年版。

26. 司马迁:《史记》,中华书局 1982 年版。

27. 王博:《奠基与经典:先秦的精神文明》,北京大学出版社 2009 年版。

28. 王文明:《老子心声》,九州出版社 2012 年版。

29. 王先慎:《韩非子集解》,中华书局新编诸子集成本,1998 年版。

30. 韦遨宇:《老子、庄子与道家哲学思想》,九江学院庐山文化研究中心,2014 年 9 月整理自印本。

31. 吴重庆:《儒道互补:中国人的心灵建构》,广东人民出版社 1993 年版。

32. 徐复观:《中国人性论史》(先秦篇),三联书店 2001 年版。

33. 许维遹:《吕氏春秋集释》,中华书局新编诸子集成本,2009 年版。

34. 杨丙安校理:《十一家注孙子校理》,中华书局新编诸子集成本,1999 年版。

35. 杨伯峻:《列子集释》,中华书局新编诸子集成本,1979 年版。

36. 杨伯峻:《论语译注》,中华书局 2009 年版。

37. 杨伯峻:《孟子译注》,中华书局 2010 年版。

38. 杨叔子:《杨叔子教育雏论选》,华中科技大学出版社 2010 年版。

39. 詹剑峰:《老子其人其书及其道论》,湖北人民出版社 1982 年版。

40. 张戬坤:《圣贤智慧互通说》,光大出版社 2010 年版。

41. 张松辉:《老子研究》,人民出版社 2006 年版。

42. 周辅成编:《西方伦理学名著选辑》(上卷),商务印书馆 1964 年版。

43. 朱谦之:《老子校释》,中华书局新编诸子集成本,1984 年版。

44. 叶朗、朱良志:《中国文化读本》,外语教学与研究出版社 2010 年版。

45. 夏维纪:《老夏说道》,中国金邦教育出版社 2012 年版。

46. 薛清和:《龙虎山说道》,银河出版社 2013 年版。

二、论文类

1. 白奚:《儒家礼治思想与社会和谐》,《哲学动态》2006 年第 5 期。

2. 丁原明:《老子的生存哲学》,《哲学研究》2003 年第 3 期。

3. 甘筱青:《〈论语〉的公理化诠释的两个基础》,《九江学院学报》2011 年第 2 期。

4. 甘筱青:《如切如磋、如琢如磨——〈论语的公理化诠释〉研究追述》,《九江学院学报》2012 年第 3 期。

5. 甘筱青、曹欢荣:《文明对话语境中的〈论语〉公理化诠释》,《江西社会科学》2014 年第 12 期。

6. 甘筱青、李宁宁:《〈论语〉的系统分析与公理化诠释》,《系统科学学报》2013 年第 3 期。

7. 韩巍:《北大汉简〈老子〉简介》,《文物》2011 年第 6 期。

8. 黄大建:《老子的"养心"思想及其当代价值》,《江西财经大学学报》2003 年第 5 期。

9. 柯镇昌:《〈论语〉〈老子〉公理化诠释比较研究》,《宜宾学院学报》2015 年第 4 期。

10. 刘笑敢:《老子之自然与无为概念新诠》,《中国社会科学》1996 年第 6 期。

11. 罗康隆、王秀:《论侗族民间生态智慧对维护区域生态安全的价值》,《广西民族研究》2008 年第 4 期。

12. 蒙培元:《"道"的境界:老子哲学的深层意蕴》,《中国社会科学 1996 年第 1 期。

13. 王博:《权力的自我节制:对老子哲学的一种解读》,《哲学研究》2010 年第 6 期。

14. 王路平:《略论龙树、提婆的中观哲学》,《浙江学刊》2000 年第 3 期。

15. 王中江:《道与事物的自然:老子“道法自然”实义考论》,《哲学研究》2010 年第 8 期。

16. 吴国富:《桃花源境界在道教中的变迁》,《九江学院学报》2010 年第 3 期。

17. 吴小龙:《从老子的“道”“德”到易传的“道德”——兼论儒家道德的先天性特点》,山东大学博士论文,2009 年。

18. 张岱年:《论老子的本体论》,《社会科学战线》1994 年第 1 期。

跋一

人法地,地法天,天法道,道法自然

甘筱青教授与他的学术团队多年来筚路蓝缕,积极创新,以公理化方法诠释中华文化经典著作,其不懈的努力赢得了国内外学术界的称道。他们在相继完成了《〈论语〉的公理化诠释》《〈孟子〉的公理化诠释》《〈荀子〉的公理化诠释》等力作之后,又对道家哲学的代表作《老子》进行了公理化诠释。在学术老前辈萧树铁、杨叔子、杜维明等先生的热情鼓励下,经过数年的反复论证和深度研讨,数易其稿,终于完成《〈老子〉的公理化诠释》这一著作,为创造性地弘扬传统文化作出了贡献。笔者数年前曾为《〈论语〉的公理化诠释》一书作跋,指出运用公理化方式诠释经典体现了重要的认识论意义和方法论意义,本文再就《老子》的公理化诠释所体现的特殊意义展开探讨。

一、公理化诠释彰显了《老子》自然哲学和辩证法的独特面目

应该指出,《老子》的公理化诠释比《论语》《孟子》和《荀子》的公理化诠释具有更高的学术视野。首先,孔子、孟子和荀子的人本主义思想、民本主义思想等既体现了中国先秦思想史的文化特征,又贯穿于两千多年的历史中,对中国文明和东亚文明产生过深远影响,具有较为明显的系统性和逻辑一致性。其次,孔子、孟子和荀子都特别注重其思想的经世致用,面对现实世界构建伦理道德规范和价值体系,因而以他们为代表的儒家思想有着不可置疑的认识论、方法论意义和实践理性的价值；而且这三位思想家的核心观点、逻辑思路，都是朝着实践理性的方向不断深入发展的，所以甘教授及其团队在完成《论语》的公理化诠释之后，接着进行《孟子》的公理化诠释、《荀子》的公理化诠释，能给读者以一气呵成和水到渠成的感觉，与先秦儒家在发展进程中所呈现出的连续性是一致的。

然而，《老子》在中国思想史乃至世界思想史中占有独特的历史地位，《老子》公理化诠释相对于儒学经典公理化的诠释，亦更为复杂和困难。

第一，如果我们从全球的历史时空来分析老子的哲学思想，就会发现老子的自然哲学不仅包括古希腊哲学中的本体论哲学、自古希腊直至十九世纪欧洲哲学体系中的认识论哲学，还包括十九世纪末二十世纪初令西方哲学出现重大历史转折的语言哲学。换言之，对贯穿于东西方哲学思想史的基本问题，《老子》一书均作了精辟的阐述，在人类哲学思想发展史上可谓蔚为大观。虽然老子、庄子之后，道家哲学的发展曾经出现过断裂的现象，受到佛教哲学的巨大冲击，经受了在近代传播到西方的考验，然而老子自然哲学的价值不仅没有出现丝毫的衰减迹象，而且在各个文明圈显示出强大的生命力、与日俱增的影响力和现实意义。明确这一点，就能够说明用公理化方法诠释《老子》的必要性，更能说明此项工程的艰巨性。

第二，老子不仅早于古希腊前苏格拉底学派最先创立了一般意义上的哲学及辩证法，而且最先创立了以自然哲学为基础的否定性和批判性的哲学及其辩证法。在此需要加以强调的是，老子所揭示的自然哲学及其辩证法原理，因其前瞻性、系统的复杂性与丰富性、艰深性，已达到了人类今日尚难企及的高度、深度与广度。例如，老子揭示出自然宇宙世界的发展规律（即道的运动为第一推动力），形成否定性辩证法与批判性辩证法的结论“反者道之动”；揭示出人类文明面对自然世界及人类自身时所陷入的无法克服与解决的矛盾、悖论和二律背反的困境。这些都是居功至伟的成就，令人难以望其项背。

近代德国哲学家莱布尼茨第一次将老子的哲学思想精确地定义为自然哲学，而另一位哲学家黑格尔对老子及其哲学系统亦敬佩有加。这种敬佩不是偶然的，而是因为黑格尔的哲学辩证法虽然博大精深，但其内部包含了时空的局限性和内在的矛盾性。就这一点而言，拿黑格尔的辩证法与老子比较，还不如将近代德国哲学家康德与老子的思想进行比较。康德将其哲学认识论、哲学辩证法以及对于人类判断力、知解力和思辨理性能力的辩证批判，置于更广袤的空间尺度上和更久远的时间尺度上，使我们意识到康德与老子在哲学世界观和方法论上的心领神会。明确指出这一点，有助于我们理解对《老子》进行公理化诠释，需要更高的认识境界，绝非用某种辩证法来套老子思想那么简单，而甘教授及其团队也在著作中对用简单辩证法来分析老子思想所得的结论做出了种种反思。或许可以说，黑格尔的辩证法，是针对有限事物的辩证法，而老子的辩证法，是面对无限事物、无限世界的辩证法。《老子》的公理化诠释将彰显《老子》自然哲学和辩证法的独特面目。

二、公理化诠释彰显了老子思想的丰富性、完整性和开放性

老子自然哲学和辩证法的丰富性，体现为其哲学思考与研究不仅仅限于一般意义上的对象范畴，而且是一个包括自然哲学、人本主义哲学、历史哲学、美学和艺术哲学、法哲学、道德哲学与伦理学、生命哲学、政治哲学及政治科学尤其是权力与反权力哲学、经济科学、社会科学、军事科学等对象的哲学及辩证法体系。

老子自然哲学和辩证法的完整性，体现为老子不仅以百科全书式的视野纳入了上述诸学科以及它们提出的问题，而且并没有简单迎合人类在建构自然科学、艺术科学、人文科学和社会科学过程中所基于人类中心主义的欲求。恰恰相反,老子用自己独特和高度睿智的自然哲学辩证法,将这些欲求加以分析批判,并将其置于被否定的地位。应该说,老子对于诸学科所进行的独特批判甚至否定性的评判,是基于老子的自然本体论、自然主体论和自然中心论作出的。为此,老子所论及的诸学科,并非人本主义哲学意义上的学科,并非人类中心主义意义上的学科,而是浸透了老子自然哲学思想的、体现老子自然哲学概念的学科。他所运用的哲学辩证法,亦非普通的解释一切矛盾对立统一现象的辩证法,而是从自然哲学出发构建的辩证法,其中不仅有关于矛盾对立统一的阐述,更有对于悖论和二律背反原理的阐述。由于老子自然哲学体系与孔子、孟子等儒家哲学体系的差异,两个体系内"道"的基本概念就大相径庭。

老子自然哲学和辩证法的开放性,体现为它是向不同的文明圈和不同的文化系统开放的。因为,无论作为个体还是群体,在一定的时间空间尺度内,对于宇宙自然世界的奥秘、真实、真理性和科学知识、技术系统的认知与把握均具有相对性。老子对这一点的把握,使他创立的自然哲学和辩证法面对所有的知识系统、文化系统开放。

甘筱青教授及其团队的研究努力彰显了老子自然哲学和辩证法的丰富性、完整性和开放性。我们既要理解人类所创造的各种学科,又不是简单切块式地用各种学科的理论来印证老子(而这实质上是肢解老子),而是需要用老子思想来驾驭各种学科,指出各种学科在"道"的指导下所呈现的真正面目。做到这一点,不但是对团队成员自身学养的挑战,更需要对人类认识及其方法的全面反思。例如,作为一种否定性和批判性的哲学辩证法,老子对于人类所渴望拥有的主体性及其意识提出了批判,对于以孔子、孟子及儒家所代表的人本主义思想提出了批判，不同于以人为世界中心、以人为宇宙自然主体、以人为衡量万事万物尺度的古希腊人本主义哲学思想。老子反复强调自然宇宙对于人类世界的主体地位是先天拥有的、无法质疑的、无法剥夺的。老子指出“道”作为宇宙自然发展运行的基本规律、基本理念与原则，不仅是无时无处不在的，而且是万事万物之本源，是其出发点，也是其归结点。他提出了“道生一，一生二，二生三，三生万物”的著名论断，并提出了与人本主义哲学有关人类认识并征服自然截然相反的结论：“人法地，地法天，天法道，道法自然。”道乃是宇宙自然运行规律的某种表征，代表着宇宙自然的终极理念与理性，也是宇宙自然万物之本源，它不以人类的意志为转移，有别于按照人类中心主义设定的理念；为此基于人类文明产生的各门自然科学、社会科学及人文科学，皆被推至“道”这一自然理性的法庭上接受审判，其存在的合理性必须重新得到审视。因此，人类对于自然界所表现出的征服、统治和开发利用的权力意志与权力哲学也必须得到重新审视。通过甘教授及其团队的公理化诠释，我们可以清晰地看到人类的权力意志与权力哲学退居次要地位，成为“道”的一个组成部分，由此人类的知识系统和科学技术系统也从自我膨胀的状态变为“压缩饼干”。为征服与统治宇宙自然并以人类语言系统、符号系统或表征系统建构起来的理论学说体系，在“道”面前显示出它的不自量力和夸大失真。从而通过“无为而无所不为”“无知而无所不知”“无欲则刚”“柔弱胜刚强”来达到人类与宇宙自然的和谐共处、和谐共生的种种思想观念，在《老子》的公理化诠释中得到一以贯之的清晰反映。

三、公理化诠释彰显了《老子》在语言哲学、政治哲学、自然哲学以及艺术哲学等层面体现的价值

甘筱青教授及其学术团队用公理化方法诠释《老子》，也是为了揭示老子自然哲学及其辩证法所具有的公理性和普遍适用性。因篇幅所限，笔者仅从语言哲学、政治哲学、自然哲学以及艺术哲学等层面阐述对于《老子》开展公理化诠释的价值。

1. 从语言哲学层面

从古希腊与罗马时期到十八世纪启蒙哲学发展时期、十九世纪欧洲古典哲学发展的高峰时期，无论是苏格拉底学派还是后来的柏拉图、亚里士多德，其关注点都在于本体论（探索宇宙自然、世界的起源与构成）和认识论（认识宇宙世界的辩证方法、逻辑方法）。十九世纪末期，欧洲哲学家如维特根斯坦、波普尔、索绪尔等开始专注本体论、认识论的基本结构要素，亦即语言的本质或称逻各斯的问题。西方哲学向语言哲学的转向，使我们得以重新审视作为语言现象的概念、定义与命题各自的特性及其相互关系、命题的逻辑推理及其所导致的结论以及逻辑前提的假设特别是先验的假设之间的关系问题，也使我们重新审视在使用由人类自身创造的、非自然的语言这一思维工具时，语言所表现的自我参照功能与自我循环论证功能以及运用语言进行思维、逻辑推理所导致的结论是否可靠的问题。二十世纪下半叶，法国的哲学家如德里达、福柯、拉冈等展开了对于西方语言逻辑系统的深度批判。

而《老子》一书对其提出的基本逻辑前提即“道”的概念（天道或曰宇宙自然之道），在使用之前已展开了类似语言哲学层面的辩证批判。借用德国古典哲学的术语来说，即是在运用由语言构成的概念、定义与命题阐述哲理之前，首先对由语言构成的概念、定义和命题这些“用于批判的武器”进行了深刻批判。老子指出：“道可道，非常道；名可名，非常名。”这十二个看似简单易懂的字表明，老子在两千六百年前即已认识到，运用人类语言对宇宙自然之道进行言说、命名、假设并推理，均非具有绝对不变的性质，而是具有时空意义上的相对特征，具有人的主观认识、主观理性特征而非纯然客观理性的反映。为此，老子在运用语言描述概念时非常谨慎，例如他在界定“道”这个基本概念时，是采用多重定义法进而从各个层面、各个侧面去定义它，丰富并拓展其内涵与外延。钱锺书先生在《管锥编》一书中指出，老子的语言哲学及其辩证法向我们展示了一个“道本无名复多名”的定义、辨析、认识、推理与论证的过程。若借用法国二十世纪下半叶的哲学家德里达的术语，便是解构主义哲学非常推崇的语义发散过程。老子在论述“德”的概念时，采用了相同的辩证方法。这种人类认识的多元性、多样性、多义性是符合宇宙自然客观规律的，它确保了历代读者在阅读理解时所面对的无限可能性，避免使其落入胶柱鼓瑟而死于句下的境地。

通常的概念、定义、判断及推理都不可避免带有它的局限性，然而没有清晰界定，又无从进行推理。为此，甘筱青教授及其团队在阐述老子思想的核心思想时，充分注意到概念的“可界定性”和“不可界定性”的统一，语言的有限启示能力和无限启示意义的统一，事物未产生阶段、存在阶段以及变化阶段的统一，因而较好地体现了老子思想的本色。在推导出哲学与一般科学的结论时，该结论的逻辑假设前提一般具有时间规定性、空间规定性、参照系的规定性，还有科研人员自身认识能力、思维能力与科研能力的规定性以及分析推理时使用手段的规定性。这种种规定性往往导致了某种思想的局限。然而，如果充分考虑到语言哲学层面的问题，用恰当的方法展现老子的思想，就可以使之成为洞察人类认识之相对性、主观性与开放性的一面镜子，同时亦可以表现老子在阐述其思想时已经充分考虑到自己也是在“强名之”，从而避免误导读者。

2. 从政治哲学层面

在老子所处的春秋战国时期，如何结束各诸侯国之间持续不断的争霸之战,如何开出万世之太平,乃当时思想家们最为关切的现实问题。孔子基于其人本主义哲学思想,从人类的根本利益出发,设计了一个社会良治模式,意图通过教育途径培养仁人君子,通过仁人君子的个体价值在个人、家庭、社会、国家和人类诸空间的递进实现来达致全世界永久和平,即从诚意正心到修身齐家、进而治国平天下。为此,孔子提出了以公共利益和社会正义、社会公正为实现社会和谐目标的手段,并提出了“大道之行也,天下为公”这样的具有公理性质的基本原则。另一位中国战略学家孙子在《孙子兵法》一书中亦基于其人本主义哲学的价值理念,提出了非战、慎战和速战的基本原则。而老子则提出了有别于孔子的以“圣人行无为之治”实现永久和平的思想。老子从自然哲学的立场出发,立足于宇宙自然的高度,提倡按“道”来治理社会、国家与天下。自然宇宙运行的规律与法则乃是放手让一切存在形式根据其自身发展的客观规律自主、自由、自在与自为地运行、选择与运动,而宇宙自然则以无为的方式为一切存在形式提供客观条件。由此老子提出了独特的良治之道,即严格遵循无为而治之道行事。

关于实施国家社会治理之一国君主的历史作用,其存在理由及其历史功过,老子亦以无为之治之道作为价值判断标准,提出了“在上,不知有之;在下,亲而侮之”的衡量尺度。中国西汉时期汉文帝和汉景帝通过实践老子无为而治的政治理想,达到中国历史上罕见的繁荣盛世与社会进步,成为可资后世借鉴的楷模。文景之治与其后汉武帝实施穷兵黩武的国家社会治理模式,恰好形成了鲜明对照。

然而,对于一般读者而言,要准确理解老子的无为而治颇有难度,很容易认为这是一种消极的主张,一种否定人类主观能动性的主张,甚至有可能是“反社会”“反文明”“反进步”的主张。甘教授及其团队的公理化诠释，能使我们更好、更准确地理解老子所说的“无为而治”。因为在公理化体系中，“无为而治”的内在逻辑性非常严密。老子用“道”这面镜子去照人类社会，发现了人类社会有“三虚”：目标的“虚高”、功劳的“虚夸”和恩德的“虚构”。人类误以为良治社会单靠人的努力就可以实现，事实上，人的努力所起的作用是非常有限的，“靠道德修为实现万世太平”不过是一个“虚高”的目标，而一旦实现和平，自以为“功莫大焉”、恩德无限，也不过是功劳的“虚夸”和恩德的“虚构”而已。更加危险的是，人类往往陶醉在自我的功德里，忽视“道”“自然”的作用，甚至任意破坏这种作用，为此必须以“无为”来制止人类的妄为。老子认为权力哲学、统治与征服欲望是引发战争的根源。他还指出：“天之道，取有余以奉不足；人之道，取不足以奉有余。”这就一针见血揭示出社会公正、社会公平以及据此分配社会财富，乃是实现人类社会的正义、和谐的不二法门，乃是符合天道的表现。相反，对社会财富的创造者、劳动者群体与弱势群体巧取豪夺，乃是一种违背天道的暴政。而这种种“有为”，就不仅是一种虚夸，而且是对胡作非为的一种掩饰了。总之，政治的合法性来自于“道”，即依据“道”来审视统治者的作用，规定统治者的作为，进而达到“无为而无不为”。这一结论在公理化诠释体系中得到了充分展示，而老子基于自然哲学的政治哲学，也就因此更加彰显了普遍性。

3. 从人与自然关系层面

老子的自然哲学向我们展示了其独有的大智慧。根据其自然哲学，自然为本体，为主体，为万事万物之本源和最终归宿。我们对于自然不仅应有敬畏之心与感恩之情，更应对其珍惜珍爱有加，而非通过掠夺自然、竭泽而渔以满足人类之无穷欲求，待将地球破坏殆尽再去破坏火星、月球及其他类地星球。为此老子给出了一项公理性的论断,即"人法地,地法天,天法道,道法自然",这对于我们正确认识并把握处理好人类与自然的辩证关系具有巨大的指导作用,已经成为实现经济、社会、文化与生态环境可持续发展的指南。老子深刻分析了人与自然存在的矛盾和冲突,主要体现为"争功""争德""争智",而公理化诠释彰显了这些论述的普遍性价值。

其一是"争功"。《老子》开篇指出:"道可道,非常道"。尽管"道"难以用人类语言加以精确定义与表述,然而充满智慧的老子却借助艺术形象加以明喻:"上善若水。水善利万物而不争,处众人之所恶,故几于道。""居善地,心善渊,与善仁,言善信,正善治,事善能,动善时。夫唯不争,故无尤。""夫唯不争,故天下莫能与之争。"道生万物、道养万物是自然界体现的机制,而人类往往贪天之功为己有,以为"人养人"远胜于"天养人",故而疯狂地开发、掠夺自然资源,导致地球的自然环境早已不堪人类无穷无尽欲求之重负。环境危机、生态危机、物种大规模消失之危机,气象灾害频仍之危机,已经危及现今地球上七十多亿人及其后代的生存。醉心于工业化、后工业化、科技革命与消费主义狂欢的人类,往往对此充耳不闻或行掩耳盗铃之实。笔者撰写此文之际,正是法国巴黎第二十一届全球气候峰会举行之时。人类若不能够从根本上辨析清楚其与宇宙自然的客体与主体的辩证关系,那么人类像其他已经消失的物种那样从地球上消失只是一个时间问题而已。

甘筱青教授及其团队通过公理化诠释,揭示了老子哲学对人与自然之矛盾的本质性把握。"道"生万物,而万物的变化是一个从无到有、复归于无的过程。有和无是相伴相生、相应相和的,是无法分割的。由此,人类创造各种"有"的过程,也就是制造各种"无"的过程;创造的"有"越多,制造的"无"也越多;创造"有"的速度越快,制造"无"的速度也越快;对各种"有"的利用程度越高,各种"无"的不可利用程度也就越高。为此，疯狂开发利用自然资源的过程，也就是疯狂制造不可用物质的过程，最终会从“生养人类”的过程走向“毁灭人类”的过程。这一结论，是从老子思想体系的内在逻辑中揭示出来的，彰显了公理化诠释对认识老子大智慧的价值。

其二是“争德”。数千年以来，仁政与德政便一直是人本主义哲学家如孔子所追求的境界。然而老子振聋发聩地直言：“上德无德，下德有德。”换言之，对“德”的定义亦须以自然之德作为参照标准，而非以人本主义、人类中心主义有关“德”的概念与定义作为参照系。根据老子的自然哲学及其辩证法，自然之德在先，人为之德在其后。自然之德天然地维系着人们相互之间的关系以及人与自然的相互关系。当自然之德遭到违背与践踏、自然理性遭到破坏时，人们才会对失去的乐园痛心疾首而倍加心向往之。人们之所以崇德，崇尚德政，乃是因为自然之德日渐丧失：“大道废，有仁义；智慧出，有大伪；六亲失和，有孝慈；国家昏乱，有忠臣。”在此老子深刻地指出了人类创造的文明与自然之德、自然之理性、自然之秩序之间无法调和的矛盾与冲突，揭示了人类对于自然的异化以及自身的异化，也指出了克服消除双重异化现象、回归自然和谐状态的困难。老子进一步指出：“天地不仁，以万物为刍狗，圣人不仁，以百姓为刍狗。”如果圣人能够奉行宇宙自然的无为之道，不去异化自然、异化自身，做到“百姓皆谓我自然”，那么人与自然的再度和谐共处并非完全不可能。

甘筱青教授及其团队用公理化方法诠释《老子》的意义，在于阐述了“道”的本质内涵之后，坚持用“道”来审视人间的一切，也就对人类之德做出了理性的批判。在“道”的观照下，自然貌似无德而有德，“万物并作”且生生不息就是这种自然之德的呈现。同时，自然之德没有浮夸，没有人类的装饰，以本来面目呈现出来，却居功至伟。而以“道”来观照人类之德，则常常是放大虚夸的结果。人类社会成就每一件大事，事实上大部分都要归功于“自然之德”，加上一点人的作用，才能成就功劳；但人们却以为这全部是自己的功劳。如果不能像公理化诠释那样的分析，则很难理解老子为什么要颠覆“人类之德”。

其三是“争智”。老子指出：“绝圣弃智，民利百倍；绝仁弃义，民复孝慈，绝巧弃利，盗贼无有。”这里的圣与智是指基于人类中心主义的工具理性，旨在征服自然、掠夺自然以及由此建构的知识系统、科学技术系统、价值判断系统。欧洲十八世纪的著名启蒙思想家卢梭对自然与文明的悖论关系进行了深入思考与批判，对基于工具理性的科技文明和知识系统提出了批判与否定，进而得出了必须消除人类异化和回归自然状态的结论，这与老子两千多年前推导出的结论具有异曲同工、相视莫逆的性质，证明了老子自然哲学所表现出的超越性以及前瞻性。在二十世纪，西方哲学界对人类百年中所经历的以争夺自然资源、政治极权与经济霸权为目标的两次世界大战以及随之而来的冷战和区域战争作了深刻反思，并基于对工具理性、科技理性的辩证批判，发展出了反权力话语、反极权主义话语、反工业科技文明与消费主义文明、反人类异化现象的当代哲学思潮。

甘筱青教授及其团队的公理化诠释再一次凸显了老子这一思想的价值。美国思想家约瑟夫·奈伊于二十世纪末提出了软实力的概念。根据奈依的观点，首先，软实力乃是对硬实力的辩证否定，硬实力以工业实力、经济实力、金融实力与军事实力为基础，是基于工具理性建构起来的；其次，软实力是对以国家政府及权力机构表现出的权力哲学尤其是霸权哲学的否定；再次，软实力是对人与自然具有亲和力的智慧系统的肯定。而对于软实力的这些描述，符合老子于两千六百年前提出的知雄守雌、见素抱朴、背阴负阳、专气致柔、以柔克刚等一系列的概念与范畴以及其由此推导出的逻辑结论。但是，要实现两种理论跨越时空的对接，不能依靠简单的比附，而需要内在的逻辑对接。公理化诠释从“道”这一核心出发，就可以推导出符合自然之道为最强，如此方能做到万物生生不息的共同力量；明乎此，我们便能够充分地理解与把握老子自然哲学所具有的普世价值和公理性质。

4. 从艺术哲学层面

老子于两千六百年前创立的艺术哲学，在当代人类艺术世界依然放射出耀眼夺目的光芒。老子以其自然哲学的辩证法逻辑，推导出“万物生于有，有生于无”。换言之，自然宇宙世界的本源是“无”并最终复归于“无”这一最高境界。在老子看来，至美至善至高的艺术境界乃是源于大自然的鬼斧神工，以音乐为例，人们所推崇的天籁乃是源于大自然的箫声，“大音希声，大象无形”。老子于此揭示出了艺术创作应该遵循的宇宙自然规律和以此为圭臬的人类艺术的发展规律。根据道法自然的原理，艺术之道亦须法乎自然之道。“五色令人目盲，五音令人耳聋，五味令人口爽。”老子这一阐述，指出了人类艺术的根本缺陷，回归到艺术哲学的根本。人为的艺术往往刻意以满足人类欲求为目的，非自然并违反自然之道，给人类带来精神境界的异化。痴迷于人类之美，更有可能令世人忘却万物之美，因而导致人与万物的对立。纯粹形式上的艺术追求，总是与其对立面形影不离的，有“美”必然就有“不美”，有“善”必然就有“不善”，“天下皆知美之为美，斯恶已；皆知善之为善，斯不善已。故有无相生，难易相成，长短相形，高下相倾，音声相和，前后相随”。

甘筱青教授及其团队的公理化诠释，在一以贯之的逻辑推理中展现了老子艺术哲学的高度。从“道”出发，推理出“自然”为美的最高境界；而“自然”是有无相生的，落实到人的感觉世界中，就是有形与无形、有色与无色。他们指出给人以强烈感受的功名利禄、大富大贵、金钱美色、美酒佳肴等等，并非是“大美”的体现；而用“淡泊”来指导人的行为，培养人的德性，调节人的身体，就能体现自然之道而给人以莫大的益处。如此一来，老子的艺术哲学就不仅仅是“工匠”意义上的艺术哲学，而是贯穿整个人类社会、涉及人类生存之本的艺术哲学，人们从中可以得到无限的精神滋养。这一点，对后世的中国及东亚诸国文人诗书画、音乐、造型艺术和建筑艺术产生了持续深远的影响，也给中国社会乃至世界的发展产生了深远影响。

时至今日，人类社会蕴含的巨大风险亦如达摩克利斯之剑，时时刻刻高悬于人类头上。只要我们回头看一看，地球上储藏了多少足令它毁灭数十次的热核武器和生化武器，历史上出现过多少与宇宙自然为敌、与全人类为敌的暴君与战争狂人，两百五十多年来工业化进程、科技化进程和现代化进程将自然环境毁坏至何种程度，就会不寒而栗，对人类发展的前景生出无限的忧思。究其本质，哲学家往往是理想主义者，恰恰是由于高瞻远瞩的认识能力与深刻的判断能力，哲学家对自然与对人类发展的前景多持悲观主义的态度，才会在其哲学著作里表现为真诚的理想主义。老子亦不例外，他辞去了柱下史的官职，骑着青牛西出函谷关并消失于沙漠戈壁之中，直至与无限浩渺的宇宙自然融为一体。然而在西出函谷关之前，他给我们留下了集其自然哲学及辩证法之大成的《老子》。

老子在两千六百年前撰写《老子》时所创立的自然哲学及其辩证法体系，乃是人类哲学思想史上造山运动过程中形成的第一座像珠穆朗玛峰那样的高峰。其哲学体系之宏大，其否定与批判的辩证方法之高深，其自然哲学及其辩证法体系对于不同时代、不同文明圈、不同哲学传统的开放性、对话性和启迪性，均为人类哲学思想史上所罕见。笔者在《论语的公理化诠释·跋》一文中曾论述，每当人类历史的发展到了特殊的转折关头时，人们都会自觉或不自觉地与先哲前贤对话，根据当下时空重新提出认识论、方法论和实践论的问题，以解决人们在现实中遇到的紧迫问题。这样经久不息的对话，不仅使我们每每能够拨云见日、豁然开朗，而且能使先哲前贤的思想体系得以永葆其青春活力，使其如灯塔一般四射的智慧之光能够不断延伸，进而普照千秋。只要宇宙自然尚在按照其自身规律在不断演进，只要人类尚未因其与自然宇宙的矛盾冲突而提早步入自我毁灭的临终境地，老子的自然哲学思想体系及其高深的辩证法以及哲学思想史上诸多与老子相视莫逆的哲学家、思想家的智慧，就将继续烛照我们，引领我们走向一条尊重宇宙自然之道、与宇宙自然和谐相处的康庄大道。

然而，与先贤对话是艰难的。古往今来，关于老子的诠释，是如此的纷繁复杂，又有多少能真正做到窥其堂奥？这同时也表明了甘筱青教授及其学术团队在进行《老子》的公理化诠释时的开拓与创新精神。我们应该向这一具有使命感并做出学术贡献的团队表达由衷的敬意。对于甘教授及其团队的公理化诠释而言，那种视《老子》为神秘莫测的解说是不需要的，因为神秘莫测意味着与人类的需求隔绝；那种“我注六经”式的解说是不需要的，因为绝大多数注解者不会比老子更高明；那种片言只语的琐碎解说是不需要的，因为这样的解说还得依赖阅读者本身的接受理解。公理化诠释是从简要的定义、基本假设和公理出发推导众多命题而建构起来的演绎体系，这个体系应当是老子思想的主干与精华，有助于读者比较准确而全面地洞窥《老子》的精髓，有助于道家思想的现代转型。

我惟愿老子自然哲学思想及其高深辩证法的智慧的光辉能够

惠及地球上更多苍生，惟愿人类永远记取并躬行老子的谆谆教诲——“人法地，地法天，天法道，道法自然”。

是为跋。

韦遨宇
法国巴黎第三大学教授
2016年初于法国巴黎

跋二
编外学生的无尽怀念

庐山上有一些挺拔高大的柳杉,它们通圆挺直,直插云霄,而周身的古干虬枝如同张开的臂弯一般护佑着树下的一方水土。它们常常屹立千年,至今郁郁葱葱。它们是庐山的标识,是庐山的精魂!

2015 年 12 月 5 日,萧树铁先生驾鹤西去,使我们这群庐山之麓的学生们无比悲伤。萧先生的形象,就如同那些撑天的柳杉那样,高大挺拔,虬枝铁杆,既令人敬仰,更让人缅怀。尽管,在萧先生的众多弟子中,我们这一群人是无法归入清华大学的,但我们之所以愿意认同并被先生默认为编外的"私淑弟子",与先生晚年的志业有关。从 2008 年始,在甘筱青校长的组织下,萧先生倾心指导九江学院"中华经典的公理化诠释"创新研究团队。在外人看来,一位曾任清华大学的数学系主任的数学家,如何可能与我们这群文史学者有一份师生之缘呢? 更何况,先生是一位作风非常严谨的学者,从不会轻易地允诺各种沽名钓誉的师生名分。事实上,我们所以能成为先生的"私淑弟子",则完全源自先生身上那种浓郁的人文情怀和那份心系国家的赤子之心。

在我们的心目中,萧先生是一位极具人文底蕴和家国情怀的数学家,也是一位极具探索精神和担当意识的教育家。先生的睿智通达,不仅表现在深厚的专业学养和造诣,更表现为解决现实问题的勇气和眼光。特别是先生深厚的国学修养,既有家学的背景,也有童年读私塾的经历。先生是能够完整地记诵《论语》和《孟子》的，那些耳濡目染的儒家典籍，成为先生极为深刻的情感印象和文化记忆。尽管先生从不盲目地推崇和主张儒家的观点和立场，但对传统文化与历史根脉是怀有一份融入生命与血液的“温情与记忆”。也许，正是像先生这样的，积淀在老一辈知识分子身上共有的家国情怀和文化使命，使得先生将晚年的大部分精力和心血花在如何有效地建立人文经典的演绎系统，实现对传统思想系统诠释的探究当中。尽管这样一种探究，不仅无助于增加先生作为数学家的声望，反而会隐含诸种非数学家能够承担的失败可能与风险。但是这么多年来，先生却义无反顾，以巨大的热情投入这项以推动中西文化的对话和提升中华经典的国际影响力为目的研究。“中华经典的公理化诠释”的研究目标，无疑是一项需要跨越古今、融通中西和兼及文理并具有挑战性的研究探索，也是中国文化在期待重新崛起的时代语境下，必须面对和回答的核心问题之一，即如何实现中华经典的现代诠释。先生的追求，不是为了个人或某个小团体追逐各种名誉和利益，而是发自内心的对于民族及其文化的热爱与责任，是老一代知识分子期盼“强国”和探求“强国之道”的世纪理想。

也正是基于对于萧先生这份襟怀和理想的敬仰和感佩，我们这一群在庐山之麓的“乡野儒生”，这些年来一直追随着先生的价值理念和文化理想，一步一步地登堂入室，持之以恒地在追求和接近我们的共同目标。由一开始的怀疑、迷茫和不解，到逐渐的明白、熟知和确信，在先生的循循善诱和悉心指导下，我们先后用公理化的方法诠释了体现中国文化传统核心价值的几部重要经典：《论语》《孟子》《荀子》和《老子》。这些是承载着中华文明的思想精髓，却急需得到现代诠释的先秦文化典籍。对于先生的学养和抱负来说，用公理化的方法诠释传统经典，是为解决国学传承和对外文化交流中的困顿，尝试跨越学科的突破和创新！而对于我们这些习惯于在历史、文学、哲学乃至于古典文献中感悟和思索的研究者来说，这既是一个洗心革面、脱胎换骨的转变过程，也是我们每个人不断反省自我、探索新知的精神修养提升和成长的过程。因此，我们的研究便是一个学习、探究和自我锤炼的进程。在这八年的研讨和释疑中，先生一直是我们这个团队的精神导师，我们在学习和研究过程中得到的启悟、乐趣和收获，要远远多于眼前可以看得到的这一本本研究的成果。尽管在研讨中，每一个团队成员都感觉到自己的知识背景薄弱：学文学的，觉得自己缺乏哲学知识背景，更缺乏对逻辑的深入理解；学哲学的，又觉得自己缺乏对传统文化的深入了解。但我们都有一个共识：萧先生给予我们向前的底气和定力。

如果说古代有诸多像朱熹当年私淑“程颐、程颢”，有着无法跨越时空并获得师尊耳提面命的遗憾，而我们这些编外弟子却非常有幸常常能直接聆听先生的教诲，既有“往学”也有“来教”。回想自2008年以来，我们每年与先生的每一次聚会和研讨，几乎不择季节和场所，无论是北京还是九江，无论是先生的书房还是我们研究中心，甚至是出现在先生的病房。每一次与先生的交谈，我们都有如沐春风似的温馨和敞亮，而每一个疑惑的解答，亦常常带给我们醍醐灌顶般的顿悟。每次交谈，先生的话语不多，但他的表达一定简洁明了，直指要津。先生喜欢聆听，对不同的观点轻易不予置评，但只要先生有回应，一定是准确、清晰的断语。先生不轻易地布置研究选题，但一旦发表，一定是深思熟虑的篇章。往往在一段时间的研讨和争议之后，先生会将这段时间内认真思索的结果记在薄薄的笔记本上，用那细细密密工整小楷字写就的文字，向我们娓娓道来，蕴含着概括性的总结和回应。每次看到先生的笔迹，就会油然联想到数学的简洁和缜密。

这几天在整理萧先生与我们这个研究团队在一起的照片和资料时,脑子里萧先生的音容笑貌再一次生动起来:精神矍铄的神情,深邃睿智的目光,亲切和蔼的笑容,有时会有些许调侃的话语。先生从不故作姿态也不喜好为人师的说教,虽持有教无类的态度,但对聪明好学的学生仍有所偏爱。先生看重一个人的德行,也看重一个人的才气,对学生的优点和才气从不吝惜夸奖的言语。先生虽然长期在北京生活,但一直保持南方的饮食喜好,虽身为引领一个领域的学者,但简单素朴的生活则像一介平民。萧先生简朴的生活中还有江南人的细腻和务实,体现在他对老伴的照料和呵护,对学生的关照与指点。先生的精神生活,追求自然、坦诚和质朴。或许,正是因为在生活中坚持不失自己的真性情,才能在事业上确保自己的真学问。而先生一生,追求才学与个性品质的统一,坚守简朴生活与纯净精神的一体,既让人景仰,更让人缅怀。

我们都非常庆幸和珍惜与萧先生的这一份"学缘",更看重这份编外的师生情谊。尽管在得知先生患病以来,我们都真诚地期盼先生的康复,期盼再一次在北京、在庐山的聚谈。但残酷的现实,只留给我们这份无尽的思念!好在我们每个人的身上都有一个先生留给我们的研究题目,而"中华经典的公理化诠释"这个课题还有待进一步的完善。我们这群人,只有努力地前行,以出色的业绩告慰先生!让这份编外学生的称誉变得名副其实。

"江南忆,牯岭作书堂。云外谈经无俗虑,山中开卷有清香,一笑余韵长。""江南忆,不畏楚天长。对雪横经重砥砺,临窗思远忽登堂,宛在老师旁。"从 2008 年到 2015 年,整整八年之间,同样的情景都时常会浮现在我们每个人的眼前。深冬到了,又该到"对雪横经"的日子。还指望着形成许多想法,提出许多问题,到明年草长莺飞的时候,再一次到北京去,跟萧先生热烈地讨论;还想向萧先生汇报，我们总算悟出了他的用意，在“公理化”“文化自立”“文化自信”“文化强国”之间建立了联系，打算好好做他布置的功课了……我们已无法实现与萧先生的聚谈了，但我们个人的心中都珍藏着这份永恒的师生情谊。

在《〈老子〉的公理化诠释》完稿之际，我们以此文纪念研究团队公认的导师——萧先生，寄托我们的无尽怀念。

九江学院“中华经典的公理化诠释”创新研究团队
李宁宁　吴国富　曹欢荣
2015 年 12 月 11 日

后记………………

道法自然　顺势而为

冯友兰先生在《中国哲学史》的前言中指出，在诸子的著述中，虽然没有"形式上的系统"，但有"实质上的系统"。从 2008 年 5 月以来，我与"中华经典的公理化诠释"研究及创新学术团队潜心庐山之麓，从先秦儒学切入，先后开展了关于《论语》《孟子》和《荀子》的公理化诠释之研究。在遵循原意的基础上，我们以基本假设、定义、公理为基本要素，推导证明众多蕴含在《论语》《孟子》和《荀子》中的客观命题，从而将隐含在其中的逻辑体系凸显出来，便于东西方人士超越不同文化语境的局限，共同用理性的方式理解和准确把握儒家思想。我们先后出版了《〈论语〉的公理化诠释》（第一版、修订版、中英文对照版，中法文对照版将于 2016 年发行）、《〈孟子〉的公理化诠释》（中文版，中英文对照版将于 2016 年发行）和《〈荀子〉的公理化诠释》，并获国家出版基金资助。

上述专著在研究过程中及出版后，我们收获很多专家与读者的厚爱和鼓励，越来越多的同仁希望我们继续用公理化方法诠释《老子》，因为中华传统文化中儒道两家文化占有主流地位。《老子》又名《道德经》，其著者老子是中国古代的哲学家和思想家、道家学派的创始人。老子认为"道"是世界万物的根本，提倡"自然""无为"；老子期望治国应遵道而行，即顺应自然和社会规律，不能任意妄为；其清静寡欲的思想也给养生以基本理念。道家思想曾给西方启蒙运动时期的思想家以启迪和借鉴,而且对于当代可持续发展理念方面也表现出深刻的前瞻性。《老子》是有史以来译成外文版本最多、海外发行量最大的中国经典。用公理化的方法诠释《老子》,需要将《老子》众多语句整理成一个演绎系统,即在给出一些定义和基本假设以后形成若干公理,并以逻辑推理的方法推导和证明众多蕴含在《老子》中反映道家思想的系列命题,从而将隐含在《老子》中的道家思想的逻辑体系凸显出来。

2014 年 8 月 16 日至 20 日,由九江学院庐山文化研究中心举办的"中华经典的公理化诠释研讨会"在庐山成功召开。此次会议特邀旅法著名学者韦遨宇先生为主讲嘉宾,他以"老子、庄子与道家思想"为主题,讲解了道家哲学与西方自然哲学、本体论哲学、认识论哲学与语言论哲学的关系及影响,道家哲学思想与道教之间错综复杂的关系,异同与对立等内容。韦教授广征博引,纵横捭阖,结合自己的多年研究和在国内外的丰富阅历娓娓道来,参加研讨会的学者边听讲,边讨论,为各人先聚力于通读《老子》和即将开始"《老子》的公理化诠释"展开了广阔的视野。

我们在 2014 年 11 月确定开始会读《老子》。此书文字不过五千,但包含的内容博大精深。在会读《老子》的过程中,我们对原来关于先秦儒学的会读方式做一些改造,亦即将"分篇阅读"改变为"抽取专题阅读"。各位成员选取《老子》思想的一至二个主题担当主讲,结合《老子》的整体思想,着重阐明每一主题的基本内涵,并以整体切入思想框架的方式斟酌命题;其他参会者则提出各种问题,进行深入的讨论。我们认真商讨了《老子》的版本选择问题。由于目前存在多种《老子》的注释本,如竹简本、帛书本、正统道藏的傅奕本、严遵本、想尔注本、敦煌本、范应元本、景龙碑本以及通行本(河上公注本和王弼注本)等等,我们选择主要参考王弼之注和香港中文大学的刘笑敢教授所著的《老子古今》(它对五种主要的版本作了对勘与评析)。同时,在文本注释与思想的阐发上,陈鼓应的《老子注译及评介》《老子今注今译》体现了《老子》学研究的较高造诣,我们选择陈先生的上述两本书作为《老子》会读的重要参考。在开展为期4个月的会读(每周保持2个集中研读单元,寒假连续8天)后,我们还接着对《老子》文本进行逐章逐句的研讨。

2015年5月,我与几位团队成员怀着无比的虔诚之心前往老子故里——河南鹿邑进行学习、考察,与周口师范学院和位于鹿邑的"中国老子文化研发中心"的同仁展开学术交流。"欲向函关瞻紫气,先从此地问蓬莱。"鹿邑以太清宫景区、老君台、明道宫景区和老子文化广场为组合,充分发挥其人文景观优势,向人们展示了一个民间流传的老子形象,为体悟道家思想及其"老子天下第一"的深刻影响提供了良好的佐证。其后,为了进一步理清道家与道教的关系,我与吴国富教授还访问了庐山仙人洞道院的王理天道长,更多地了解道教的思想起源、祖师崇拜、历史作用及其局限。

2015年8月16日至20日,由九江学院庐山文化研究中心和庐山文化传承与传播协同创新中心举办的2015年"《老子》的公理化诠释研讨会"在我校成功召开。来自法国巴黎第三大学及清华大学、鹿邑老子文化研发中心等研讨会上,旅法著名学者韦遨宇先生围绕《老子》及《〈老子〉的公理化诠释》初稿,就"方法论""老子哲学的否定特征""老子哲学中的辩证法""老子哲学中的反权力思想"等进行了精彩阐述。他还结合当前西方哲学发展的特点,以全球性的视野,对《〈老子〉的公理化诠释》初稿进行了点评。清华大学程钢教授结合西方诠释学和中国考据学对《〈老子〉的公理化诠释》书稿进行了评析,他认为书稿在研究中注意到了文本问题,也注意到了诠释的多种途径,即语言哲学、宇宙生成论、逻辑学、生命哲学等等，期待团队能够探索出对中华经典解读和诠释的新范式。鹿邑“中国老子文化研发中心”陈大明研究员结合老子在民间千年传承中的形象演变，指出《老子》一书在千年传承中也有较大变化，团队利用公理化方法去诠释《老子》一书，可以帮助理解《老子》中的许多概念和命题。参与书稿撰写的我校学者就书稿及暑期修改部分进行了交流和讨论。研讨会还就团队前期开展的《论语》《孟子》《荀子》公理化诠释的成果进行了回顾和探讨，讨论了公理化方法应用于人文学科特别是“文化”研究时应注意的问题。

2015 年 9 月 12 日至 13 日，应北京大学高等人文研究院院长杜维明先生邀请，我与柯镇昌博士参加了在河南省登封市举行的第四届“嵩山论坛——华夏文明与世界文明对话”。“嵩山论坛”是由中国国际文化交流中心、北京大学高等人文研究院、河南省华夏历史文明传承创新基金会联合主办的国际性高端文化论坛，论坛为华夏文明与世界文明的对话提供了良好平台，我已受邀连续出席了四届论坛。第四届论坛的主题是“和而不同——共建人类命运共同体”。会议期间，我同国际哲学院院士、国际哲学学会联合会名誉主席、丹麦奥胡斯大学教授彼得·肯普教授探讨了中华经典公理化诠释的相关问题。彼得·肯普教授对于这一研究课题产生了浓厚的兴趣，并对我校在东西方文化交流方面所做的工作给予了肯定。会议期间，我还与杜维明先生围绕“《老子》的公理化诠释”进行了研讨。

2015 年 10 月 31 日至 11 月 1 日，由九江学院“庐山文化传承与传播协同创新中心”举办的“《老子》的公理化诠释研讨会”在我校成功召开。来自中国社会科学院、南昌大学、江苏理工学院等单位和我校的学者共十六人参加研讨会。研讨会上，陈霞研究员从诠释学的角度审视公理化诠释方法，指出公理化的独特价值及其需要解决的一些问题,并对公理化研究团队的学术氛围表示由衷的赞赏。顾丹柯教授从翻译的角度提出拟定命题需要注意的简洁要求,并就中华经典公理化诠释研究的英译工作提出有价值的建议。杨柱才教授、谌贻庆教授对书稿进行细致的分析和论述,推动了书稿的进一步完善。研讨会议程紧凑,讨论热烈,成果丰硕。来自不同领域的学者对中华经典公理化诠释工作的意见和建议,为《〈老子〉的公理化诠释》书稿的不断完善提供了有力的支撑。

2015 年 11 月,我赴中央党校参加为期 2 周的"全国高校领导专题研讨班",深入学习习近平总书记系列重要讲话精神,进一步增强思想政治素质和治校治教能力。恰逢中国共产党十八届五中全会闭幕不久,这次会议审议通过了国家发展"十三五"规划建议,其中突出的是提出创新、协调、绿色、开放、共享这五大发展理念。结合我们正展开的"《老子》的公理化诠释"而思之,这些发展理念大大提升了老子的一些思想,是中国特色社会主义理论体系的重要组成部分。深读《习近平谈治国理政》一书,其中在"治大国若烹小鲜"(原引自《老子》第六十章)文中,习主席指出:"这样一个大国,这样多的人民,这么复杂的国情,领导者要深入了解国情,了解人民所思所盼,要有'如履薄冰,如临深渊'的自觉,要有'治大国若烹小鲜'的态度,丝毫不敢懈怠,丝毫不敢马虎,必须夙夜在公、勤勉工作。"习主席的殷切教导,激励我们为国家分忧、为人民担当。

2016 年元月,我与课题组同仁前往江西鹰潭市龙虎山。龙虎山是中国道教文化的发源地之一,第一代天师张道陵在龙虎山结庐炼丹,逐步建立道教,并从宗教的角度诠释《老子》(道教改称《道德经》),老子成为道教神仙系统中的太上老君。我们深入考察了"道教祖庭"嗣汉天师府、上清宫等名胜古迹,分别访问了中国道教协会副会长张金涛道长、鹰潭道教协会副会长张贵华道长、鹰潭道文化研究中心主任夏维纪先生、龙虎山道教文化研究所所长薛清和先生,与他们探讨老子、道家思想与道教的关系及异同,得到不少启迪。我与张金涛道长一起回顾了在2014年11月25日于鹰潭召开的第三届国际道教论坛大会上,第九、第十届全国人大常委会副委员长、现任世界汉语教学学会会长许嘉璐先生的讲话。许嘉璐先生精辟地指出:当代的道学道教需要改革和开放,落在具体面上,可以概括为三个拟人化的"对话",包括古今对话、"教""科"(宗教与科学)对话、中外对话。"在对话中,我们完全有资格奉献道教道学的伟大智慧,例如中国'三教'相克相融的经验,足可供自古及今因宗教问题而未停杀戮的国家和民族参考;再如,我们自古对自然、对地球、对宇宙的关怀,完全可以成为人类共同挽救地球的精神支柱;又如,我们'法自然'式的自由,可用来纠正新自由主义的偏差。"夏维纪先生认为:道家思想是一棵树,道教是这棵树上的花和果。谈到道教,对一般老百姓而言大部分都是道神、教派、教义等问题,即看到花和果而忽视了树,没有看到哲学的问题。我们就是追根寻源,要挖掘出道教背后的老子哲学渊源。中国文化不能没有宗教文化,而道教为传承老子的道家哲学做出了贡献。

老子思想的核心,简约地说,就是人们耳熟能详的"人法地,地法天,天法道,道法自然"和"道生一,一生二,二生三,三生万物"等精辟论说。老子以"道"为核心,展开他的全部学说。张岱年先生曾说:"老子的道论是中国哲学本体论的开始,这是确然无疑的","在中国哲学本体论的发展过程中,道家学说居于主导地位"。老子推崇"道法自然",即要遵循事物发展的内在法则,根据实际条件,采取适宜方式,顺应自然,就会事半功倍。"无为"是老子思想中的重要概念。这里的"无为",并非消极不做,而是不违背其本意,乃是不乱为,不妄为;也是"上善若水,水善利万物而不争",从而顺势而为。

润色稿子之际，我漫步在庐山之麓的白鹿洞书院，感悟着崇德祠取自《中庸》的一副楹联：致广大而尽精微，极高明而道中庸。冯友兰先生在《新原道》一书中曾以“极高明而道中庸”为标准来评价儒道学说。他认为：儒家思想的特点在于“道中庸”，于伦理道德的领域见长；而道家思想的特点则在于“极高明”，于形上哲学的领域见长。儒道两家的文化，可见仁见智，各有千秋，既有差异，又可互补。

我们感谢杨叔子院士长期以来对于“中华经典的公理化诠释”研究工作的倾心指导。杨院士近年来身体欠佳，但依然时常关心和鼓励我们的研究进展，并为本书赐序。同时我们感谢韦遨宇教授，连续两年利用暑假从法国来到庐山讲学，使我们受益匪浅，并以其深厚的学术功底，从中西文化交流的视野，为本书赐跋，堪称美文。

中华民族在 5000 多年的文明发展进程中创造了博大精深的中华文化，它积淀着中华民族深沉的精神追求和根本的精神基因，是中华民族生生不息、发展壮大的丰厚滋养；以儒道为主要代表的中华优秀传统文化，是中华民族团结奋进的重要精神支撑，是我们深厚的文化软实力。回顾近些年来“中华经典的公理化诠释”创新研究团队不畏艰辛、奋力前行的历程，我不由感慨万千。

2015 年 12 月 5 日，我到上海参加全球孔子学院大会。清华学友传来噩耗，萧树铁先生辞世西去。遥望东方明珠之塔，追思先生风范之碑，悲伤哽咽难表思念。我连续三晚不能入睡，恩师的高尚情怀、音容笑貌涌现心头，历历在目。萧先生一生致力于教育事业，主持了清华大学数学系恢复重建，培养了一批批杰出学子，在微分方程及非线性扩散等领域的研究取得丰硕成果；先生创建了中国工业与应用数学学会，开拓了全国大学生数学建模教育及竞赛，为中国工业化进程和应用数学发展留下了不朽的足迹;先生主持撰写了《21世纪中国高等教育改革——非数学专业高等数学改革研究报告》白皮书,为高校数学教育及素质培养描绘了蓝图;先生在晚年还对中国文化的国际传播思考不止,提出了"从公理化体系看中西文化"的思路,不辞辛苦多次来九江学院指导"中华经典的公理化诠释"创新研究,在庐山白鹿洞书院、在濂溪湖边,与我们热烈讨论中西方文化比较与中国文化的国际传播话题。从1986年起,我追随萧先生进入清华大学的知识殿堂,一直得到恩师品德的熏陶、学术的引领、悉心的呵护。先生博学睿智、淡泊名利、正直做人;先生充满激情、任劳任怨、大公无私;先生谦虚谨慎、平易近人、和蔼可亲;先生爱生如子、舐犊情深、德艺双馨。萧先生的一生,树撑苍穹,铁铸学魂,是爱党爱国爱民的一生,是让后世学人敬重的一生,永远激励我们开拓进取。我与"中华经典的公理化诠释"创新研究团队的同仁商定,谨以本书纪念我们尊敬与爱戴的萧树铁先生。萧先生驾鹤西去之后,九江学院"中华经典的公理化诠释"创新研究团队成员纷纷撰文表示深切哀悼,综合成文"编外学生的无尽怀念",以作"跋二"。

在《〈老子〉的公理化诠释》的研究、讨论与撰稿的过程中,课题组又扩增了不少志同道合之士。这部书稿的问世,是我们认真会读、多次研讨和通力合作的结晶。具体各章撰写的分工如下:

导读:由甘筱青执笔;

第一章:引论,由甘筱青、李宁宁、吴国富、郑连聪、朱全国等执笔;

第二章:基本假设、定义、公理,由曹欢荣、吴国富、甘筱青执笔;

第三章:明道篇,由曹欢荣、宋道贵执笔;

第四章:贵德篇,由陈建军、余冬林执笔;

第五章:治国篇,由柯镇昌、李立广执笔;
第六章:摄生篇,由吴国富、李勤合执笔;
文献校对:吴国富、李勤合;
全书总撰:甘筱青、吴国富。

甘筱青

2016 年 2 月 8 日,猴年春节